KB068004

운이란 무엇인가

THE MYTH OF LUCK

THE
MYTH
OF ★★★
LUCK

행운과
불운에
관한
오류와
진실

운이란
무엇
인가

스티븐 D. 헤일스 지음 | 이영아 옮김

소소의책

나의 가족인

버네사, 홀리, 그리고 에버렛에게

차례

4 | 도덕적 운 154

5 | 지식과 우연한 발견 208

6 | 운의 비합리적 편향 261

● 일러두기
1. 본문에 나오는 각주는 옮긴이가 독자들의 이해를 돕기 위해 달았습니다.
2. 본문 중 필요에 따라 인명, 책명, 고유명사 등에 괄호 없이 원어를 병기했습니다.
3. 일반적인 책명에는 '『 』'를, 작품명이나 노래 및 영화 제목에는 '「 」'를, 정기간행물(잡지 등)에는
   '〈 〉'를 붙였습니다. 단, 바이블 제목 앞뒤에는 기호를 생략했습니다.

1

라케시스의
제비뽑기와 운의 역사

운이란 얼마나 복잡하고 우리를 현혹하는 것이던가!
_ 메난드로스, 제목 미상의 미완 원고(기원전 300년경)

　　운은 역사를 관통하여 사람들의 생각을 직조해온 황금의 실이
다. 그것은 신과 도박꾼, 철학자와 신학자, 논리학자, 점성가, 황제,
과학자, 그리고 노예들을 하나로 이어준다. 누구나 불운을 두려워하
고 행운을 기대하면서 자신의 삶에 어떤 운명이 펼쳐질지 궁금해했
다. 현재의 우리는 대부분 우연의 산물이지만, 우리는 혼자만의 힘
으로 살아왔으며 지금까지 쭉 우리가 선택한 길만 걸어왔다고 생각
한다. 하지만 정작 어려운 시기를 겪을 때는 자신의 실수가 아닌 불
운을 탓한다. 우리가 주변 세상에 대해 알고 이해하는 것조차 우리
자신의 기특한 노력이 아닌 그저 운이 좋아서인 경우가 많지만 우
리는 주변 상황을 예측하고 통제하려 애쓰며, 앞으로 펼쳐질 미래를
내다보려 한다. 우리의 삶을 스스로 이해하고, 우연과 스스로의 성
취를 구분하려 한다. 인류는 새로운 신학, 철학 운동, 색다른 수학 분

야 등을 통해 무자비한 운을 이해하고자 온갖 애를 썼지만, 큰 소득 없이 힘겨운 싸움을 벌이고 있는 것 같다.

이 책에서 나는 우리가 결코 이길 수 없는 적과 싸워왔음을 입증할 것이다. 마치 히드라의 목을 자르면 새로운 목이 솟아나듯, 한 가지 문제를 해결하자마자 두 가지 문제가 다시 나타난다는 의미가 아니다. 그 괴물 자체가 실체 없는 신화 속 존재라는 것이다. 우리는 운을 정복할 수 없다. 무찌르고 말고 할 것이 없기 때문이다. 운이란 끈덕지고 골치 아픈 환상에 불과하다. 운 같은 건 없다. 이 사실을 인지하면, 그와 관련하여 '실재'하는 현상, 즉 기회나 인생의 부침에 우리의 에너지를 집중할 수 있다. 그리고 그에 더해 운이란 우리 스스로 만드는 것이라는 사실을 생생하게 깨닫게 될 것이다. 운이란 우리 자신의 행위이며, 일이 어떻게 흘러가는지에 대한 우리 자신의 관점이다. 언젠가는 쓸모가 있으리라 기대하며 고집스럽게 끌어안고 있던 먼지 쌓인 묵은 개념을 머릿속에서 씻어내버리는 것이야말로 진정한 해방이다. 운을 놓아버리면, 세상 속에서 주체적으로 행위하는 존재로서의 우리 위치를 회복할 수 있다.

에르의 신화

왜 우리는 운을 중요한 개념으로 생각해왔을까? 운의 역사를 되짚어가다 보면 그 시작점에 플라톤이 있다. '플라톤 Plato'은 레슬링 선수였던 그의 우람한 체격에 걸맞은 '넓다'라는 의미의 별명이었다. 그는 그 강인한 두 어깨에 서양 철학의 전통을 통째로 짊어지고 있었다. 플라톤의 저술을 읽으면 얻을 수 있는 수많은 즐거움 중 하나는 고대의 신비적인 전통에서 움트기 시작한 합리주의를 느낄 수 있다는 것이다. 헤시오도스가 『신들의 계보』에서 신들의 기원을 설명하고 호메로스가 『일리아드』와 『오디세이아』에서 영웅과 반신, 괴물을 이야기한 후 겨우 300년 만에 그리스 철학의 황금기(기원전 5~기원전 4세기)가 찾아온다. 플라톤의 문답은 섬세하고 독창적인 논리로 가득 차 있다가도(이렇게 소크라테스식 문답법이 탄생한다) 어느 순간 신비로운 분위기로 바뀌어버린다. 『파이돈』의 결말 부분은 마치 하데스* 여행 안내서처럼 읽힌다('아케론 강에서부터 산책을 시작하면 아케루시아 호수의 새로운 영혼들을 지나 타르타로스의 구덩이에 닿게 될 걸세. 근처 식당에서 우조**를 꼭 마시게'). 우리가 알고 있는 아틀란티스의 전설이 제일 처음 언급된 곳도 플라톤의 대화편으로, 『티마이오스』와 『크리티아스』에 진지하게 설명되어 있다. 『파이돈』에서 플라톤은 이집트 신인 토트와 아몬을 제우스의 성역에서 신탁을 전하는 떡갈나무만큼이나 공정하고 신뢰할 수 있는 존재로 묘사하기까지 한다.

플라톤의 대화편 중 가장 유명한 『국가』는 정의의 본질, 조화로운 삶의 방식, 이상적인 정치에 관해 길게 논하고 있다. 하지만 마무리를 짓는 것은 내세에 관한 독특한 설화, '에르의 신화'다. 논리 정연한 토론과 초자연적 세계에 관한 그럴듯한 이야기를 나란히 배치한 플라톤의 방식을 모두가 환영하는 건 아니다. 고전학자 줄리아

---

* 그리스 신화에 나오는 지하 세계의 왕 또는 그가 다스리는 죽음의 세계.
** 아니스로 만든 그리스 술.

애너스는 에르의 신화가 플라톤의 걸작을 '시시하고 난잡하게 마무리하고' 있으며 '저속하고 불쾌한 충격'이라고 말한다.[1] 그러나 에르의 이야기는 운과 숙명, 영고성쇠, 우연, 선택이 우리의 삶에 얼마나 복잡하게 얽혀 있는지 잘 보여준다. 현대의 우리가 도박, 자유 의지, 도덕적 의무, 과학적 발견, 사회적 평등주의, 그리고 지식의 본질을 이해하는 방식과도 연관되어 있다.

에르는 팜필리아의 전사로, 전투에서 목숨을 잃었다. 시체 더미에 거의 2주 동안 파묻혀 있다가 마침내 고향으로 보내졌고 이제 화장이 치러질 참이었다. 조문객들이 횃불을 들고 장작더미로 다가가자 에르는 멀쩡히 되살아나더니 내세에서 본 광경을 이야기하기 시작했다. (이 반전에 조문객들이 깜짝 놀랐는지 아닌지는 쓰여 있지 않다.) 에르의 말에 따르면 그는 죽은 후 수많은 망혼과 함께 '신비로운 지역'으로 여행했다. 그곳에는 이승으로 통하는 입구와 출구가 하나씩, 하늘로 통하는 입구와 출구도 비슷한 모양으로 하나씩 있었다. 출입구 앞에는 심판관들이 앉아서 천국으로 올라갈 혼과 땅속으로 내려갈 혼을 결정하여, 각각의 혼에게 통행증을 붙였다. 천국의 길에서 나오는 자들은 깔끔하고 유쾌한 반면, 지하 세계의 굴에서 나오는 자들은 먼지를 뒤집어쓴 듯 지저분해 보였다. 심판관들은 에르를 멈춰 세우고는, 관찰자로서 지켜보고 그곳에서 일어나는 일을 세상에 알리라고 했다. 타르타로스(고통의 나락) 혹은 엘리시온(축복받은 자들의 평온한 섬)에서 갓 나온 영혼들은 마치 축제가 열리는 초원으로 놀러 나온 것처럼, 이제 막 죽은 자들과 이야기를 주고받고 친분을 쌓았다. 이렇게 영혼들은 한데 뒤섞여 1주일을 보낸 후 다시 길을 떠났다. 국제공항을 연상시키는 장면이지 않은가. 어떤 도장을 찍고 어떤 비자를 발행할지 결정하고 승객의 여행을 허가하는 출입국 관리관들, 팔팔하고 활기 넘치는 일등석 승객들, 초췌하고 지친 모습의 나머지 승객들. 다만 이 모두가 1주일 동안 다 함께 중앙 홀에 갇혀 있는 것이다.

여드레째 되는 날, 에르와 나머지 영혼들은 하늘과 지상을 연결하는 거대한 무지갯빛 기둥을 향해 닷새간의 여행을 떠났다. 여기서 플라톤이 묘사하는 우주는 참으로 복잡하다. 하늘의 둥근 천장에 여러 빛깔의 소용돌이선이 차곡차곡 포개어진 채 빙글빙글 돌고 있다. 하지만 중요한 점은 이 나선들이 아난케(필연의 신)의 무릎 위에서 빙빙 돌고 있는 필연의 물렛가락이라는 것이다. 그녀는 운명의 신인 세 딸을 데리고 있다. 과거를 노래하는 라케시스, 현재를 노래하는 클로토, 그리고 미래를 노래하는 아트로포스(찰스 디킨스의 『크리스마스 캐럴』에 등장하는 과거, 현재, 미래의 유령이 바로 이 운명의 신들을 상징한다는 사실을 알아차리기는 그리 어렵지 않다). 여행자들은 복권 같은 제비로 꽉 채워진 상자를 들고 있는 라케시스에게로 안내받았다. 그 상자 안에는 짧거나 긴 생애, 폭군의 생애, 육체가 아름답거나 강인한 생애, 비천하거나 고귀한 생애, 망명자의 생애, 거지의 생애, 심지어 짐승들의 생애까지 온갖 형태의 생애가 들어 있었다. 라케시스의 신관이 숫자가 매겨진 표들을 던지자 (구경만 하고 있는 에르를 제외한) 모든 이들이 자기 발밑에 떨어진 표를 집어 들었다. 그런 다음 신관은 생애의 형태를 던졌다. 혼들은 처음에 뽑은 순번에 따라, 이승으로 돌아가 다시 태어나면 살게 될 생애를 선택했다.

확실히 에르의 신화는 후대의 내세 이야기와 닮은 점이 많다. 사후의 세계가 있고, 그곳에서 선행과 악행에 따라 심판을 받아 보상을 받거나 벌을 받는다는 것이다. 환생이라는 개념은 서양에서 널리 유행하지 못했다. 예를 들어 초기 기독교는 몇백 년 동안 환생이라는 개념을 만지작거리다가(3세기 신학자인 알렉산드리아의 오리게네스가 대표적인 옹호자였다) 결국에는 이단의 교리로 규정하고 폐기했다. 에르에 따르면 망자의 혼은 엘리시온이나 타르타로스에서 1,000년을 보낸 후 육체의 상태로 다시 이전했다. 기독교는 이런 개념도 거부하고, 보상과 처벌을 영원한 것으로 만들었다. 고전 불교는 조금 다른 방향으로 접근했다. 살아 있는 동안의 행동이 인생의 장부에 기록되어 우리의 업karma을 결정하고, 그 업이 우리가 환생했을 때의 인생을 결정한다는 것이다. 그때 처벌이나 보상 같은 건 없고, 자동으로 속세로 되돌아가게 된다.

플라톤은 다음 생애를 지혜롭게 선택해야 한다고 조언한다. 하늘에서 1,000년을 보낸 후 내려와 라케시스의 제비뽑기에서 1번을 뽑은 자는 폭군의 생애를 택했다. 자기 자식을 먹고 온갖 소름 끼치는 악행을 저질러야 한다는 설명서의 세부 내용을 제대로 읽지 않은 모양이다. 다른 자들은 백조, 사자, 나이팅게일 등등의 짐승이 되기로 했다. 한 유명한 '어릿광대'는 유인원이 되기로 결정했다. 플라톤은 우리 인생의 책임자는 바로 우리 자신이며, 지혜를 추구하고 고결하게 살아야 한다고 강조한다. 라케시스의 신관은 가난한 삶은 그것을 선택한 자의 잘못이지 신들의 탓이 아니며, 제비뽑기에서 마지막 숫자를 뽑은 혼이라도 그럭저럭 괜찮은 생애를 누릴 기회가 있다고 역설한다. 에르가 전하는 이야기에 따르면 맨 마지막 순서는 오디세우스였다. 수많은 의무와 크나큰 압박감 속에서 전생을 보낸 그는 남아 있는 선택지를 뒤적이다가 구석에 처박혀 있는 야심 없고 평범한 시민의 생애를 발견했다. 그는 자신의 선택에 만족했다고 한다.

하지만 '어떤 삶이든 나름의 존엄성을 갖고 있다'는 이 말을 얼마나 믿어야 할까? 신들은 그렇게 약속하지만, 우리네 인생이 항상 뜻대로 풀리는 것 같지는 않다. 정의로운 인생을 목표로 삼을 수 있을지조차 알 수 없다. 라케시스의 제비뽑기 자체가 무작위적이다. 어떤 숫자를 뽑느냐에 따라 우리가 선택할 수 있는 생애의 패턴이 결정된다. 그리고 모든 생애가 마냥 좋기만 한 건 아니다. 어떤 생애는 명백히 더 나쁘고, 제비뽑기에서 맨 마지막 숫자를 뽑는다면 마음에 들지 않는 선택지만 남아 있을 수도 있다. 도넛 한 상자를 나누어 먹을 때 마지막 사람에게는 맛없는 것만 남아 있는 경우와 같은 이치이다. 따라서 우리가 어떤 인생을 누리게 되느냐는 선택만큼이나 우연의 문제이기도 하다. 그 인생을 어떻게 살아갈 것이냐 하는 것도 어느 정도 운에 달려 있다. 플라톤은 이 점을 인지했는지, '다른 인생을 선택하면 반드시 인격도 달라진다'라고 말한다. 우리가 어떤 유형의 인간이 될 수 있는가는 어떤 유의 인생을 살고 있고 어떤 환경 속에 있는지에 따라 대부분 결정된다.

사후의 세계에서 숫자가 매겨진 표를 받고, 다음의 인생들 중 하나를 선택할 수 있다고 가정해보자. 여러분은 어떤 인생을 선택하겠는가?

1. 부유한 악덕 기업주. 여러 번 이혼당하고, 직원들에게 미움받으며, 자식들은 유산 다툼을 벌일 것이다.
2. 공장에서 로봇 부품을 만드는 노동자. 결국엔 그 로봇들에게 일자리를 빼앗기고, 허리 통증에 시달릴 것이다.
3. 교외의 부모. 목장 주택 형태의 번듯한 집에서 사이좋은 배우자와 함께 세 아이를 키운다. 괜찮은 직장에 다니며 생활비 걱정도 없다. 살이 조금 빠질 수도 있다.
4. 유기농 채소 재배와 요가를 통해 세계 자본주의를 무너뜨릴 수 있다고 믿는 히피족.
5. 지역 유지들을 욕하고 다니는 철학자. 배우자와 사이가 나쁘고, 책한 권도 내지 못하며, 가난하게 살다가 정부에 의해 처형당한다.

어떤 인생이든 장단점이 있지만 히피족, 공장 노동자, 독재적인 경영자, 교외의 부모, 소크라테스 중 누가 되든 인격은 똑같으리라 가정하는 것은 어리석다. 오클라호마 대학의 미식축구 코치 배리 스위처는 '어떤 사람들은 원래 3루에서 태어났으면서 자기가 3루타를 쳤다고 생각하며 살아간다'라는 유명한 말을 남겼다. 우리가 얼마나 멋지고 가치 있는 인생을 사느냐는 데는 운도 영향을 미치는 듯하다. 심장병을 안고 태어나거나 아니거나, 총격전에서 총에 맞거나 살아남거나, 주식에 성공하거나 실패하거나. 게다가 이런 변덕스러운 운은 공평하게 배분되지도 않는다. 누구나 살아가면서 약간의 비를 맞기도 하지만, 어떤 이들에게는 허리케인이 불어닥친다. 지식을 인정받는 정도조차 운의 결과일지 모른다. 에르는 외딴 지역 출신의 전사한 병사였을 뿐, 특별한 사람이 전혀 아니었다. 하지만 내세를 지켜본 후 이승으로 돌아가 그곳의 광경을 전하는 자로 선택받았다. 에르는 딱히 고결한 지식인도 아니었고 치밀한 논리력도, 끈질긴 탐구심도 없었다. 그저 운이 좋아서 신들의 선택을 받았을 뿐이다.

환생하는 혼들은 새로운 생애를 선택한 후 운명의 세 신과 아난케 앞으로 줄을 지어 간다. 그러면 신들은 제비뽑기와 선택으로 결정된 혼들의 운명을 확인하고, 돌이킬 수 없는 그들의 운명을 천으로 짠다. 그러고 나서야 혼들은 레테 강의 물을 마셔 내세에서의 여행을 잊고 이승으로 돌아갈 수 있다. 이렇듯 우리 인생의 패턴과 결말이 운명과 필연에 묶여 있다는 생각은 인생이 우연한 운에 휘둘리거나, 아니면 우리의 자유 의지로 통제된다는 개념과 충돌한다. 신들이 미리 정해놓은 숙명이 있거나, 인생이 그저 운이라면 우리의 현재 모습과 상황을 과연 우리의 책임이라 할 수 있을까?

에르의 신화가 이 책의 몇몇 핵심적인 질문을 잘 제기해주기는 하지만, 내세에 대한 플라톤의 이론, 아니 내세론 자체를 받아들이지 않아도 우리는 이미 이런저런 절박한 의문을 품고 있다. 우리의 삶은 어디까지가 선택과 실력과 의지의 결과일까? 성공과 실패, 사는 곳, 하는 일, 사랑하는 사람 등 우리에게 일어나는 일들 중 단순히 운인 것은 얼마나 될까? 자신의 믿음을 신뢰할 만한 지식으로 여겨도 될까? 그 믿음이 사실이라면 그저 운이 좋은 걸까? 어떤 이들은 우리의 삶이 우주적 질서의 일부로서 사전에 계획된 것이라고 생각하며 위안을 얻는다. 설령 그렇다 한들 운명의 신들에게 성공한 인생을 점지받느냐, 변변찮은 인생을 점지받느냐는 운의 결과일지도 모른다.

티케와 포르투나

그리스인들은 운을 티케라는 신으로 의인화했다. 위대한 그리스 시인 핀다로스는 『올림피아 송가 12』에서 다음과 같이 썼다.

해방자 제우스의 딸인 구원자 티케여, 그대에게 기도합니다. (……) 그러나 공허한 거짓말의 파도를 헤치는 여정 속에서 사람들의 희망은 부침을 겪나니. 지상의 그 누구도 신들로부터 앞으로 다가올 일의 확실한 징표를 발견하지 못하였습니다. 인간은 미래를 내다볼 줄 아는 직관이 없습니다. 그리하여 예상치 못한 난관을 겪지요. 가끔은 기대하고 있던 즐거움을 얻지 못하고, 가끔은 인생의 풍파가 닥쳤을 때 슬픔이 순식간에 큰 기쁨으로 변합니다.[2]

티케는 가끔 배의 키와 함께 있는 모습으로 묘사되는데, 이는 그녀가 우리의 삶을 조종하고 있음을 암시한다. 그러나 아테네의 극작가 메난드로스에 따르면 '티케는 그 경로를 순식간에 바꾸어버린다'.

이렇듯 예측 불허하고 변덕스럽게 그려졌지만, 티케는 우주의 균형을 잡아주는 존재이기도 했다. 불운은 오만한 자의 콧대를 꺾어놓고, 행운은 핍박당하는 자를 일으켜 세워준다. 그러나 티케 숭배에는 숙명론이 깃들어 있었다. 우리는 자신의 운을 믿거나, 아니면 자신의 실력과 통찰을 이용하여 미래를 계획할 수도 있다. 하지만 어느 쪽이든 변덕스럽고 미덥지 못한 티케가 최종 결정권을 쥐고 있다. 로마 공화정의 그리스 역사가 폴리비오스는 다음과 같이 말했다. '인간의 계산을 불시에 흩트려놓는 것이 티케의 방식이다. 그녀는 어떤 인간을 잠깐 도와주며 그에게 유리한 쪽으로 저울을 기울였다가, 후회라도 되는 듯 갑자기 등을 돌리고 저울을 반대쪽으로 휙 기울여 그의 성공을 망쳐놓는다.'[3]『피리 부는 소녀』에서 메난드로스는 훨씬 더 노골적이다. '티케는…… 모든 논리를 파괴하고 우리의 기대를 거스르며 다른 결과를 계획한다. 티케는 모든 노력을 물거품으로 만들어버린다.'『바꿔치기한 아이』에서 그는 다음과 같이 훈계했다.

> 논리적 사고는 그만. 인간의 이성은 티케에게 아무런 영향도 주지 못한다. 티케가 신적인 존재든 아니든, 만물을 조종하고 발칵 뒤집어놓았다가 바로잡는 반면 인간의 사고는 금세 사라지는 연기와 쓰레기일 뿐이다. 내 말이 맞으니 비난하지 말라. 우리가 생각하거나 말하거나 행하는 모든 것은 티케다. 우리는 그 밑에 서명을 휘갈길 뿐이다.[4]

티케의 무시무시한 힘에 직면하여 우리가 할 수 있는 일이라곤 유한한 존재인 우리의 무력함을 인정하고 행운을 바라는 것뿐이다. 아리스토텔레스의 뒤를 이어 리시움 아카데미 교장을 지낸 테오프라스토스는『칼리스테네스』에 이렇게 썼다. '우리의 인생을 지배하는 것은 지혜가 아니라 티케다.'

그리스의 티케는 로마로 건너가 포르투나로 바뀌었고, 백성들 사이에서 널리 숭배되어 신전도 많이 지어졌다. 로마가 아우구스투스의 통치하에 제국 체제로 이행하던 시기에 퀸투스 호라티우스 플라쿠스('호라티우스'라는 이름으로 더 잘 알려져 있다)는 로마의 대표적인 서정 시인이었다. 그는 『송가』 29편인 「마에케나스에게」에서 다음과 같이 썼다.

자신의 잔혹한 직무를 즐기며 고집스럽게 오만한 놀이를 하고 있는 포르투나는 그 의심스러운 명성을 끼고 계속 변덕을 부린다. 지금은 내게 미소 짓고 있지만, 머지않아 다른 이에게 미소 지으리. 포르투나가 나와 함께하는 동안 나는 그녀를 찬미한다. 그녀가 순식간에 날개를 퍼덕이면 나는 그녀에게서 받은 것을 포기하고 내 미덕으로 나를 감싸며 청빈한 삶을 모색한다.

포르투나는 종잡을 수 없는 존재이므로 우리는 그저 그녀가 호의를 보여주면 고마움을 표하고 그렇지 않을 땐 냉철하게 견뎌내는 수밖에 없다.

1세기의 그리스 역사가이자 로마 시민인 플루타르코스는 로마의 성공에 운의 위력과 영향력이 있었음을 알았다. 「로마인들의 행운」에서 그는 로마가 맨 처음 시작될 때부터 운이 있었다고 말한다. 쌍둥이 형제인 로물루스와 레무스가 마르스의 아들이었던 것도, 쌍둥이를 죽이라는 왕의 명령을 받은 남자가 상냥하게도 그들을 티베르 강의 그늘진 기슭에 둔 것도, 그들이 딱따구리가 물어다준 음식과 암늑대의 젖을 먹고 살아남은 것도, 사악한 왕에게 들키지 않고 성장하며 교육받은 것도 전부 다 행운이었다. 플루타르코스에 따르면 이 모두가 '운의 은밀하고 약삭빠른 계략'[5]이었다. 다른 작가들보다는 모든 성공과 실패를 운의 탓으로 돌리는 데 미적지근했던 플루타르코스는 자신의 짧은 에세이 「티케에 관하여」에서 운명에 직면했을 때 완전히 포기하기보다는 지성과 재능을 유리하게 이용하는 것이 최선이라고 주장했다. 하지만 플루타르코스가 운의 위력에 대한 기존의 수동적 패배주의에 반발한 것은 확실하다.

포르투나는 좋은 시절에는 칭송받고 나쁜 시절에는 저주받았다. 중세부터 전해져 내려온 『카르미나 부라나』라는 작자 미상의 시집에는 유명한 「오, 포르투나」라는 시가 실려 있다.

오, 포르투나여,
그대는 달처럼
차고 이지러지며
변덕을 부리는구나.
혐오스러운 인생을 억압하다가도
마음 내키는 대로
달래주누나.
가난한 자도 권력자도
얼음처럼 녹여버리네.
무시무시하고 공허한 운명,
그대 굴러가는 바퀴,
그대는 심술궂구나.
행복은 헛되고

항상 흔적도 없이 사라져버리니,

베일을 쓰고

그늘에 가려진 채

그대 역시 나를 괴롭히는구나.

이제 한판 승부를 벌이며

내 벌거벗은 등을

그대의 극악무도함에 맡긴다.

운명은 나의 적이 되어

내 건강과 미덕을

짓밟고 짓누르고

언제나 노예로 만들어버리나니.

그러니 지금 이 시간

지체 없이

떨리는 현을 튕겨라.

운명은 강한 자를 무너뜨리니,

모두가 나와 함께 울어다오!

운에 관한 한 철저히 대비해두는 것이 좋다. 최초의 기독교도 황제인 콘스탄티누스 대제는 '새 로마'(콘스탄티노플)를 세울 때 포르투나를 모시는 신전을 반드시 짓도록 했다.[6] 아무리 조심해도 지나치지 않다. 포르투나는 거대한 바퀴에 올라탄 모습으로 묘사되었다. 바퀴가 돌아가면 사회의 밑바닥에 있던 사람들이 꼭대기로 올라갔다가 성공의 정점에 이르면 다시 궁핍한 생활로 떨어지게 된다. 우리는 포르투나의 빙빙 도는 수레바퀴에 묶여 있으며, 우리의 운명은 그녀의 무심한 두 손에 달려 있다.

운에 순종하다 : 부적

그렇다면 우리가 할 수 있는 건 뭘까? 예로부터 사람들은 우리의 삶에서 운이 하는 역할에 대해 주로 세 가지의 반응을 보였다. 순종, 반항, 그리고 부정. 순종하는 사람들은 포르투나를 달래거나, 불운을 남들에게 돌리고 자신은 행운을 차지하려 애썼다. 흔히 운은 대체 가능한 것, 이용하거나 다시 채울 수 있는 신비로운 자연력으로 여겨졌다. 체력, 의지력, 집중력, 성욕 등 수많은 자연력이 고갈과 재생 사이를 오간다. 운이 이런 성질들과 같다면 아껴 써야 할 것이다. 연달아 돈을 따던 도박꾼은 운이 바닥나 연승 행진을 끝내고, 계속 돈을 잃던 사람은 운이 다시 쌓였으니 성공이 예정되어 있다. 운동선수들은 연습 동안의 우연한 플레이에 운을 허비하기보다는 본경기를 위해 운을 아껴두고 싶어 한다.

고대인들은 몇몇 자연력을 사물 안에 저장하거나 묶어둘 수 있다는 걸 알았다. 자력은 자철석에 담을 수 있고, '생명의 물aqua vitae'이 가진 구원의 힘은 포도주를 농축 토닉으로 증류하면 얻을 수 있다. 따라서 운 역시 부적과 묘약을 사용하면 지키거나 늘릴 수 있다는 믿음이 오래전부터 널리 퍼져 있었다. 예를 들어 탄생석은 4,000년 넘게 그리스 역사와 문화의 일부였고, 지금도 행운의 부적으로 여겨지고 있다. 황도 십이궁의 각 별자리뿐만 아니라 각각의 달에 해당하는 행운의 탄생석도 있다.[7] 가장 강한 금속을 자연력인 불로 벼린 비옥한 초승달 지대* 모양의 편자 역시 기원전부터 행운의 부적으로 통했다.[8] 드루이드교를 신봉한 고대 아일랜드에서는 1만 개 중 하나가 발견될 만큼 희귀한 네잎클로버가 건강과 영적 통찰력을 가져다주는 행운의 부적으로 여겨졌다.[9] 네로를 섬긴 로마의 조신 페트로니우스가 묘사한 어느 축하연에서는 목에 부적을 건 작은 조각상을 테이블에 올려 연회 참석자들의 행운을 빌었다고 한다.[10] 지크문트 프로이트는 당대의 모든 행운의 부적은 생식기 같은 성적 상징을 구현한 것이라는 역시 그다운 주장을 펼친다.[11]

사물에 운을 담을 수 있다는 개념은 대중문화에서 그 명맥을 꾸준히 이어왔다. J. K. 롤링의 베스트셀러 『해리 포터와 혼혈 왕자』에서 호그와트 마법학교의 마법약 교수인 호러스 슬러그혼은 펠릭스 펠리시스라는 행운의 물약을 만들었다.[12] 이 마법의 물약을 마시는 사람은 일정 기간 운이 좋아서 무엇을 하든 성공하게 된다. 특별한 재능과 능력이 생기거나 불가능한 일이 현실로 이루어지거나 하지는 않지만, 가능한 여러 길 중 최선을 선택할 수 있게 되는 것이다. 해리 포터는 그 물약을 마시자 자신감에 차서 늘 올바른 결정을 내리고, 점점 더 힘들어지는(하지만 해결책이 없지는 않은) 상황에서 옳은 행동을 취한다.

한 주의 특정한 요일에도 운이 담겨 있는 것으로 여겨졌다. 『노

---

* 메소포타미아에서부터 시리아, 팔레스타인을 거쳐 이집트에 이르는 방대한 고대 근동 지역은 그 모양이 마치 초승달 같다 하여 '비옥한 초승달 지대'로 불리기도 했다.

동과 나날』에서 헤시오도스는 어떤 날에 남성이 태어나야 운이 좋고, 어떤 날에 여성이 태어나야 운이 좋은지, 또는 수소를 거세하고 곡식을 타작하고 소에게 멍에를 씌우고 양의 털을 깎는 등의 활동에 가장 적절한 날에 관해 상세하게 조언한다. 그는 다음과 같이 썼다. '세상 사람들에게 길일은 대단히 이롭다. 하지만 다른 날들은 변칙적이며, 피해를 끼치지도 도움을 주지도 않는다. 사람마다 찬미하는 날이 다르지만, 그 이유를 알고서 찬미하는 자는 거의 없다.'[13] 1세기의 로마 학자 대大플리니우스의 『자연사』(제7권 40장)에 따르면 트라키아 사람들은 길일이냐 흉일이냐에 따라 흰 자갈이나 검은 자갈을 항아리에 넣는 풍습이 있었다고 한다. 기원전 2000년 무렵 이집트인들은 한 해의 하루하루를 이집트 신들끼리의 다양한 상호 관계와 연관시킨, 길일과 흉일 달력을 완성했다. 거의 3,000년 동안 사용된 이런 달력에는 행운을 얻기 위한 아주 구체적인 지침이 담겨 있다. 이날은 이 음식을 먹거나 마시지 말 것, 이 동물은 죽이지 말 것, 이날은 강물로 다니지 말 것, 황소 옆을 지나가지 말 것, 이 직업을 가진 사람은 이날 일하지 말 것, 이날은 집이나 배를 만들지 말 것 등등.[14]

　행운을 얻거나 지키는 것뿐만 아니라 불운을 쫓아버리는 것도 가능했다. 예를 들어 악마의 눈에 관한 믿음은 지금까지도 지중해 지역에 널리 퍼져 있다. 악마의 눈은 꼭 악의적인 눈초리만 의미하는 건 아니다. 마치 우발적이고 위험한 초능력처럼, 저도 모르게 불운을 가져오는 누군가가 될 수도 있다.[15] 이런 악마의 눈은 다양한 토템으로 물리칠 수 있었는데, 대부분 다산의 의미가 담긴 상징물이었다. 한 예로 에트루리아 시대의 액막이 부적이었던 '무화과 손'이 있다. 주먹을 쥐고 중지와 검지 사이로 엄지를 밀어 넣은 이 모양은 이성 간의 성교를 상징했다. '뿔 달린 손'*도 있다. 지금은 로큰롤의 반항 정신을 보여주는 마왕의 동작으로 통용되고 있지만, 예전에는 여성의 생식기관을 닮아 강력한 마력을 가진 것으로 간주된 황소의 뿔 달린 머리를 상징했다.[16] 신성한 남근, 즉 파스키눔을 표현한 부적들 역시 악마의 눈을 물리치는 역할을 했다. 몸에서 떨어져 나온 한쪽 눈에 사정하는 남근을 묘사한 로마의 모자이크 작품은 이 점을 노골적으로 보여준다.[17] 오늘날에도 튀르키예의 시장에서는 '나자르 본주우nazar boncuğu'를 판다. 푸른빛 유리구슬인데, 중앙의 흰색 원 안에 검은 점이 찍혀 있다. 사람들은 이 구슬이 악마의 눈을 막아준다고 믿는다.

불운을 피하는 또 다른 방법은 오만을 예방하는 차원에서 공개적으로 멸시를 받는 것이었다. 자화자찬이 불운을 끌어들인다면, 자기 조롱으로 불운을 쫓아버려야 한다는 논리였다.[18] 왕실은 왕을 익살스럽게 조롱하고 각성시킬 어릿광대를 고용하여 불운을 물리쳤다. 사회는 역병, 침략, 기근 등과 같은 불운이 닥치면 그 짐을 전부 짊어질 희생양을 한 명 선정하고 그를 구타하거나 추방하여 액운을 제거했다. 제임스 프레이저는 종교인류학의 고전이라 할 수 있는 『황금가지』에서 희생양을 만들고 불운을 남에게 전가하는 풍습에 관해 광범위하게 논한다.[19] 빅토리아 여왕 시대의 영국에서 출간된 『황금가지』는 기독교가 진부한 종교적 원형을 다수 따르고 있다는

---

* 검지와 새끼손가락을 세우고, 중지와 약지를 접어서 엄지로 누르는 동작.

주장을 제기해 큰 논란을 불러일으켰다. 이를테면 그리스도의 죽음은 한 개인을 희생하여 나머지 사람들의 불운을 없애려는 전형적인 희생양 만들기라는 것이다.

운에 반항하다 : 스토아학파

포르투나를 대하는 두 번째 접근법은 스토아학파의 전략, 즉 반항이었다. 포르투나의 수레바퀴는 누구에게나 돌고 있다. 그래서 헬레니즘 시대에는 각계각층의 사람들이 스토아 철학을 받아들였다. 불구의 몸을 가졌던 1세기의 그리스 노예 에픽테토스부터 로마 황제 마르쿠스 아우렐리우스에 이르기까지 사회계층을 가리지 않았다. 스토아학파는 외부 세계가 우리를 좌지우지할 수 있다는 사실을 거부함으로써 포르투나의 위력을 무시하려 했다. 스토아학파의 현자는 바깥 세계의 사물을 중시하지 않고 오로지 미덕을 통해 훌륭한 인생을 살 수 있다고 믿음으로써 불행을 멀리한다. 스토아학파는 감정과 행위를 구분한다. 감정은 우리에게 닥쳐오는 것이라 겪어야 하고, 행위는 우리 스스로 행하는 것이다. 감정을 대하는 적절한 태도는 농락당하거나 휘둘리지 않고 자족하며 평정심을 유지하는 것이다. 스토아주의자들은 정념에 동요되는 일 없이 무심하게 살려고 애썼다.

에픽테토스의 주장에 따르면 인간의 불행은 좌절된 욕망에서 비롯되며, 평정(아타락시아)을 찾으려면 우리가 통제할 수 없는 욕망을 끊어야 한다. 우리의 육체, 소유물, 명성, 사회적 지위 모두 불운에 희생될 수 있지만, 우리가 재산이나 지위를 잃고서 상처받는 것은 그 가치를 잘못 판단하고 있기 때문이다. 우리는 그것들을 영구적인 소유물이 아니라 신들로부터 빌린 것으로 여겨야 한다.[20] 스토아 철학은 학자인 마사 누스바움이 말하는 '욕구의 치료'를 통해 운의 우발성에 대처하는 것을 목표로 삼는, 영혼을 위한 약이다.[21] 미래에 대한 기대치를 제한하고, 훌륭한 삶을 누리려면 미덕을 스스로 채워야 한다는 사실을 인지할 때 비로소 우리는 마르쿠스 아우렐리우스가 주장한 법칙을 제대로 이해할 수 있다. "앞으로는 어떤 일 때문에 기분이 씁쓸해지려 하거든 '이건 불운이야'라고 말하지 말고, '잘 버텨내고 있으니 행운이야'라고 말하라."[22]

폭군 네로의 고문이었던 스토아 철학자 세네카는 마음을 다스려야 할 일이 참으로 많은 사람이었다. 서기 65년 네로 황제는 홧김에 세네카에게 자살을 명했다. 자신의 운을 믿지 말라는 세네카의 거듭된 당부가 그야말로 실감 나는 순간이었다. 『윤리서간집』에서 세네카는 포르투나의 선물이라는 것이 실은 함정에 불과하다고 경고하면서 다음과 같이 조언한다. '현명한 자는 단순한 생존이 아니라 행복한 생존을 누릴 줄 안다. 단순한 생존에는 많은 도움이 필요하지만, 행복한 생존을 위해서라면 건전하고 고결한 영혼, 즉 포르투나를 경멸하는 영혼만 있으면 되기 때문이다.'[23]

스토아 철학의 전략으로 포르투나와의 전쟁에서 이길 수 있다 해도 치러야 하는 희생이 너무도 컸다. 스토아학파는 변덕스러운 우연에 당하지 않으려면 정념을 완전히 제거하는 수밖에 없다고 생각했다. 두려움, 괴로움, 질투, 분노뿐만 아니라 희망과 사랑, 즐거움까지도. 명예나 부를 포기하는 건 물론이고 자녀나 친구, 정치적 권리와 특혜도 무가치한 것으로 여겨야 했다. 왜냐하면 그런 것들은 우리 뜻대로 할 수 없는 우연한 사고 때문에 끊어질 수 있기 때문이다.[24] 철저한 자족과 내면의 미덕을 강조하는 스토아학파는 인간들끼리의 일상적인 유대를 훌륭한 삶의 필수 요소로 여기지 않았다. 포르투나와의 전쟁에서 사랑과 가족마저 희생해야 한다면 너무나 큰 대가가 될 것이다. 당대에 스토아 철학자들이 '돌덩이 인간들'로 조롱받은 것도 그리 놀라운 일이 아니다. 그렇다면 문제는 우연에 항복하고 삶의 우발성, 인간관계의 덧없음, 세상에서 우리가 차지하고 있는 자리에 굴복할 것이냐, 아니면 돌의 철학을 포용할 것이냐 하는 것이다.

운을 부정하다 : 모든 것은 운명 지어져 있다

마지막 세 번째 전략은 운을 부정하는 것이다. 스토아학파가 포르투나에 대담히 맞서려 했다면, 장구한 역사를 가진 또 다른 전통은 포르투나를 아예 무시하려 했다. 이 대안적 시각은 이미 에르의 신화에서 본 바 있다. 운과 우연, 예측 불허의 변화가 우리 삶을 좌지우지한다기보다는 운명의 신들이 우리의 운명을 정하고 필연(아난케)이 그 운명을 고정해놓는다는 입장이다. 우리의 무지하고 근시안적인 시각에서 보면 미래는 예기치 않은 일과 불운과 행운으로 가득

한 미지의 나라이지만, 미래의 그 사건들은 우리로서는 알 수 없는 운명을 구성하는 필수적인 요소일지도 모른다. 우리는 코앞의 일도 모르지만, 신들은 매 순간 어떤 일이 닥칠지 알고 있다. 우리가 운이라 부르는 것은 신들에게는 가차 없이 펼쳐지는 세상사다. 비유하자면, 독자들은 책의 내용이 앞으로 어떻게 전개될지 알 수 없고 갑작스러운 반전이 등장하면 깜짝 놀라지만, 작가는 이미 줄거리를 알고 있으니 놀랄 일도 없다.

소포클레스의 『오이디푸스 왕』(기원전 429년)을 생각해보자. 이 비극에서 오이디푸스는 테베의 라이오스 왕과 이오카스테 왕비의 아들로 태어난다. 라이오스는 자신이 아들의 손에 죽으리라는 신탁을 듣고 그 운명을 피하기 위해 아기의 발목을 묶고는 아기를 죽이라는 명령을 내린다. 그렇게 해서 오이디푸스는 산비탈에 버려지지만 양치기에게 발견되고, 마침 자식이 없던 코린토스의 폴리보스 왕과 메로페 여왕에게 입양된다. 훗날 오이디푸스는 자신이 아버지를 죽이고 어머니와 몸을 섞으리라는 델포이의 신탁을 듣는다. 폴리보스와 메로페를 친부모로 알고 있던 오이디푸스는 그 예언이 이루어지지 못하도록 코린토스에서 달아난다. 테베로 가는 길에 그는 라이오스 일행과 마주치고, 누구의 전차가 먼저 지나갈 것인가 하는 문제를 두고 다툼이 벌어진다. 말다툼은 몸싸움으로 번지고, 오이디푸스는 노상에서 라이오스를 죽여 자기도 모르게 예언의 절반을 실현하고 만다. 여정을 이어가던 오이디푸스는 스핑크스와 마주친다. 그 괴물은 길을 막고 서서 자신의 유명한 수수께끼에 답하지 못하는 길손들을 죽여 테베인들을 공포에 떨게 하고 있었다. 수수께끼를 풀어 스핑크스를 물리친 오이디푸스는 그 보답으로 테베의 왕위에 오르고, 홀몸인 이오카스테 왕비와 결혼한다. 이리하여 오이디푸스는 스스로 완벽하게 예언을 실현한다. 라이오스와 오이디푸스는 운명에서 달아나려 갖은 애를 쓰지만, 그 모든 시도는 오히려 운명의 실현으로 곧장 이어진다. 오이디푸스가 여행 중에 라이오스를 만난 것도, 스핑크스를 이긴 것도 운의 문제가 아니다. 예정되어 있던 일들이 벌어졌을 뿐이다.

인간은 정해진 운명을 피할 수 없다는 개념은 자주 등장하는 주제이다. 마가복음 14장 17~30절에 따르면 예수는 가롯 유다가 그를 산헤드린에 넘기는 배신자가 될 것이며, 베드로가 동트기 전까지 그를 세 번 부인하리라 예언했다. 유다나 베드로가 자신의 운명을 피할 길은 없어 보인다. 이와 비슷하게, 푸다일 이븐 아이야드가 쓴 9세기 아라비아 수피족의 이야기 『히카야트 이 나크시아(설계에 따라 만들어진 이야기)』에서 한 남자는 바그다드의 아침 시장에서 죽음을 본다. 겁에 질린 그는 말에 펄쩍 올라타고 사마라까지 달려가지만, 어차피 오후에 사마라에서 죽음과 만나는 것이 그의 운명임을 알게 될 뿐이다. 코린토스의 전설적인 초대 왕 시시포스는 타나토스(죽음)를 결박하고 지하 세계로 돌아가기를 거부함으로써 죽음을 속였다. 당연히도 분노한 제우스는 시시포스에게 형벌을 내린다. 저승에서 커다란 바위를 산꼭대기까지 밀어 올리는 것이 시시포스의 의무이지만, 힘겹게 정상까지 밀어 올리기만 하면 바위는 다시 아래로 굴러떨어진다. 알베르 카뮈는 자신의 유명한 저서에서 자기 운명을 받아들이고 신들을 경멸하며, 달아날 수 없는 영원한 싸움을 즐기는 비

상식적인 영웅의 모습으로 시시포스를 그린다.[25]

숙명론(미래는 정해져 있고 바꿀 수 없다는 형이상학적 의미에서의 숙명론이다. 예기된 사건에 직면하여 체념해버리는 심리학적 의미의 숙명론을 말하는 것이 아니다)이 옳다면, 우리 인생에서 운은 아무런 역할도 하지 않는 것처럼 보인다. 이런 사고방식의 흐름은 두 갈래로 나누어진다. 하나는, 신들이 미래를 계획해놓았고 우리의 행동은 미리 결정되어 있다는 것이다. 따라서 신이 처음부터 유다를 예수의 배신자로 점찍었다면, 유다는 달리 할 수 있는 일이 없었을 것이다. 유다는 자유로운 선택을 하지 않았고, 오이디푸스나 시시포스와 마찬가지로 불운의 희생자도 아니었다.

숙명론적 사고의 또 다른 갈래는 예정론을 믿지 않으며, 신들이 우리의 행동을 이끈다고 생각하지도 않는다. 이를 논리적으로 따져보자. 그리스의 논리학자 디오도로스 크로노스(기원전 4~기원전 3세기)는 소위 '기발한 논변Master Argument'이라는 초기 숙명론 논증을 제시했다. 기발한 논변은 당대에도 워낙 유명하여 연회에서 뜨거운 논쟁거리가 될 정도였다. 디오도로스는 논리학자로 유명세를 떨쳤기 때문에, 알렉산드리아의 시인 칼리마코스에 따르면 지붕에 앉은 까마귀들마저 그의 권위를 알아보고 그가 내세운 조건명제의 기준을 까악까악 짖었다고 한다.[26] 기발한 논변의 정확한 내용은 분실되어 없지만, 아마도 이런 식으로 진행되었던 것 같다.[27] 과거 시제의 참인 명제는 필연적으로 참이다. 예를 들어 '소크라테스는 들창코였다'라는 명제는 참이며 변경할 수 없다. 우리가 무슨 짓을 해도 과거는 바뀌지 않으며, 과거에 관해 참인 문장을 거짓으로 만들 수도 없다.

시간 여행을 해서 코 수술을 하는 건 불가능하니까. '소크라테스는 들창코였다'는 건 현재도 참이고, 당시에도 참이었으며, 어느 시점에도 참이다. '소크라테스가 들창코라는 건 참이었다'라는 사실로부터 우리는 소크라테스가 들창코였다는 명제가 반드시 참이라는 걸 증명할 수 있다.

미래에 관한 명제는 다르다고, 꼭 필연적인 것은 아니라고 생각하기 쉽다. 과거와 달리 미래는 여전히 예측 불가능하며 다른 가능성이 열려 있다고 말이다. 그래서 '미국 대통령은 들창코일 것이다'라는 명제는 참일 수도 있고 아닐 수도 있다. 아직은 사실로 못박을 수 없다. 미래의 어떤 사실을 언급하는 과거 시제의 명제는 어떠할까? 다음과 같은 한 쌍의 문장을 보자.

- 1776년에, 마지막 미국 대통령의 코가 들창코이리라는 것은 참이었다.
- 1776년에, 마지막 미국 대통령의 코가 들창코가 아니리라는 것은 참이었다.

'X라는 건 참이었다'라는 형태의 모든 명제가 필연성을 나타낸다면(소크라테스의 사례에서처럼), 이 두 개의 문장 중 하나는 필연적으로 참이어야 한다. 마지막 미국 대통령의 코가 들창코라는 것이 과거의 참된 불변의 사실이거나, 아니면 마지막 미국 대통령의 코가 들창코가 아니라는 것이 과거의 참된 불변의 사실이거나. 어느 쪽이든 마지막 미국 대통령의 들창코 여부는 결국 필연적 진리로 밝혀진다.

따라서 '마지막 미국 대통령의 코는 들창코일 것이다'라는 명제가 참이라면, 필연적으로 참이다. 마찬가지로 '마지막 미국 대통령의 코는 들창코가 아닐 것이다'가 참이라면, 이 명제 또한 필연적으로 참이다. 마지막 미국 대통령의 코가 들창코일지 납작코일지 매부리코일지 마이클 잭슨의 코를 닮았을지, 미래의 일은 알 수 없을지 몰라도, 고정되고 정해진 어떤 미래가 우리를 기다리고 있다. 디오도로스의 논리가 옳다면 말이다.

초기 기독교 신학자들은 전지全知의 신이 미래도 알 거라는 사유를 통해 비슷한 결론에 도달했다. 6세기 초의 로마 철학자 보에티우스는 『철학의 위안』 제5권에서 이 문제를 논했다. 보에티우스는 로마 제국이 이방인들의 침공으로 무너지고 있는 시기에 살았고, 신이 미래를 내다본다는 그의 철학은 사람들에게 얼마간의 위안을 안겨주었다. 그의 간단명료한 공식은 다음과 같다.

신께서 앞으로의 일을 전부 볼 수 있다면, 그리고 절대 실수를 하지 않는다면 신께서 예견하는 일은 반드시 일어날 것이다. 그리고 신께서 영원이 무엇을 가져올지 처음부터 안다면 인간의 행동뿐만 아니라 생각과 욕망까지 알 테고, 이는 곧 자유 의지 따위는 있을 수 없다는 의미이다. 결코 틀리는 법이 없는 신의 섭리가 미리 알지 못하는 생각이나 행동 같은 건 있을 수 없다.[28]

신은 전지전능하기에 과거, 현재, 미래의 모든 사실을 확실히 알고 있다. 따라서 우리가 미래에 할 모든 일, 미래에 취할 모든 행동, 우리에게 일어날 모든 일을 확실히 알고 있다. 디오도로스 크로노스와 마찬가지로 우리도 미래를 고정되고 필연적인 것으로 여긴다. 보에티우스 역시 같은 결론에 도달하지만 출발점이 다르다. 보에티우스는 신의 계획이나 설계 같은 건 없다고 주장함으로써 이전의 숙명론과는 다른 접근법을 취한다. 신은 우리에게 어떤 행위를 강요하지 않는다. 그저 우리가 무엇을 할지 정확히 알 뿐이고, 이 사실만으로도 미래의 필연성은 증명되는 셈이다.

그렇다면 운은 어떻게 되는 걸까? 보에티우스는 아리스토텔레스를 따라 우연이라는 건 없으며 원인 없이 무작위로 생기는 일은 없다고 주장한다. 운이란 '특정 목적으로 행한 일들 때문에 초래된 예기치 못한 결과'일 뿐이다. 2009년 영국의 금속탐지광인 테리 허버트가 스태퍼드셔의 어느 밭을 들쑤시고 다니다가 1,200년 전에 만들어진 앵글로색슨족의 금세공품 4,000여 점을 발견한 것은 그가 예상치 못한 결과였기에 행운이었다. 골동품 전문가들에 따르면 보물의 주인은 어떤 위험한 사건 때문에 금을 숨기기 위해 땅속에 묻었을 것이다. 허버트가 그 밭에 있었던 것 역시 우연이 아니다. 그는 흥미로운 무언가를 찾기 위해 금속 탐지기를 들고서 의도적으로 그곳에 갔다. 이렇듯 특정 목적으로 행해진 일들이 이런저런 원인으로 예기치 못한 결과를 초래하여, 보물과 허버트가 그 밭에서 만나게 된 것이다. 어떤 예측 불허의 상황도, 이유 없는 우연도 아니었다. 허버트에게는 스태퍼드셔의 보물을 찾은 것이 운으로 느껴졌겠지만, 포르투나의 변덕 같은 건 아니었다. 어쨌든 신은 허버트가 그런 횡재를 만나리라는 사실을 처음부터 알고 있었다.

보에티우스는 신의 전지전능함이 자유 의지에 미치는 영향 때문에 골치를 앓았다. 우리의 미래 행위를 신이 확실히 알고 있다면 우리는 신이 아는 일 외에 다른 무언가를 할 수 없다. 선택의 여지가 없다. 우리가 신이 알고 있는 일 외에 다른 무언가를 한다면 신의 무오류성에 흠집이 생기고, 이는 불가능한 일이다. 그러므로 우리는 미래의 행동에 대한 선택권이 없다. 그렇다면 우리에게 자유가 없다는 말이 된다. 많은 기독교 신학자에게 이는 심각한 문제였다. 그들은 현세에서 우리의 선택이 자유로운 것이 아니라면 우리가 죽은 후 신이 우리를 합당하게 심판할 수 없다고 생각했기 때문이다.

그러나 모든 이들이 이 문제에 애를 태운 건 아니다. 16세기 프랑스의 개신교 개혁가 장 칼뱅은 보에티우스의 결론을 받아들여, '성경이 가르치는 신의 섭리는 운과 대립된다'[29]라고 썼다. 그는 '만사가 우발적으로 일어난다는 건 어느 시대에나 팽배한 잘못된 견해, 우리 시대에 거의 보편적으로 만연해 있는 견해'라고 인정한다. 그러고는 사람들이 흔히 행운 또는 불운으로 묘사하는 여러 사례(기적처럼 아슬아슬하게 죽음을 모면한다거나, 강도와 마주친다거나)를 열거한 뒤, 신의 은밀한 의도가 이 모든 일을 주관한다고 단언한다. 그런데 사람들이 포르투나를 숭배하면서 진정한 섭리론이 가려지고 거의 묻혀버리다시피 했다는 것이다. '인간사에 운과 우연이 끼어들 자리는 없다. 통속적으로 운이라 불리는 것은 숨겨진 질서의 규제를 받으며, 우리가 우연이라 부르는 것은 비밀스러운 이유와 원인에 불과하다.'[30] 신은 아무것도 운에 맡기지 않으므로, 이 세상에 운 같은 건 없다는 것이다.

신이 미래를 내다본다는 예지론은 무시무시한 신학으로 이어졌다. 한 예로, 미국 식민지 시대의 목사이자 신학자였던 조너선 에드워즈는 진리란 필연적이며, 신은 우리가 욕망하거나 의도하거나 행할 미래의 일을 포함해 모든 것을 안다고 역설했다.[31] 이런 예지력을 가진 신은 우리에게 꽤 화가 난 듯하다. 에드워즈의 유쾌한 설교 「진노한 하나님의 손에 붙들린 죄인들」의 한 대목을 보자.

> 인간들은 하나님의 손에 붙들린 채 지옥 구덩이 위에 있습니다. 우리는 불구덩이에 빠져야 마땅하며, 이미 그 형벌을 선고받았습니다. 하나님은 끔찍이 분노해 계시며, 우리를 향한 그분의 노여움은 지옥에서 그분의 격렬한 진노를 몸소 겪고 있는 자들에 대한 노여움만큼이나 강합니다. (……) 마귀가 우리를 기다리고 있고, 지옥이 우리에게 입을 쩍 벌리고 있습니다. 그 주변에서 활활 타오르는 불길이 우리를 집어삼킬 것입니다. (……) 우리를 지켜줄 수 있는 것은 아무것도 없습니다. (……) 우리가 매 순간 무사히 살아 있는 이유는 변덕스러운 의지와, 진노하신 하나님의 언제 깨질지 모를 인내 때문입니다.[32]

아이러니하게도 칼뱅과 에드워즈의 주장과 함께 우리는 다시 원점으로 돌아왔다. 숙명론은 세상에서 벌어지는 모든 일이 필연이며, 따라서 운이 끼어들 여지가 없음을 보여줌으로써 포르투나의 위력을 제거하려 했다. 그런데 이제 다시 포르투나가 우위를 점한 것처럼 보인다. 후대의 칼뱅 추종자들은 '얼어붙은 선민들'로 조롱당했다. 태곳적에 신은 천국에서 내세를 누릴 백성으로 그들을 선택했지만, 그 선택은 그들이 어떤 행위를 하기도 전에, 심지어는 존재하기도 전에 일어났기 때문에 미덕과는 아무런 관계도 없었다. 마찬가지로 에드워즈는 우리가 지옥에 떨어져야 마땅한 존재이지만 모두가 지옥에 가는 건 아니라고 생각했다. 또 다른 설교에서 그는 다음과 같이 말한다.

> 천국에 있는 성인들이 지옥에 떨어진 자들의 암울한 처지를 본다면, 자신들의 상황이 얼마나 행복하게 느껴지겠습니까. (……) 같은 인간인 그들의 비참한 꼴을 본다면…… 맹렬한 불길에 타며 고통스러운 연기를 뿜어내는 그들을 보고, 그들의 비통한 비명과 울부짖음을 듣는다면 영원한 지복을 누리는 자신들의 처지가 얼마나 기쁘겠습니까![33]

그렇다면 성인들과 죄인들은 무엇이 다를까? 에드워즈의 주장에 따르면 구원받은 자들도 지옥에 떨어진 자들과 마찬가지로 고통받아 마땅하지만, 주권자인 신의 은혜 덕분에 천국에서 행복을 누리는 것이다. 신은 천국의 향연(샤덴프로이데*를 안주로 즐길 수 있다)에 참석할 자들을 무작위로, 마음대로 선택한 뒤 나머지 인간들을 지옥 구덩이로 던져버린다. 신의 총애를 받은 몇몇 사람에게는 행운이고 나머지에게는 불운한 일이지만, 어느 쪽이든 결국 신의 섭리는 새로운 가면을 쓴 포르투나에게 당한 것이다.

---

* schadenfreude. 남의 불행이나 고통을 보면서 느끼는 기쁨을 뜻하는 독일어.

운과 도박

운과 운명은 숙명론과 신의 예지력 문제뿐만 아니라 도박의 경우에도 놀라울 정도로 뒤얽혀 있다. 무릇 도박이란 우연을 이용하여, 이미 결정되거나 운명 지어진 것을 발견하는 일이 아니던가. 도박의 역사 내내 티케와 운명의 신들은 한통속이 되었다. 양이나 영양, 사슴 같은 짐승의 발목뼈를 깎고 사포질하여 만든 주사위의 전신이 프랑스부터 인도까지 여러 유적지에서 다량으로 발견되었다. 주술사들이 미래를 점치기 위해 사용한 것으로 여겨지고 있다. 서로 마주 보는 두 면의 숫자를 더하면 '7'이 되는 현대식 주사위는 이집트의 고대 유적지에서 발견되었다. 백개먼*과 우르의 게임** 같은 주사위 게임은 적어도 5,000년 전으로 거슬러 올라간다.[34] 신들도 도박을 한다. 판돈이 더 클 뿐이다. 제우스, 포세이돈, 하데스는 우주에서 각자가 차지할 몫을 정하기 위해 제비뽑기를 했고 제우스는 하늘을, 포세이돈은 바다를, 하데스는 지하 세계를 뽑았다.

짐승의 발목뼈 같은 원시적 형태의 주사위를 사용한 점치기가 여흥을 위한 주사위 게임으로 이어진 듯하다. 하지만 타로 카드의 경우는 그 반대다. 중세 초기에 중국에서 물감을 칠하거나 목판화를 찍은 카드가 제일 처음 만들어졌다. 이 카드들은 실크로드나 몽골의 정복자들을 통해 페르시아, 이집트를 거쳐 마지막엔 유럽에까지 전

---

* 두 명의 플레이어가 열다섯 개의 말을 주사위로 진행하여 먼저 모든 말을 자기 진지에 모으는 쪽이 이기는 놀이.
** 두 명의 플레이어가 각각 일곱 개의 말을 가지고, 주사위를 던져 나온 숫자대로 말을 움직인다.

파되었다. 그 형태는 표준화되지 않았고, 아주 다양한 유형의 카드가 사용되었다. 15세기 초에 처음 등장한 타로 카드는 원래 평범한 게임용 카드에 불과했다. 그러나 18세기 즈음 고대 이집트나 연금술의 상징과 연결되어 있다는 상상력이 가미되면서 오컬트와의 신비적인 연관성이 생겼다.[35] 희대의 바람둥이 자코모 카사노바는 자신의 정부情婦인 러시아 여성이 카드점에 병적으로 집착했다면서, 그것이 그녀를 떠난 이유 중 하나라고 일기에 적었다(다른 여인들과의 정사에 대한 '극심한 질투' 역시 또 다른 원인이었다).[36]

중세의 가장 위대한 신학자 토마스 아퀴나스는 기독교도의 삶에서 도박이 차지하는 위치와 그 역할을 연구하는 데 상당한 지적 능력을 쏟아부었다. 그는 『제비뽑기에 관하여』라는 저서에서 도박은 그저 오락용 소일거리가 아니라고 주장했다. 사람들이 자신의 지성으로 발견할 수 없는 정보를 찾기 위해 제비뽑기를 한다는 것이다. 아퀴나스는 제비뽑기의 용도를 분배, 자문, 점치기로 구분한다.[37] 분배의 용도란, 논란이 되는 문제에 공동의 결정을 내리거나 분쟁을 해결하는 것을 말한다. 민수기 26장 52~56절에서 야훼는 제비뽑기로 이스라엘 땅을 나누라고 명한다. 광활한 땅을 어떻게든 나누어야 하는데, 선민들의 공로는 모두 같으니 무작위 선택이 합리적이다. 이와 비슷하게, 네 복음서는 로마군이 예수의 옷을 나눠 갖기 위해 제비뽑기를 했다고 전한다. 제비뽑기는 모두에게 똑같은 몫이 공정하게 돌아갈 수 있게 해주는 확실한 수단이었다. 좀 더 최근의 사례를 보자면, 축구 경기를 시작할 때 먼저 공을 찰 팀을 결정하기 위해 동전을 던지고, 포커 게임에서 누가 먼저 딜러를 할지 정하기 위해 카드를 뽑는다. 먼저 공을 차거나 카드를 돌린다고 특별한 이득이 있는 건 아니지만, 게임을 시작하는 공정한 방법이 필요하다.

제비뽑기의 자문 용도는 명예와 이익을 분배하거나 처벌과 위험을 부과하는 것이다. 아퀴나스는 열왕기상에서 사울 왕이 제비뽑기로 선출된 사실을 지적한다. 요나서에서 요나의 배가 거센 폭풍우에 거의 뒤집힐 뻔하자 선원들은 누구 때문에 이런 재앙이 닥쳤는지 따져보자며 제비뽑기를 했고, 결국 요나가 뽑혔다. 희생양을 고르기 위한 목적으로 운이 이용되는 장면이라 할 수 있다. 운이 다한 요나는 사나운 바다로 내던져져, 배에 탄 선원들을 위험에서 구해준다. 좀 더 현대적인 사례로, 소대장은 위험한 굴을 지나갈 병사를 정하기 위해 대원들에게 제비뽑기를 시킨다. 모두가 굴속으로 들어갈 수는 없는 노릇이고, 그 임무를 대등하게 나눌 수 없다. 하지만 누군가는 들어가야 하니, 무작위 선정이 가장 공정한 방법처럼 보인다. 이렇듯 운은 행동 방침을 결정하는 데 자문 역할을 한다.

가장 논란이 되는 것은 제비점이다. 미래를 예측하기 위해, 혹은 신들의 의지를 알아내기 위해 제비뽑기로 점을 치는 것이다. 점술, 징조, 조짐을 통해 우리에게 예정된 최후를 알아내려는 시도는 역사 자체보다 앞선다. 유명한 사례 중 하나로 율리우스 카이사르가 제13군단을 이끌고 루비콘 강을 향해 남쪽으로 진군한 사건이 있다. 당시 카이사르는 북부의 한 속주를 다스리고 있었다. 강을 건너면 로마 본토의 시작이었다. 로마법에 따르면 군사령관이 군대를 이끌고 로마로 들어가는 것은 금지되어 있었다. 군대를 해산하고 비폭력적인 시민으로 들어가야 했다. 지휘권을 내려놓을지, 아니면 군단과 함께 루비콘 강을 건너 내란을 일으킬지 마음을 정하지 못하고 있던 카이사르는 자신의 운명을 알려줄 주사위를 던졌다. 카이사르가 루비콘 강을 건너면서 '알레아 이악타 에스트 Alea iacta est (주사위는 던져졌다)!'라고 외쳤다는 고사는 널리 알려져 있다. 결국 그는 전쟁에서 승리하여 종신독재관에 올랐고, 이로써 로마는 공화국에서 제국으로 전환되었다.

카이사르의 시대에도 제비점은 신랄한 비판을 받았다. 카이사르와 동시대인이었고 로마의 정치가이자 연설가 마르쿠스 툴리우스 키케로는 『점술에 관하여』에서 다음과 같이 썼다. '제비뽑기? 숙고와 판단력보다는 무모함과 운이 큰 변수로 작용하는 모라*나 주사위 놀이, 공기놀이와 무척 닮았다. 제비를 뽑아 점을 치는 것은 돈벌이를 위해, 혹은 미신과 과실을 조장하기 위해 고안된 사기이다.'[38] 키케로의 비난에도 사람들은 운을 이용하여 신의 계획을 파악하는 방법에 매료되었다. 감리교 창시자인 존 웨슬리는 1737년에 어떤 여성과의 결혼을 고민하다가 제비뽑기로 결정하기로 했다. 결혼하지 말라는 결과가 나오자 웨슬리는 괴로워하지 않고 유쾌하게 "당신의 뜻대로 하겠습니다"라고 말했다.[39] 그 후 계속 이어진 독신 생활은 불운이 아니라 운명이었다.

르네상스 시대에 확률 이론이 발전하면서 비로소 운의 원리를 깨닫고 이해하는 데 약간의 진척이 있었다. 확률 이론이 발전하게 된 직접적인 계기는 도박이었다. 도박꾼만큼 운을 정복하고 싶어

---

* 한 사람이 오른손을 올려 손가락을 폈다가 급히 내리면 상대가 편 손가락의 수를 알아맞히는 놀이.

하는 이들이 또 있을까. 16세기 초, 지롤라모 카르다노는 이탈리아 파비아의 의과대학에 입학했다. 대부분의 학생들과 마찬가지로 그도 주머니 사정이 썩 좋지 않았지만, 도박에서 특출난 재능을 발견했다. 공부를 마칠 수 있을 만큼의 돈을 버는 데 오랜 시간이 걸리지 않았다.[40] 도박에 대한 통찰을 글로 남기기로 결심한 카르다노는 확률 이론에 관한 최초의 전문서인 『우연의 게임에 관한 책Liber de Ludo Aleae』에서 카드와 주사위, 백개먼 등을 논했다. 당시의 수학은 원시적인 수준이었다. 기호 '='는 아직 발명되지 않았고 '+'와 '-'가 이제 막 만들어진 참이었다. 그래도 카르다노는 도전했다. '눈먼 자들의 나라에서는 한쪽 눈만 보이는 사람이 왕이다'라는 속담이 있듯이, 『우연의 게임에 관한 책』은 카르다노가 사망한 뒤 한참이 지나서야 세상에 공개되었다. 도박 상대에게 자신의 비결을 알려주지 않으려는 카르다노의 의지 때문이었다.

당대의 가장 위대한 과학자 갈릴레오 갈릴레이마저 도박을 연구했다. 도박에 푹 빠져 있던 그의 후원자 토스카나 대공의 강요에 못 이겨서였다. 갈릴레오의 시대에는 주사위 세 개로 하는 게임이 인기였고, 수없이 주사위를 던진 대공은 특정 숫자가 나오는 빈도에 약간의 차이가 있음을 깨달았다. 특히 주사위 눈의 합이 '9'가 되는 경우보다 '10'이 되는 경우가 더 많았다. 대공은 그 점을 이해할 수 없었다. 주사위의 특정 면이 나올 가능성은 나머지 면과 동일하며, 눈의 합이 '9'가 되는 경우의 수는 여섯이다.

6·2·1, 5·3·1, 5·2·2, 4·4·1, 4·3·2, 3·3·3

그리고 '10'이 되는 경우도 여섯이다.

6·3·1, 6·2·2, 5·4·1, 5·3·2, 4·2·4, 4·3·3

그런데 왜 '10'이 더 자주 나올까? 우주의 미스터리를 푸느라 바빴던 갈릴레오는 이런 하찮은 도박 문제에 시간을 빼앗기는 것이 영 마음에 들지 않았다. 그래도 그는 성실히 문제를 풀었다. '이제 이 문제를 풀라는 그의 명령에 답하여 나의 생각을 자세히 설명해보겠다.'[41] 갈릴레오가 내놓은 답은 주사위 눈의 조합들이 나올 확률이 동일하지 않다는 것이었다. 예를 들어 '6·3·1'이 나올 확률은 '3·3·3'보다 여섯 배 높다. '3·3·3'이 나올 수 있는 방법은 하나뿐이다. 첫 번째 주사위의 눈이 '3', 두 번째 주사위도 '3', 세 번째 주사위도 '3'이 나와야 한다. 하지만 '6·3·1'의 경우 '1·3·6', '1·6·3', '3·1·6', '3·6·1', '6·1·3', '6·3·1' 등의 조합이 가능하다. 세 개의 주사위를 던져 '10'이 나올 수 있는 경우는 스물일곱 가지, 하지만 '9'가 나오는 경우는 스물다섯 가지뿐이다. 따라서 세 개의 주사위를 굴려 눈의 합이 '10'이 될 가능성은 '9'가 될 가능성보다 27/25배, 즉 1.08배 높다는 결론이 나온다.[42] '9'보다 '10'이 더 자주 나오는 것은 포르투나의 불가사의한 취향 때문이 아니라 그저 수학의 문제였다.

1654년, 프랑스의 이야기꾼이자 상습 도박꾼이었던 슈발리에 드 메레('메레의 기사'라는 뜻으로, 본명은 '앙투안 공보'이다)는 점수 문제Problem of Points라는 오래되고 더 까다로운 난제 때문에 골치를 앓고 있었다.

문제는 이렇다. 동등한 실력과 기회를 가진 두 사람이 일정 액수의 판돈을 걸고 공정한 게임을 하다가 어떤 사정 때문에 게임을 도중에 멈춘다고 가정해보자. 그렇다면 판돈을 나누는 가장 공정한 방법은 무엇일까? 예를 들어 대등한 실력의 테니스 선수 두 명이 100달러를 걸고 3전 2선승제 경기를 치른다고 해보자. 한 선수가 2세트 중간까지 7 대 5, 1 대 2의 결과를 낸 상황에서 비가 내려 경기가 중단된다. 그렇다면 100달러를 어떻게 나누어야 할까? 혹은 두 사람이 똑같은 액수의 돈을 걸고 5전 3선승제의 동전 던지기를 하는데, 한 명이 두 번 이기고 다른 한 명이 한 번 이긴 상황에서 게임이 중단된다. 이런 경우에는 판돈을 어떻게 나누어야 할까? 적절한 해결책을 찾으려면, 게임 참여자들이 어떤 결과를 낼지 미래를 내다보는 수밖에 없어 보인다. 그뿐 아니라 주사위든 카드든 어떤 종류의 게임에나, 그리고 게임의 지속 시간에 상관없이 보편적으로 적용될 수 있는 답이어야 할 것이다.

드 메레는 자신의 분석 능력을 과신했고, 고트프리트 라이프니츠 같은 박식한 지식인들이 그의 허풍을 비웃을 정도였다.[43] 하지만 적어도 그는 이 난제를 똑똑한 친구들에게 맡길 만큼의 분별력은 있었다. 그는 수학의 대가인 피에르 드 페르마와 블레즈 파스칼에게 점수 문제를 풀 수 있겠느냐고 물었다. 상속받은 돈으로 도박을 즐기고 있던 젊은 파스칼은 그 과제를 기꺼이 받아들였다. 그 후 페르마와 파스칼은 서신을 주고받으며 점수 문제를 해결했을 뿐만 아니라 기댓값이라는 개념을 발전시키고 확률 이론의 초석을 다지기까지 했다. 미래를 명확히 알 수는 없지만, 가능성을 짐작할 수 있을 만한 도구들이 생긴 것이다.

수학자들은 포르투나의 위대하고 무시무시한 힘이 허위라는 사실이 밝혀졌다고 생각했다. '오즈의 마법사'의 정체가 레버를 밀고 손잡이를 당기는 보잘것없는 인간이었듯이 말이다. 태양왕 루이 14세 치하의 프랑스에서 확률 이론 연구에 공헌한 귀족 피에르 레몽 드 몽모르는 『우연의 게임에 관한 분석론』(1708년)에서 다음과 같이 썼다.

> (대부분의 사람들은) 운이라 불리는 이 눈먼 신의 마음에 들려면 그녀를 달래야 한다고 믿으며, 자신들이 상상으로 만들어낸 규칙을 따른다. 그러니 도박꾼뿐 아니라 일반인들도 우연에 법칙이 있다는 사실을 알아두면 도움이 될 것이다…….[44]

갈릴레오가 남긴 유명한 말처럼, 세상이라는 책의 언어가 수학이라면 확률 이론은 포르투나의 일기에 쓰인 언어라고 할 수 있다.

18세기 무렵 수학자들은 운의 정복자를 자처하고 나서기 시작했다. 1718년, 프랑스의 수학자 아브라함 드 무아브르는 확률 이론에 관한 첫 교재들 중 한 권인 『우연의 교리, 혹은 게임에서 일어나는 사건들의 확률을 계산하는 방법』에서 다음과 같이 단언한다.

> 운이 좋았다는 말이 단순히 게임에서 전반적으로 득을 봤다는 의미에 불과하다면, 간단한 표현법으로 허용될 수도 있을 것이다. 하지만 행운이라는 단어를 누군가가 게임을 할 때마다 이길 수 있게, 혹

은 질 때보다 이길 때가 더 많게 만들어주는 선천적이고 우세한 자질로 이해한다면, 사실상 그런 것은 없다고 부인해야 할 것이다.[45]

에르의 신화에는 운과 운명, 선택과 관련된 개념이 복잡하게 뒤엉켜 있다. 그로부터 2,500년이 지난 후 사상가들은 이 개념들을 서로 떼어내고, 그것들이 우리 삶에 어떤 역할을 하는지 이해하기 위해 온갖 수단을 동원했다. 우리는 신들에게 호소하고, 부적을 사용했으며, 금욕적인 자족을 선언했다. 이제 현대의 수학자와 과학자들은 확률 이론으로 운의 문제가 완전히 해결되었다고 생각하는 듯하다. 물론 힘겹게 이루어낸 대단한 성과이며, 도박 같은 한정된 영역에서는 우연이라는 자물쇠를 여는 열쇠가 된다.

그렇지만 여전히 많은 수수께끼가 남아 있고, 이제부터 그것들을 상세히 검토할 것이다. 그러기 전에 흥미로운 부분을 미리 살짝 공개해보겠다. 디오도로스 크로노스와 보에티우스 같은 숙명론자들의 생각이 옳다면, 모든 일은 1의 확률(즉 100퍼센트)로 일어난다. 이렇듯 모든 것이 확실히 정해져 있는데 어떻게 운이 끼어들 자리가 있겠는가? 혹은 어느 부유한 구두쇠가 고생 끝에 모은 전 재산을 자선단체에 남긴다고 가정해보자. 큰 유산을 받은 자선단체가 운이 좋았다고 말할 수 있겠지만, 구두쇠의 입장에서는 운이 아니었다. 그는 자기 유서의 내용을 처음부터 쭉 알고 있었다. 그렇다면 이 일은 운이었을까, 아니었을까? 혹은 모든 것이 운명 지어지고 결정된 세상에서 사건들이 일어날 객관적인 가능성이 아니라 인간의 기대치를 측정하는 것이 확률이라면, 항상 복권 당첨을 기대하는 낙천주의자를 어떻게 이해해야 할까? 만약 복권 당첨이 그의 운명이고 그가 처음부터 그것을 기대했다면, 그의 당첨 가능성이 희박했다고 말할 수 있을까?

어떤 일은 가능성이 꽤 큰데도 행운이나 불운처럼 보이고, 어떤 일은 가능성이 희박한데도 운과 상관없이 보인다. 예를 들어 배짱만 두둑하다면 러시안룰렛에서 이길 확률이 꽤 높다. 80퍼센트의 승률이다. 그러나 바로 옆 탄실에 총알이 있을 때 방아쇠를 당기면, 살아남은 것이 엄청난 행운처럼 느껴진다. 혹은 벼락을 맞아 산산이 부서지는 바위를 상상해보자. 이 특정 바위가 벼락에 맞을 확률은 아주 낮지만 불운처럼 보이지는 않는다. 누구에게 불운일까? 바위?

더욱이 확률 이론가들은 우리가 어떤 삶을 살지, 어떤 사람이 될지 거의 운으로 결정되는 듯한 라케시스의 제비뽑기에서 보이는 운의 다양성을 잘 설명하지 못하는 듯하다. 우리가 태어나는 환경, 운의 부침…… 우리는 어떻게 사전 확률*을 정하고 계산할 수 있을까? 또한 '다행이다'와 '운이 좋다' 사이에 유의미한 차이가 있을지도 모른다. 아우구스투스가 율리우스 카이사르의 조카이자 양자로서 왕위를 이어받은 것은 그에게 다행인 일이었지만, 운의 문제는 아니었고 가능성이 낮은 일도 분명 아니었다.

운과 실력 간의 상호작용 역시 미스터리로 남아 있다. 운동경기, 구직, 애인 찾기…… 우리가 이런 일들에 성공하거나 실패하는 데 운이 차지하는 비율은 얼마나 되고 재능과 노력, 실력이 차지하

---

* 확률 시행 전에 현재 가지고 있는 정보나 지식을 기초로 하여 정한 확률.

는 비율은 얼마나 될까? 확률 계산법으로는 확실한 정답을 알아낼 수 없다. 주사위나 카드로 하는 도박(확률 이론이 해결하려 했던 바로 그 대상) 마저 부분적으로는 운이, 부분적으로는 도박꾼의 재능이 작용한다. 각각이 결과에 기여하는 정도를 어떻게 분석할 수 있을까? 운과 우연, 운명, 실력, 이 모든 조각이 합쳐져 우리의 인생이라는 정교한 모자이크가 완성된다. 포르투나와의 악연을 끊으려 갸륵하고도 엄청난 노력을 기울여왔지만, 운의 성질을 파악하려면 아직도 갈 길이 멀다.

2

운과 실력

우연을 믿는 승리자는 한 명도 없다.
_프리드리히 니체, 『즐거운 학문』(1882년)

    18세기 크로아티아의 박식한 과학자 루제르 보슈코비치는 '그 자체로 정말 우연한 것이 있다'라는 가정은 심각한 오류라고 생각했다. '만물은 명확한 이유를 갖고 자연에 생겨난다. 그러므로 우리가 무언가를 우연이라 부르는 것은 그 실재가 결정된 이유를 모르기 때문이다.'[1] 앞서 몽모르와 드 무아브르가 그랬듯이, 보슈코비치 역시 '운에 의해 일어난 사건'이란 현대 과학이 청소 중이던 우리의 무지라는 오물 중 하나일 뿐이라고 확신했다.

    보슈코비치는 모든 범위의 현상을 설명하고 예측할 수 있게 해준 뉴턴의 역학법칙에 감화를 받았다. 왜 자동차는 건조한 포장도로에서는 앞으로 움직이고 빙판길에서는 빙빙 돌다가 도로 밖으로 튀어 나가버릴까? 뉴턴의 제3법칙이 해답을 알려준다. 물체 A가 물체 B에 힘을 가하면 그와 동시에 B는 크기가 같고 방향은 정반대인 힘을 A에 가한다. 이 때문에 차들이 도로를 달릴 수 있는 것이다. 자동차가 도로를 누르는 힘만큼 도로가 자동차를 되민다. 그러므로 도로가 자동차를 앞으로 나아가게 하는 동안 타이어는 도로를 반대로 밀어내고 있는 것이다. 빙판길에서는 마찰력이 부족하여 자동차가 반작용을 일으킬 만한 힘을 만들어내지 못하기 때문에 타이어가 빙빙 돌고 자동차는 앞으로 나아가지 못한다.

뉴턴의 역학은 이런 일상적인 사례뿐만 아니라 하늘에까지 적용되었다. 태양 주위를 도는 행성들은 안정적이고 예측 가능한 패턴을 따라 운동하고 있다. 그 이유는 뭘까? 행성 궤도는 이체문제二體問題의 한 사례로, 서로에게만 상호 작용하는 두 물체의 반복적인 행로를 결정한다. 고전 역학으로도 이 문제를 풀 수 있었다. 뉴턴의 제1법칙에 따르면 한 물체는 외부의 힘이 가해지지 않으면 정지해 있거나, 혹은 일정 속도로 직선운동을 한다. 예를 들어 끝에 골프공이 달린 줄을 잡고서 빙빙 돌리고 있다고 상상해보자. 줄을 손에서 놓으면 공은 계속 빙빙 돌지 않고 직선으로 날아가버린다. 줄을 잡고 있을 때는 줄이 골프공의 운동을 제약한다. 사실 공은 최대한 직선으로 움직이고 있다. 이와 같은 이치로, 태양의 인력은 지구의 운동을 제약한다(지구를 비롯한 다른 천체들의 중력은 비교적 미미한 수준이므로 무시할 수 있다). 태양의 중력이 마치 골프공이 달린 줄처럼 지구를 붙잡고 있기 때문에 지구는 우주 공간을 직선으로 날아가지 않고 태양의 주위를 돌고 있다. 뉴턴의 역학이 나오기 전에는 빙판길에 미끄러지면 재수가 없어서이고 지구가 안정적인 궤도를 따라 움직이는 건 운이 좋아서라고 생각했겠지만 보슈코비치의 말을 빌리자면, 그것은 '그 실재가 결정된 이유를 모르기' 때문이었을 것이다. 하지만 역학적 원인과 법칙을 아는 순간, 운에 대한 우리의 믿음은 사라져버린다.[2]

이런 낙관주의는 비선형적 시스템에서 위기를 맞는다. 예를 들어 뉴턴의 역학은 행성 궤도 같은 이체문제는 멋지게 해결할 수 있을지 몰라도, 삼체문제三體問題에서는 무용지물이 되어버린다. 삼중성계*나 삼각형을 이룬 세 개의 자석 위에 매달린 쇠추처럼, 세 물체가 상호 작용하고 있다고 가정해보자. 그 물체들이 서로의 주위를 도는 패턴과 규칙을 조금만 노력하면 찾을 수 있지 않을까? 사실 답을 찾을 수 있는 특별한 경우가 몇몇 있기는 하다. 그러나 삼체문제에서 물체들의 미래 위치를 예측할 수 있는 일반 공식 같은 건 없다. 추를 움직이면 그 운동의 윤곽을 예측할 수 없다. 자석 A와 B 사이에서 흔들리다가 B와 C로 옮겨갔다가 다시 A로 훌쩍 넘어가버린다.[3] 삼체문제는 이체문제와 다르며, 조금 더 복잡하다. 연관된 요인이 훨씬 더 많아서 일반적인 해법은 발견되지 않았으며, 발견될 가능성도 희박하다. 두말하면 잔소리지만, 세 개 이상의 물체가 연관되면 상황은 훨씬 더 심각해진다.

740미터 높이의 요세미티 폭포 꼭대기에 서서 탁구공을 아래로 던진다고 가정해보자. 서로 다른 색깔의 탁구공 열 개가 최대한 가까운 지점에 떨어지도록 말이다. 설령 공들이 같은 곳을 향하더라도 최종 종착지는 제각각이다. 그 공들의 종착점은 놀라우리만치 서로 멀리 떨어져 있을 테고, 정확한 최종 위치를 예견하기란 불가능

---

* 세 개의 항성이 중력으로 속박되어 질량 중심을 기준으로 공전하는 계.

하다. 통제 불능의 물줄기는 또 다른 탁구공이나 마찬가지다. 물줄기들도 상호 작용하며 서로 합쳐지고, 충돌하고, 바위 때문에 더뎌지거나 중력 때문에 더 빨라지기도 하고, 거품을 일으키고, 바람에 날리고, 탁구공들이 최종 종착지에 떨어지는 순간마다 10억 개의 교차점이 생긴다. 마찬가지로 두 기상모델의 초기 변수들 간에 아주 미세한 차이만 있어도 순식간에 완전히 다른 일기예보가 나온다. 주식시장이나 어류 개체군 같은 역동적 시스템을 예측하는 문제도 마찬가지다. 증권 거래자들이 쉴 새 없이 상호 작용하고 수생환경은 변화무쌍하므로 시스템의 초기 상태는 끊임없이 재설정된다. 진정한 초기 상태로 되돌아갈 수 없다. 아주 큰 숫자의 소인수들을 찾는 것과 비슷하다. 커피 안에서 소용돌이치는 크림의 패턴처럼 아주 사소한 것조차 반복되지 않으며, 일반적인 변수를 넘어 모델화하는 것은 거의 불가능하다.

라플라스의 악마를 죽이다

그러나, 아무리 예측 불허의 아수라장 같은 세상이라도 모든 일은 인과관계의 법칙에 따라 일어나며, 따라서 우연이나 운의 문제가 아니라고 생각하는 사람도 있을 것이다. 1814년, 프랑스 과학자 피에르 시몽 라플라스는 다음과 같은 유명한 글을 남겼다.

우리는 우주의 현재 상태를 이전 상태의 결과이자 뒤따라올 상태의 원인으로 생각해야 한다. 자연을 움직이는 모든 힘과 자연을 구성하는 존재들의 개별적 상황을 이해할 수 있는 지성, 그리고 이런 데이터를 분석하여 우주에서 가장 큰 물체와 가장 가벼운 원자의 운동을 하나의 공식에 담을 수 있을 만큼 방대한 지성이 있다고 가정해보자. 그렇다면 불확실한 것은 아무것도 없고, 과거와 마찬가지로 미래도 그 눈앞에 나타날 것이다.[4]

우리에게 필요한 건 아주 상세한 우주의 스냅사진뿐이다. 그것만 있으면 모든 입자의 위치와 운동량을 알고, 우주와 만물의 미래 전체를 원론적으로 파악할 수 있을 것이다. 뭐, 우리는 할 수 없을지 몰라도(무질서한 상호작용의 미세한 세부 내용은 우리의 작은 유인원 뇌를 아무리 쥐어짜도 알아낼 수 없을 것이다) 방대한 지성, 이를테면 자연의 모든 힘과 법칙을 숙지한 미래의 슈퍼컴퓨터라면 가능할 것이다. 적어도 그것이 라플라스의 꿈이다.

그러나 라플라스의 악마(가상의 슈퍼 지능을 자주 이렇게 부른다)는 물리적으로 불가능하다. 그런 존재는 자연의 법칙에 위배된다. 이를 증명하려면 계산 능력의 실제적인 한계를 고려해야 한다. 우주에서 가장 큰 물체와 가장 가벼운 원자에 무작정 덤벼들기 전에, 먼저 보드게임 같은 소소한 것부터 살펴보자. 컴퓨터는 체스나 고대 중국의 바둑 같은 게임의 결과를 완벽하게 예측할 수 있을까? 다시 말해 그 게임들에는 해답이 있을까? 어떤 게임은 그렇다. 3목두기*는 답을

---

* 두 사람이 아홉 칸에 번갈아가며 ○나 ×를 그려나가는 게임. 연달아 세 개의 ○나 ×를 먼저 그리는 사람이 이긴다.

낼 수 있다. 이 게임은 경우의 수가 2만 6,830가지에 불과하며, 모든 실전 게임이 동점으로 끝날 수도 있다. 체스는 훨씬 더 복잡해서 게임에서 나올 수 있는 경우의 수가 10^{123}가지 정도 된다. 이에 비해 관측 가능한 우주에는 약 10^{80}개의 원자가 있다. 바둑은 체스보다 훨씬 더 복잡하다. 가로세로 열아홉 칸의 표준 바둑판으로 한 판에 평균 200개의 수를 둔다면, 게임이 끝날 때까지 나올 수 있는 모든 경우의 수는 10^{768}가지가 된다. 게임이 최장으로 길어진다면(두 명청이가 끊임없이 바보 같은 선택을 한다면) 10^{48}개의 수를 둘 수 있으며, 나올 수 있는 모든 경우의 수는 무려 $10^{10^{171}}$가지나 된다. 바둑에서 가능한 경우의 수/체스에서 가능한 경우의 수는 전체 우주의 크기/원자 한 개의 크기보다 수십 배 더 크다.[5]

어떤 물리적 존재가 최적의 전략으로 바둑을 둘 수 있을까? 상상할 수 있는 가장 강력한 컴퓨터의 사양을 묻는 거나 마찬가지다. 컴퓨터는 팅커토이[*][6]를 비롯해 거의 무엇으로든 만들 수 있다. 핵심적인 기능은 에너지를 이용하여 무언가를 0에서 1로 바꾸는 것으로, 이것이 가장 기본적인 논리연산이다. 우리가 일상적으로 사용하는 컴퓨터에서 이 기능은 트랜지스터를 켜는 형태로 이루어지지만, 핵스핀[**]을 역행시키는 것처럼 아원자 입자의 상태를 바꾸는 일이 될 수도 있다. 어떤 물리적 시스템에서 1초당 수행할 수 있는 기본 논리연산의 수는 시스템의 에너지에 따라 제한되며, 시스템으로 인식할 수 있는 정보의 양은 그 최대 엔트로피에 따라 정해진다.[7] 자,

---

* 미국의 조립식 장난감 상표명.
** 원자의 전술 각운동량(회전하는 물체의 회전운동 세기).

우주 전체가 하나의 물리적 시스템이다. 물론 최강의 컴퓨터는 우주가 제공하는 모든 것을 가지고 있다. 사실 그 자체로 하나의 우주라 할 수 있다. 그렇다면 컴퓨터는 무엇을 할 수 있을까? 플랑크 시간(중력 효과와 양자 효과가 거의 같아지는, 엄청나게 짧은 시간)보다 더 빨리 계산할 수 있는 것은 없다는 가정하에, MIT의 물리학자 세스 로이드는 빅뱅 이후 우주가 전체 정보에 대해 10^{120}번의 기본 연산을 실행했다고 추정했다. 엔트로피에 대한 추가 계산을 감안하면, 우주에는 $10^{90} \sim 10^{120}$비트(중력장이 엔트로피에 기여한다고 가정한다면)의 정보가 있다.[8] 물리적으로 가능한 최강의 컴퓨터도 세상이 시작된 후로 기껏해야 10^{120}비트의 정보에 대해 10^{120}번의 연산을 실행했다.

궁극의 컴퓨터라면 뻔한 자충수를 피하고 매번 새로운 수를 적용하는 환상의 알고리즘으로 바둑을 둘 수 있을지도 모른다. 실제로 구글 딥마인드의 컴퓨터인 알파고가 바로 그런 방식으로 모든 인간 바둑기사를 뛰어넘었다. 궁극의 컴퓨터는 억지 기법*으로 바둑을 둘 수 있을까? 그러려면 모든 경우의 수를 고려한 다음, 최적의 대응 맵을 구축해야 한다. 휴스턴 여행을 계획할 때 제일 먼저 북미의 모든 도로를 검토하는 것과 비슷한 원리다. 효율적이지는 않지만 효과적이다. 각각의 게임 검토를 한 번의 기본 연산으로 계산해보자. 그렇다면 $10^{10^{171}}$번의 연산이 실행되는데, 우주가 지금껏 실행한 수보다 훨씬 더 많다. 우주가 얼마나 오래 지속될 것인가는 우주학의 미결 문제이며, 암흑에너지로 인한 팽창 가속화를 비롯하여 해결해야 할

---

* 무차별 대입을 통해 억지로 문제를 푸는 공격 기법.

것이 여럿 있다. 그러나 현재로서는, 아마겟돈이 일어나기 전까지 우주가 $10^{10^{171}}$번의 연산을 실행할 수 있을 것 같지는 않다.

사람들이 라플라스의 주장을 묵살하기 위해 주로 들먹이는 문제는 양자 세계에 내재한 확률론적 성격이다. 방사성 붕괴 같은 원자 차원의 사건은 근본적으로 확률론적이므로 결정론은 거짓이 된다. 크립톤 85*의 원자 하나가 향후 10.73년 안에 루비듐으로 붕괴할 확률은 50퍼센트이며, 그것으로 끝이다. 하지만 이렇게 쉽게 묵살해버리면 더 큰 그림을 놓치게 된다. 양자의 불확정성을 무시하고 우리가 전적으로 결정론적인 세상에 살고 있다고 가정한다 해도, 그리고 삼체문제나 폭포, 혹은 커피 속에 소용돌이치는 크림 같은 복잡한 문제를 잊는다 해도 라플라스적인 꿈은 죽었다. 우주는 바둑처럼 규칙이 있는 보드게임을 억지 기법으로 풀지도 못한다. 초자연적인 동인들을 사실로 상정하지 않는 이상, 이론적으로 예측할 수 없는 미래의 사건이 넘쳐난다. 그 사건들에도 원인이 있을 테니 완전히 무작위는 아닐지 몰라도, 미래는 근본적으로 예측 불가능하고 알 수 없으며 대단히 불확실하다.

확률 이론과 계몽주의 과학을 발전시킨 학자들은 포르투나의 죽음을 선언했다. 하지만 (니체의 말을 빌리자면) 포르투나의 그림자는 지금까지 살아남아 있으며, 우리는 자신의 경험을 행운이나 불운으로 무심코 해석해버린다. 따라서 그 그림자까지 무찔러야 한다. 현대의 수학자와 확률 이론가들은 자신들이 운을 없앴다고 생각한

---

* 핵분열 생성물로, 원자로의 운전 등에 의해 생성되는 방사성 물질의 불활성 기체.

다. 우리가 평균으로의 회귀[*]를 받아들이고 대수의 법칙[**]을 제대로 이해하며 도박사의 오류[***]를 피해 간다면, 운의 영역을 더 줄일 수 있다고 주장한다.[9] '운'은 우리의 무지를 지칭하는 또 다른 이름에 불과하며, 벤저민 프랭클린의 보잘것없는 연이 제우스의 강력한 벼락에 굴욕을 안겨주었듯이, 확률이 포르투나를 처단해줄 거라고 말이다.

그러나 확률의 관점에서 운을 분석하면 운을 제거할 수 있다는 주장은 오만한 무리수처럼 보인다. 우리가 어떤 일의 발생 경위를 몰라서 운이라고 칭한다는 보슈코비치의 말이 옳을지도 모르지만, 한 치 앞도 내다볼 수 없는 혼돈의 세계에서 운의 실재성을 마냥 무시할 수는 없는 노릇이다. 확률 이론이 운을 제거했다고 결론짓기보다는 확률 이론을 운에 관한 하나의 '이론'으로 보는 편이 좀 더 합당할 것이다. 즉 운을 완벽하게 실재하지만 개연성이 낮은 현상으로 이해하는 것이다. 그 개연성을 계산하는 것이야말로 확률의 공리와 정리의 요점이다. 이 책에서 나는 운이 실재하지 않는다고 주장할 테지만, 수학자들처럼 그렇게 단칼에 내칠 수 있는 문제가 아니다. 그런 회의적인 결론까지 무사히 닿으려면 아직 갈 길이 멀다.

---

[*] 많은 자료를 토대로 결과를 예측할 때 그 결과값이 평균에 가까워지려는 경향성. 무작위로 선택된 값이 전체적으로 평균 주변에 몰려 있는 경우 극단적인 값 다음에는 평균에 더 가까운 값이 나타나는 경향.

[**] 어떤 일을 몇 번이고 되풀이할 경우 일정한 사건이 일어날 비율은 횟수를 거듭할수록 일정한 값에 가까워진다는 경험 법칙.

[***] 확률적으로 독립적인 사건에 대해, 이전 사건의 발생 확률에 근거하여 다음번에는 반대되는 결과가 나올 것이라고 착각하는 현상. 도박에서 줄곧 잃기만 하던 사람이 이번엔 꼭 딸 거라고 생각하는 오류를 말한다.

확률 이론으로 운을 설명하다

우리에게는 가능성 낮은 일이 많이 일어나지만, 운의 영역에 속하는 경우는 적다. 다음과 같은 상황을 가정해보자. 당신은 아침에 일어나서 분홍색 와이셔츠를 입는다. 파란색과 검은색을 더 좋아하는 당신으로서는 흔치 않은 선택이다. 그런 다음 당신은 차를 끓인다. 평소에 잘 마시지 않지만, 커피가 떨어져서 어쩔 수 없다. 그러고 나서 흑빵 두 조각을 토스터에 집어넣고는 이런 생각을 한다. 아시아풍의 죽부터 스코틀랜드의 해기스까지, 아침으로 먹을 수 있는 세상의 모든 음식 중 하필 흑빵 토스트라니, 참 엉뚱한 선택이라고. 부엌만 둘러봐도 흑빵 대신 쉽게 손이 갈 법한 요구르트, 그래놀라, 달걀, 심지어는 와플까지 있는데 말이다. 흑빵 토스트를 선택할 확률은 그리 높지 않았다. 아침을 먹은 후 밖으로 나가자 서늘하니 이슬비가 내리고 있다. 일기예보에 따르면 화창하고 따뜻할 것이며, 비가 내릴 확률은 낮다고 했다. 당신은 출근하기 위해 차를 몰고 고속도로를 달린다. 출구를 찾고 있을 때 앞에 2007년형 파란색 스바루 레거시가 보인다. 색깔, 제조사, 모델, 연식의 가능한 조합만 해도 수백만 가지인데, 그중 2007년형 파란색 스바루 레거시가 당신 앞에 나타난 것이다. 던킨도넛 드라이브스루를 지나가면서 보니 대기 줄이 별로 길지 않다. 놀라운 일이다. 인기 많은 지점이라 평소에는 도로까지 차가 밀려 있는데 말이다. 하지만 당신은 멈추지 않고 계속 직장으로 달려간다. 주차장으로 들어가니, 웬일로 회사 건물 근처에 빈자리가 하나 있다. 당신은 얼른 그 자리를 차지한다.

이 짤막한 일화는 발생 확률이 낮은 일로 가득하다. 와이셔츠 색깔, 아침 식사 선택, 날씨, 도로에서 만난 자동차, 던킨도넛의 손님들, 직장의 주차장. 아니, 발생 확률이 낮은 일처럼 묘사된다. 하지만 어떤 일의 발생 확률이 높고 낮음을 따질 때 그 비교 대상은 무엇일까? 예를 들어 아침으로 흑빵을 먹는 것이 정말로 확률이 낮은 일일까? '아침으로 먹을 수 있는 세상의 모든 음식'이 비교 기준이라면, 흑빵 토스트는 광범위한 후보군 중에서 선택된 것이다. 만약 비교 기준이 '당신의 부엌에서 아침으로 먹을 수 있는 모든 음식'이라면, 해기스나 죽을 포함하지 않는 훨씬 더 적은 선택지가 남게 되므로 흑빵 토스트를 선택할 확률은 더 높아진다. 어쩌면 이런 비교 방식도 틀렸을지 모른다. 오늘 아침 식사로 정말 흑빵을 먹고 싶었다는 사실을 감안하여 흑빵 토스트를 선택할 가능성을 따져야 하는 건 아닐까. 다시 말해 적절한 준거 기준은 '당신의 부엌에 있는 음식 중에 당신이 아침 식사로 가장 먹고 싶은 음식'이다. 이런 경우 당신이 흑빵 토스트를 선택할 가능성은 꽤 높다.

그렇다면 어느 쪽이 옳은 방식일까? 옳은 방식이 있기는 할까? 확률 연구에서는 이를 '준거 집합 문제'라고 하며, 잠시 후 다시 살펴볼 것이다. 하지만 준거 집합 문제를 차치하더라도 발생 확률만으로는 운을 이야기할 수 없다. 오늘 아침에 분홍색 와이셔츠를 입은 것은 예상 밖의 사건일지 몰라도 운의 문제는 아니다. 무엇보다, 당신이 그 와이셔츠를 입기로 결정했다. 그리고 오늘따라 한산한 던킨도넛. 평소에 북적거리는 지점치고는 확률적으로 놀라운 일이지만, 당신은 그곳에 들를 계획이 없었다. 그러니 운이 있고 없고의 문제가 아니지 않은가? 그보다는 직장에 가까운 주차 자리를 찾은 것이 운의 문제로 보인다. 차이점은, 주차 자리는 당신에게 중요하고 도 넛 가게의 줄은 그렇지 않다는 것이다. 확률 그 자체만으로는 운에 관해 이야기할 수 없다. 위의 일화에서처럼, 확률이 높거나 낮은 일 의 대부분은 운과 관련되어 있지 않다. 동전을 던져서 다섯 번 연속 으로 앞면이 나온다면, 확실히 가능성 낮은 사건이 일어났다고 말할 수 있지만(다섯 번 연속으로 동전 앞면이 나올 확률은 약 3퍼센트다), 그렇다고 운 이 좋은 건 아니다. 어떤 식으로든 중요한 문제가 아니라면 말이다. 하지만 동전 던지기에 돈을 걸었다면 상황은 달라져서, 다섯 번 연 속으로 동전 앞면이 나오는 게 행운(동전 앞면에 돈을 걸었다면) 혹은 불운 (뒷면에 돈을 걸었다면)이 되겠지만, 그렇지 않은 이상 운은 아무 관련도 없다. 사건의 중요성 여부에 따라 운과의 관련성이 결정된다. 그렇 지 않으면, 운이 좋거나 나쁨을 이야기할 수 있을까? 어떤 동인 없이 일어난, 발생 확률이 낮은 사건을 살펴보면 훨씬 더 쉽게 이해할 수 있을 것이다. 번개가 쳐서 대기 중의 산소(O_2) 중 일부가 오존(O_3)으 로 바뀐다고 가정해보자. 이는 전혀 운의 문제로 보이지 않는다. 어 떻게 되든 공기는 아무런 상관도 없었으니까. 번개가 칠 확률은 낮 았을지 몰라도, 운으로 일어난 사건은 아니었다. 그러므로 어떤 사 건이 운과 관련되었다고, 즉 행운 혹은 불운이라고 말할 수 있으려 면 확률이 낮을 뿐만 아니라 어떤 식으로든 중요성을 띤다는 필요조 건을 충족해야 한다.

중요성을 운의 조건으로 따져야 하는 또 하나의 이유는 어떤 사 건이 행운인지 불운인지 이해할 수 있게 되기 때문이다. 어떤 사건이 우연인지, 혹은 우연한 사건이 누군가에게 영향을 미치는지 아는 것만으로는 부족하다. 그 사건이 당사자에게 좋은 영향을 미치는지 나쁜 영향을 미치는지 알아야 한다. 엘로이즈와 아벨라르가 블랙잭을 하고 있는데 엘로이즈가 잭 카드와 에이스 카드를 손에 넣는다면, 이는 확률이 아주 낮은 일이며(약 0.5퍼센트) 확실히 엘로이즈에게 중요한 문제다. 낮은 확률의 잭-에이스 조합이 엘로이즈와 아벨라르 모두에게 중요할 뿐 아니라 엘로이즈에게는 좋은 영향을, 아벨라르에게는 나쁜 영향을 미친다는 사실을 규명하지 않으면 누가 운이 좋고 누가 운이 나쁜지 가릴 수 없다.

중요성을 운의 조건으로 삼아야 하는 세 번째 이유는 행운의 정도를 제대로 설명하기 위해서이다. 예를 들어 장 폴과 시몬이 복권을 산다고 해보자. 장 폴의 복권은 당첨 확률이 1,000만 분의 1이며, 시몬의 복권도 마찬가지다. 두 복권의 유일한 차이점은 1등 당첨금이 장 폴의 복권은 고작 10달러이며, 시몬의 복권은 100만 달러라는 것이다. 장 폴이 당첨된다면 행운이지만, 시몬이 당첨되면 그녀의 행운은 훨씬, 훨씬 더 크다. 이 사실은 확률 하나만으로는 설명될 수 없다. 두 복권의 당첨 확률은 똑같았다. 차이점은 100만 달러의 당첨금이 쥐꼬리만 한 10달러보다 훨씬 더 큰 의미를 지니고 있다는 것이다.

이 중요성 조건은 사건마다 정도가 다를까, 아니면 어떤 기준점이 있을까? 후자라면, 일정 기준점 이상으로 중요하거나 유의미하며 똑같이 확률이 낮은 사건들은 운의 크기가 똑같다. 기준점 아래의 사건들은 운과 상관없다. 예를 들어 장 폴과 시몬 모두 찢어지게 가난해서 담뱃값도 감당하기 힘들다고 가정해보자. 그렇다면 두 사람 중 누구든 5달러 이상의 당첨금만 받아도 의미 있는 일이 될 것이다. 그래서 장 폴이 당첨 확률 1,000만 분의 1의 복권으로 10달러를 받고 시몬이 당첨 확률 1,000만 분의 1의 복권으로 100만 달러를 받는다면, 그들은 똑같이 운이 좋은 것이다. 두 사람은 똑같은 확률을 깨고 의미 있는 액수의 돈을 손에 넣었다. 물론 말도 안 되는 소리다. 그들의 운이 똑같이 좋았다고 말할 수 없다. 아무리 어떤 액수든 가치 있다 해도, 10달러보다는 100만 달러를 받는 쪽이 훨씬 더 의미 있다. 따라서 확률과 마찬가지로 중요성도 하나의 변수가 되어야 한다.[10]

피츠버그 대학의 철학자 니콜라스 레셔는 다음과 같이 썼다. '운은 세 가지 요소를 수반한다. 1) 수혜자 혹은 피해자, 2) 영향을 받는 당사자에게 이득 또는 손해가 되는 전개, 3) 우연성(의외성, 우발성, 예측 불가능성).'[11] 레셔는 운과 관련된 사건의 중요성과 그 발생 확률이 서로 반비례한다는 사실을 발견했다. 정말 중요하면서 확률이 조금 낮은 사건(이를테면 최종 면접자 네 명 중에 합격자로 뽑히기)은 행운이지만, 똑같이 중요하고 확률이 아주 낮은 사건만큼은 아니다. 별로 중요하지 않고 가능성 낮은 사건이 그저 그런 행운이라면(맨해튼으로의 즉흥 여행에서 적당한 주차 자리 찾기), 아주 중요하면서 가능성 낮은 사건은 훨씬 더 큰 행운이다(공연 시간에 늦었는데 맨해튼에서 적당한 주차 자리 찾기).

레셔는 사건 E에서 그 사건의 중요성 수준($\Delta(E)$)을 고려하여 운의 양(λ)을 측정하는 공식을 제안한다.[12]

$$\lambda(E) = \Delta(E)^* pr(\text{not-}E).^*$$

아주 중요하고 확률이 약간 낮은 사건과 어느 정도 중요하고 확률이 아주 낮은 사건의 운은 동일하다. 아주 중요하고 확률이 아주 낮은 사건은 운의 양이 가장 크다. 전혀 중요하지 않거나 발생 가능성이 아주 높은 사건에는 운이 일절 끼어들지 않는다. 레셔는 별다른 논증 없이, 확률과 중요성 간의 아주 단순한 선형적 관계를 가정한 공식을 제안했다. 그렇다면 어떤 사건의 발생 확률이 두 배 낮으면 운의 양은 두 배 늘어나는 걸까? 아마도 운은 소음(데시벨)과 지진 진동(리히터 척도) 같은 수많은 지각 척도와 마찬가지로 로그 함수의 형태를 띨 것이다. 그런 경우 옳은 공식은 '$\lambda(E) = \Delta(E) \times \log(pr(\text{not-}E))$'가 된다. 혹은 운과 중요성의 관계는 거듭제곱의 꼴로 변화할 수도 있다. 정사각형의 길이가 두 배로 늘어나면 면적이 네 배로 늘어나듯이, 아주 중요하고 확률이 조금 낮은 사건은 약간 중요하고 확률이 아주 낮은 사건보다 운의 양이 열 배 더 클 것이다. 간단히 말해, 정확도가 떨어지는 사이비 과학 공식을 급조해봐야 좋을 게 없다는 것이다.

확률 이론으로 운을 설명하는 방식은 얼마나 효과가 있을까? 첫 번째 테스트로, 실력과 운을 구별하는 데 도움이 되는지 살펴보자. 알맞은 때 알맞은 곳에서 성공을 일구어내는 사람들은 어쩌다 보니 잘된 걸까, 아니면 현명한 선택을 하고 열심히 일한 덕분일까?

---

* 운의 양=사건의 중요성×사건이 일어나지 않을 확률

우리의 실패는 나쁜 상사와 의리 없는 친구들 탓일까, 아니면 우리 자신의 인품과 지성에 결함이 있어서일까? 운에 관한 이론이라면 이런 의문의 답을 찾아주고, 삶에서 우리 자신이 초래하는 일은 얼마나 되고 무작위로 닥치는 일은 얼마나 되는지 판단하는 데 도움이 되어야 한다.[13]

승자와 패자

1892년 만프레트 폰 리히토펜 남작은 외교관과 군인을 많이 배출한 프로이센의 명문가에서 태어났다. 그의 삼촌 발테르는 미국 서부로 이주하여 덴버 근처에 호화로운 독일식 성을 지었고, 그의 먼 친척인 프리다는 영국 소설가 D. H. 로런스의 아내였다. 리히토펜은 어린 시절 특출난 체조선수였으며, 무스나 멧돼지 같은 야생동물을 사냥하는 데 열심이었다. 그는 열한 살 때부터 군사훈련을 받기 시작했고, 열아홉 살에는 기병 중대에 들어갔다. 제1차 세계대전의 참호전은 전통적인 기마 부대를 무용지물로 만들었고, 그래서 리히토펜은 지원부대를 전전하다가 결국 보급부대에 배치되었다. 전투를 열망한 리히토펜은 재배치 신청서에 '저는 치즈와 달걀 조달이 아니라 다른 목적을 위해 참전했습니다'라고 썼고, 독일 제국 공군으로 편입되었다. 처음에는 정찰 임무만 맡다가 에이스 조종사인 오스발트 뵐케와의 만남으로 감화를 받아 1915년부터 전투기 조종 훈련을 받기 시작했다.

머지않아 그는 태양을 등지고 높은 고도에서 하강하는 기술로 적군의 비행기를 격추하기 시작했다. 군기가 잘 잡힌 전술가였던 리히토펜은 자신의 중대에 엄격한 규율을 세웠다. 적군의 조종사 대신 포병에게 먼저 사격할 것, 자신이 먼저 개시한 공격에서 절대 달아나지 말 것 등등. 리히토펜은 자신의 전투기를 붉은색으로 칠하기 시작했고, 이는 독일 국민의 상상력을 사로잡았으며 다른 비행 중대도 영감을 받아 그들만의 표식이 될 만한 색깔로 전투기를 칠했다. 아마도 역사상 가장 유명한 전투기 조종사일 이 '붉은 남작'은 80기의 적군 전투기를 격추하는 공을 세워 제1차 세계대전 최고의 격추왕으로 기억되고 있다. 그의 인생은 재능 넘치는 한 인간의 일대기라 할 수 있다. 명문가 출신에 뛰어난 운동 실력, 사냥 기술, 조기 군사훈련, 호기로운 성정, 전투기 조종사로서의 눈부신 활약. 하지만 철십자훈장을 받았을 때 그는 어머니에게 보내는 편지에 이렇게 썼다. '제가 이 전쟁에서 살아남는다면 두뇌보다는 행운 덕분일 겁니다.' 4년 후 붉은 남작은 공중 전투에서 사망했고, 적인 영국군은 예를 다해 그의 장례식을 군장으로 치러주었다. 그의 죽음은 불운이었을까? 한편으로, 그때는 전시였고 그는 적군의 최고 표적이었기 때문에 전사는 발생 확률이 아주 높은 사건으로 운의 문제는 전혀 아닌 것처럼 보인다. 다른 한편으로, 제1차 세계대전 당시 명문가 출신의 최고 조종사였던 붉은 남작을 격추하는 건 윔블던 대회에서 전성기의 로저 페더러를 이기는 것과 다를 바 없었다. 그러므로 리히토펜의 말은 틀렸을지도 모른다. 만약 그가 전쟁에서 살아남았다면, 그건 운이 아니라 어마어마한 실력(두뇌) 때문이었을 것이다.

실력과 운의 관계를 분석하기란 쉬운 일이 아니다. 논의 대상으로 자주 오르는 인물 중 한 명이 빌 게이츠이다. 게이츠는 분명 총명하고 투지가 넘치는 사람이지만, 중학생이었던 1960년대에 초기 시분할 컴퓨터 프로그래밍 단말기를 마음껏 사용할 수 있을 만큼 부유하기도 했다. 게이츠 자신도 그 시절에 프로그램을 만들고 즉각적인 반응을 얻을 수 있었던 사람은 전 세계에 50명도 안 되었을 거라고 말한다.[14] 훗날 폴 앨런과 함께 마이크로소프트를 설립한 뒤 게이츠는 IBM과 협업하여 신형 개인용 컴퓨터의 운영체제를 제공했다. IBM은 그들의 새 PC가 잘 팔릴 거라고 생각하지 않았기 때문에, 운영체제 MS-DOS에 대한 권리를 돈 들여 사는 대신 마이크로소프트에 넘겨버렸다. 결국 이 거래는 수천억 달러의 가치가 있었고, 그 돈은 IBM이 아닌 마이크로소프트의 주머니로 들어갔다. 그렇다면 게이츠가 쌓은 부는 근면함과 야망의 결과일까, 아니면 운이 좋아서였을까?

닉 하나우어는 또 어떤가. 자칭 상위 0.01퍼센트의 갑부이자 사과를 모르는 오만한 자본주의자 하나우어는 여러 채의 집과 개인 전용 비행기 한 대, 요트 한 척과 은행 하나를 소유하고 있다. 그는 벤처 투자가 겸 기업가로 돈을 벌었으며, 자신이 설립하고 마이크로소프트에 현금 64억 달러를 받고 팔아넘긴 인터넷 광고 회사 에이퀀티브를 비롯하여 30개 이상의 기업에 관여해왔다. 하나우어는 자신의 남다른 성공이 미래를 예측하는 직관력과 과감한 모험 덕분이라고 믿는다. 인터넷이 등장했을 때 하나우어는 대형 매장에 닥칠 위기를 짐작했다. 사람들이 거실에 편하게 앉아 전 세계의 모든 상품을 쉽게 구경할 수 있게 되면 오프라인 매장은 멸종 위기에 처하리라. 그래서 하나우어는 기회를 놓치지 않고 아마존에 투자했다. 창업주의 가족이 아닌 외부자로서는 최초였다.[15]

붉은 남작은 어머니에게 쓴 편지에서 자신의 성공에 겸손함을 보이며 전쟁에서 자신이 맞을 운명에 운이 작용하리라 인정했다. 게이츠 역시 자신의 인생에 대해 신중한 발언을 했다. '나는 그 시절 대부분의 사람들과 달리 어릴 때부터 소프트웨어 개발을 경험할 기회가 많았고, 믿을 수 없을 만큼 엄청난 행운이 계속 이어졌다.'[16] 하나우어는 자신의 행운에 대해 명쾌하게 털어놓는다. 아마존의 창업주 제프 베이조스는 그의 친구였고, 베이조스가 하려는 모든 일에 투자하겠다는 그의 제안을 받아들여주었다. 하나우어는 소말리아나 콩고의 기업가들이 자기보다 야심이 작거나 덜 똑똑한 것이 아니라 운이 없을 뿐이라고 말한다. 그들은 빈곤한 나라에 태어났으며 그들의 고객 또한 가난하다. 그래서 자기 요트를 몰지 못하고, 길가에서 과일을 팔고 있는 것이다.

성공한 사람들이 모두 리히토펜이나 게이츠, 하나우어처럼 겸손한 건 아니다. 그들 대부분은 자신의 모든 성취를 가상한 노력의 결과로 여긴다. 운이 따랐다고 암시하면 성취의 타당성에 금이 가고, 그래서 그들의 성공이 주체적인 행동의 산물임을 부인하는 꼴이 되어버린다. 올림픽 출전 선수, 노벨상 수상자, 대실업가의 반열에 오르려면 타고난 재능과 엄청난 투지가 필요한 건 자명한 사실이며, 크게 성공한 사람들은 그들에게 행운이 따랐다는 말을 들으면 발끈하기도 한다. 우리 인생의 궤도에 운이 중요한 역할을 한다는 취지의 글을 대중 신문이나 잡지에 여러 번 발표했던 코넬 대학의 경제학 교수 로버트 H. 프랭크가 이 점을 잘 입증해준다.[17] 프랭크는 「폭스 비즈니스 뉴스」라는 텔레비전 프로그램의 진행자인 스튜어트 바니가 인터뷰에서 화를 내며 방어적인 태도를 보였던 일화를 떠올린다.

잠깐만요, 교수님. 제가 그 글을 읽고 얼마나 기분 나빴는지 아십니까? 저는 35년 전 무일푼으로 미국에 왔습니다. 저는 오로지 제 재능과 노력으로, 그리고 위험을 무릅쓴 덕분에 성공했다고 생각합니다. 그런데 교수님은 〈뉴욕 타임스〉에 이 성공이 운 때문이라고 쓰실 거라고요? (……) 말도 안 돼요! 아무것도 없이 맨몸으로 미국에 오는 것이 얼마나 위험한 일인지 아십니까? 영국 억양을 가지고 미국의 대형 방송국에서 일하려면 얼마나 큰 위험을 감수해야 하는지 아십니까? 완전한 외국인이 말입니다. 이 자리에 올라오기까지 얼마나 힘들었는지 아십니까?[18]

다른 사례도 쉽게 찾을 수 있다. 19세기 미국의 초월론자인 랠프 왈도 에머슨은 좀 더 절제된 어조로 말한다. '상업은 실력 싸움이다. (……) 행운은 흔들리지 않는 뚝심의 또 다른 이름일 뿐이다.'[19] 현대 경영학의 최고 권위자인 피터 드러커는 다음과 같이 썼다. '인간의 모든 활동이 그러하듯 기업 경영도 운과 우연, 재앙의 영향을 받는다. 하지만 운으로 세워진 기업은 없다. 그 잠재력을 체계적으로 발견하고 이용하는 기업만이 번창하고 성장할 수 있다.'[20] 이상 하리만치 불균형적인 드러커의 관점에서 보자면, 기업은 불운에 시

달리거나 어떤 대란으로 망할 수도 있지만 번창과 발전은 각고의 노력만으로 얻을 수 있다. 미국의 가장 위대한 운동선수이자 테니스 챔피언인 세레나 윌리엄스는 이렇게 단언했다. '운은 아무 관계도 없다. 나는 헤아릴 수 없이 많은 시간을 코트에서 보내며, 언제 찾아올지 모르는 한순간을 위해 열심히 노력했다.'[21] 〈허핑턴 포스트〉의 칼럼니스트 태미 블랙은 명쾌하게 핵심을 찔렀다. '나의 성공이든 그 누구의 성공이든 예정된 것이나 요행수로 얻은 것이 아니다. 절대. 우리의 인생행로를 바꾸는 것은 인맥이 아니라 우리 자신이다. (……) 운이 성공과 무슨 관계가 있느냐고? 눈곱만큼도 관계없다.'[22]

성공한 사람들이 운 이야기만 나오면 발끈하는 이유를 이해하기란 그리 어렵지 않다. 그들의 성취에 조금이라도 운이 따랐다는 데 동의하면 개인의 노고를 깎아내리고 약점을 인정하는 꼴이 된다. 더구나 변덕스러운 우연으로 손에 넣은 것은 자신의 힘으로 얻어낸 것이 아니므로 지금의 위치와 소유물을 온전히 누릴 자격에 의혹이 생길지도 모른다. 그러니까 그 과분한 재산이 그들의 손에서 벗어나 운이라는 변덕스러운 바람에 실려 다른 사람의 손으로 들어갈 수도 있는 것이다. 성공한 이들 중에 이런 생각을 반길 사람은 아무도 없다. 사회학자 막스 베버는 1913년에 다음과 같이 썼다.

운 좋은 사람은 운이 좋다는 사실에 좀처럼 만족하지 못한다. 이를 넘어 자신이 행운을 누릴 자격이 있다는 걸 확인하고 싶어 한다. 행운을 누릴 '자격'이 있음을, 특히 남들보다 더 자격이 있음을 확인해야 직성이 풀린다. 그들의 신념에 따르면 운이 덜 좋은 사람들은 자신에게 걸맞은 경험을 하고 있을 뿐이다. 그들이 누리는 행운은 '정당한' 행운이 되어야 하는 것이다.[23]

운을 부인하고 '내 운명의 주인은 나'라고 주장하는 것은 세상이 공정하며, 그곳에서 우리가 차지하는 자리는 우리 자신의 선택과 재능과 노력에 달려 있다고 우기는 거나 마찬가지다. 물론 세계의 질서가 본질적으로 공정하다는 개념은 하위층보다 상위층에게 납득시키기가 더 쉽다. 우리의 성공이나 실패에 운과 실력이 어느 정도의 영향을 미쳤는지 가려내는 일은 붉은 남작, 세레나 윌리엄스, 빌 게이츠, 닉 하나우어 같은 영웅들을 평가하는 데 중요할 뿐 아니라 우리에게 훨씬 더 가까이 와닿는 아주 현실적이고 법적인 문제들에도 꼭 필요하다.

도박은 운인가, 실력인가

펜실베이니아 주 컬럼비아 카운티의 월터 왓킨스는 자신의 차고에서 작은 판돈이 걸린 텍사스 홀덤 포커를 치고 있었다. 딜러는 다이앤 덴트였다. 2008년 현장에 잠입한 펜실베이니아 주 경찰관이 즉시 왓킨스와 덴트를 체포하며, 이런저런 도박법 위반 혐의를 붙였다. 이 사건을 맡은 토머스 A. 제임스 주니어 판사는 펜실베이니아 주에서 도박이 전면적으로 불법은 아니라는 사실을 지적했다. 주 판례법에 따르면 다음의 세 가지 요건에 해당하는 것이 불법 도박이다. 약인(밑돈과 내기), 보상(판돈), 우연. 돈내기와 판돈이 있었다는 점은 모두가 시인했다. 제임스의 판결문을 보자. '따라서 부차적인 문제는 텍사스 홀덤이 실력의 게임인가, 우연의 게임인가, 혹은 둘 다라면 실력과 우연 중 어느 쪽이 더 중요한가 하는 것이다. 요컨대 우연이 우세하다면 텍사스 홀덤은 도박이다. 실력이 우세하다면 도박이 아니다.'[24] 포커는 룰렛만큼 무작위적이지는 않다. 포커는 전략의 게임이기도 해서, 성공적인 게임 운영에 재능도 한 가지 요인으로 작용한다. 실력과 운을 구분 짓는 방법에 관해서는 많은 분석이 이루어졌다. 폰 노이만과 모르겐슈테른도 게임 이론에 관한 중요한 저서에서 아주 전문적인 장 하나를 포커 분석에 할애했다.

제임스 판사는 포커에 관한 대중지와 학술지, 법률 서적 등을 여러 권 검토한 뒤 다음과 같은 결론을 내렸다. 항상 득을 보는 쪽은 도박장이지만, 텍사스 홀덤의 경우 전반적으로 가장 약한 도박꾼에게서 가장 강한 도박꾼에게로 돈이 흘러간다는 것이다. 포커에 운의 요소가 있다는 사실은 누구도 부인할 수 없겠지만, 포커라는 게임에는 실력이 더 중요하다는 것이 제임스의 주장이었다. 각각의 도박꾼이 충분한 정보를 가지고 판단할 수 있으며, 그 판단을 실행할 기회가 있기 때문이다. 판사는 펜실베이니아 주의 법에 따르면 포커는 도박이 아니라고 판결했고, 왓킨스와 덴트를 상대로 한 소송은 기각되었다.

제임스의 판결은 항소심에서 뒤집혔다.[25] 모든 소송 당사자가 동의한 사실관계와 무관한 번복이었다. 항소심에서는 똑같은 증거에 대해 정반대되는 법적 해석이 이루어졌다. 포커의 승패가 어느 정도 실력에 달려 있지만, 아무리 실력이 뛰어나도 2의 패를 에이스로 바꿀 수는 없다. 그러므로 실력이 승리의 주된 요인이라 하기엔 운의 영향이 너무 크다는 것이 상급 법원의 주장이었다. 그래서 항소 법원은 판사 2 대 1의 결정으로 포커가 우연의 게임이라고 판결했다. 반대 의견을 낸 판사는 포커가 진정으로 우연의 게임인지 주정부가 제대로 입증하지 못했다고 주장하며 그 판결을 거부했다(하지만 그는 제임스 판사처럼 포커가 실력의 게임이라고 직설적으로 단언하지도 않았다). 제임스 판사는 자신의 첫 판결이 뒤집힌 건 법적 이유가 아닌 정치적 이유 때문이라고 생각했다. 합법적 도박장을 계속 운영하려는 주정부의 의지에 상급 법원이 동조한 것이라고 말이다.[26] 결국 지방검사와의 거래를 통해 왓킨스와 덴트는 20시간의 봉사활동을 했다. 하지만 포커가 운의 게임이냐, 실력의 게임이냐에 대한 명확한 법적 판결은 아직 내려지지 않았다.

본질적으로 도박이란 불완전한 정보 속에 돈을 거는, 불확실성 아래에서의 의사 결정이다. 판단하는 데 도움이 될 만한 정보가 적을수록 주관적 위험은 더욱 커진다.[27] 물론 도박꾼들은 돈을 걸기 전에 이용할 수 있는 정보의 양을 늘리기 위해 극도로 창의적인 방법을 써왔다. 제1장에서 보았듯이, 최초의 방법은 확률 이론의 개발이었다. 좀 더 최근의 전문 도박꾼들은 카지노를 상대로 이기기 위해 훨씬 더 기발한 방식을 개발했다.

블랙잭을 예로 들어보자. 이 게임은 플레이어와 딜러 간의 승부다. 각자 두 장의 카드를 받는데, 딜러는 한 장은 펴고, 한 장은 뒤집어놓는다. 21점을 넘지 않고 거기에 가장 가까운 점수를 따는 사람이 이긴다. 두 카드의 낮은 점수가 마음에 들지 않는 플레이어는 카드를 한 장 더 요구할 수 있지만, 21점을 넘으면 패배하고 자동으로 상대의 승리가 된다. 카지노의 규칙에 따르면 딜러는 17점 이상을 따면 추가로 카드를 받지 못하며, 17점 이하면 카드를 더 받아야 한다. 블랙잭에서 이기려면 두 가지의 사실을 제대로 알고 있어야 한다. 첫째, 딜러가 보여주는 카드가 아주 낮은 패라면(예를 들어 '6') 그는 규칙에 따라 두 장 이상의 카드를 더 받아야 하며, 따라서 패할 확률도 높아진다. 만약 딜러가 퀸, 킹, 잭 카드 중 하나를 보여준다면 카드를 더 뽑더라도 두 장 이상 뽑아야 할 확률은 훨씬 더 낮고, 따라서 패할 확률도 그리 높지 않다. 두 번째로 염두에 두어야 할 사실은, 각자에게 어떤 카드가 돌아갈지 전혀 예측 불가능한 상황은 아니라는 점이다. 딜러의 카드와 내 카드를 보면, 아직 남아 있는 카드가 뭔지 알 수 있다. 카드가 한 장씩 배분될수록, 남아 있을 가능성이 있는 카드도 변한다. 따라서 각 판의 상태는 이전 판의 상태에 대한 '기억'을 갖고 있다. 앞선 사건의 기억으로 연결된 일련의 사건을 마르코프 연쇄라고 한다. 딜러가 카드를 나누어 줄수록 플레이어는 남아 있는 카드에 대한 정보를 점점 더 많이 얻을 수 있다. 어느 시점이 되면 요령 좋은 플레이어는 마르코프 연쇄로부터 얻은 정보를 통해 나머지 카드를 제법 잘 예측할 수 있게 되고, 그 예측에 따라 베팅을 조절한다.

룰렛처럼 정말 무작위로 보이는 게임에서조차 도박장을 이긴 사람들이 있다. 룰렛에서 볼이 마지막으로 안착할 위치는 휠의 초기 상태에도, 볼의 각운동량과 편향기의 상호작용 변수에도 아주 민감하게 반응한다. 다시 말해 룰렛은 비선형적이며 무질서한 시스템이다. 수학 하나로는 룰렛을 정복할 수 없지만 과학으로는 가능할지도 모른다. 사람들은 카지노로 몰래 컴퓨터를 가지고 들어가 볼이 휠의 테두리에서 떨어지는 속도와 휠의 감속률을 측정했다. 이는 볼이 어느 편향기에 맞고 결국 어느 포켓으로 떨어질지 예측하는 데 도움이 된다. 이 방식을 이용한 3인조가 런던의 리츠 카지노에서 130만 파운드를 땄다. 도박장마다 스포츠 경기에 대한 배당률이 다를 때 차익을 노리는 자동 컴퓨터 베팅이나, 경마 통계의 분석을 통한 예측 모델 개발 등 비슷한 사례가 많다. 이 모든 전략은 상당한 성공을 거두어왔고, 정교한 베팅으로 이득을 챙기는 도박단이 있을 정도다.[28] 이를 보면 실력도 실질적인 하나의 요소이며, 전문 도박꾼들이 우연에만 의지하는 건 아니라는 사실을 분명히 알 수 있다.

실력 방정식?

리히토펜, 게이츠, 하나우어의 성공담이나 차고 포커 클럽의 적법성에 대한 법적 공방에는 다음의 공식이 내포되어 있다.

- 실력+운=성과

노벨상 수상자인 대니얼 카너먼이 좋아하는 방정식은 '성공=재능+운'이다.[29] 진부한 방정식일지 모르지만, 아주 대중적인 개념인 만큼 잠시 진지하게 들여다보는 것도 좋겠다. 얼마나 합당한 방정식인지 살펴보자.

우리의 성과는 약간의 실력과 대부분의 운에 좌우될까(펜실베이니아 주 상급 법원이 포커에 대해 생각했듯이), 아니면 약간의 운에 대부분의 실력일까(붉은 남작의 경우처럼)? 당면한 과제가 무엇이냐에 따라 각각의 기여도는 달라질 것이다. 슬롯머신으로 돈을 따려면 순전히 운이 따라야 하고, 체스 게임에서의 승리는 전적으로 실력에 달려 있다, 이렇게 직관적으로 단언할 것이 아니라 운과 실력 각각의 기여도를 체계적으로 분리해서 진짜 원동력을 파악할 수 있을까? 확률 이론이 실력과 운을 분리하는 데 효과가 있다면, 고도로 정량적인 영역에서도 먹힐 것이다. 거기서 실패한다면 우리의 무질서하고 비정량적인 평범한 일상에서 운이 어떤 역할을 하는지 가려내기란 불가능하다.

첫 단계로 위의 방정식을 다음과 같이 바꾸어보자.

- 실력＝성과−운
- 운＝성과−실력

'실력＋운＝성과'를 기본적인 개념으로 가정한다면, 우리가 취할 수 있는 전략은 두 가지이다.

전략 1 : 정해진 성과 수준에서, 운의 값을 결정하여 실력의 값을 구한다.
전략 2 : 정해진 성과 수준에서, 실력의 값을 결정하여 운의 값을 구한다.

확실히 '전략 1'이 가장 대중적인 방식이다.[30] 실력을 '0'으로 설정해보자. 그렇다면 '운=성과-0'이 되고, 따라서 '운=성과'가 된다. 확률 이론에 따르면 이는 결과나 성과를 우연 하나로 예측할 수 있다는 의미가 된다. 예를 들어 어느 독심술사가 '나는 당신이 빨간색, 파란색, 노란색, 녹색 중 무슨 색깔을 생각하고 있는지 알아낼 수 있다'고 주장하고는 네 번 중에 한 번 정답을 맞힌다면, 그에게 텔레파시 능력이 있다고 주장할 수 있는 증거는 전혀 없는 셈이다. 25퍼센트의 정답률은 어림짐작으로도 얻을 수 있다. 다시 말해 '성과=운'이다. 여기서 실력이 보태는 것은 전혀 없으며, '0'이라고 가정해도 무방하다. 즉 독심술사는 사실상 텔레파시 능력이 전혀 없는 것이다. 우연한 성공을 뛰어넘어 통계학적으로 유의미한 변화량을 보이는 실력이야말로 진짜 실력이라 부를 수 있다.

사회과학에서 통계학적 유의미성의 기준은 다소 임의적이지만 5퍼센트로 설정되어 있다. 즉 어떤 사건이 20분의 1보다 낮은 확률로 벌어진다면, 진짜 원인은 다른 곳에서 찾는 것이 좋다. 독심술사가 네 번 중에 세 번 색깔을 맞힌다면 운이 좋아서일지도 모르지만, 여러 차례의 시험에서 75퍼센트의 정답률을 유지한다면 그저 운이 아니라 다른 뭔가가 작용하고 있다는 추론이 합당할 것이다. 어쩌면 그는 영리한 말 한스처럼 상대의 반응을 보고 답을 알아챌 수도 있고, 속임수를 쓰고 있을 수도 있고, 어쩌면 정말 텔레파시 능력이 있을지도 모른다. 속임수의 가능성 같은 가외 변수를 배제하고 통계적으로 유의미한 성과가 보인다면, 즉 운 하나로는 기대할 수 없는 성과가 나타난다면 그 원인을 실력으로 돌릴 수 있다.

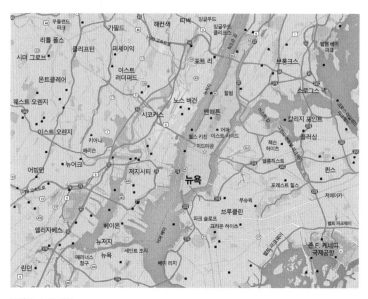

그림 2-1 암 지도.

한 가지 까다로운 문제는 우연을 뛰어넘는 성공조차 그 원인
이 실력이 아닐 수도 있다는 것이다. 네 가지의 색깔을 가지고 어림
짐작한다고 해서 항상, 그리고 오로지 25퍼센트의 정답률만 나오는
건 아니다. 동전 던지기를 보면 쉽게 알 수 있다. 우리는 앞면이 나올
확률 50퍼센트, 뒷면이 나올 확률 50퍼센트를 예상하고, 길게 보면
정말 그런 결과가 나온다. 그런데 만약 누군가가 동전을 열 번 던져
앞면이 여섯 번 나온다 해서 다섯 번은 운으로, 한 번은 실력으로 돌
릴 수 없다. 진정한 무작위성은 '푸아송 응집Poisson clumping'을 만들어
낸다. 동전 던지기를 예로 들자면, 앞면만 집중적으로 나오다가 뒷
면이 잇따라 나올 수 있다는 의미이다. 장기적으로는 50 대 50의 비
율이 되겠지만, 단기적으로는 그렇지 않을 것이다. 열 번 던져서 정

소매상	계산원	사무원	우버 운전사	간호사	고객 서비스	잡역부
비서	재고 관리자	경리	초등학교 교사	트럭 운전사	영업사원	사무 감독관
디젤 차량 정비공	건물 관리자	비서실장	중등학교 교사	경비원	가정 방문 간호조무사	요리사
가정부	조경사	취사 담당자	배송 기사	공사장 인부	유통업자	경찰관
기술 업무 지원	변호사	경영분석가	전기기사	접시닦이	소프트웨어 개발자	바텐더

그림 2-2 직업 분포도.

확히 앞면이 다섯 번, 뒷면이 다섯 번 나올 확률은 그리 높지 않으며, 하물며 앞면과 뒷면이 번갈아 나올 가능성은 훨씬 더 낮다.

'그림 2-1'의 지도를 보자. 점들은 2019년에 암 진단을 받은 환자들의 분포를 나타낸다.

제일 먼저 눈에 띄는 사실은 뉴욕보다 뉴저지에 암 환자가 훨씬 더 많다는 것이다. 저지시티, 베이온, 엘리자베스에 훨씬 더 많은 점이 찍혀 있다. 그 이유가 뭘까? 열악한 근로조건? 가난? 석유화학 공장이 있어서? 분명 이 현상을 설명해주는 원인이 있을 것이다. 아니면 '그림 2-2'의 직업 분포를 보자. 이 그림에서 각 점은 그 직업을 가진 사람의 10퍼센트가 여성이라는 것을 의미한다. 예를 들어 고객 서비스직 칸에 세 개의 점이 찍혀 있으니, 그 직업에 종사하는 사람들 중 30퍼센트가 여성이라는 뜻이다. 비서직이나 저임금 취사 노동직의 여성 비율이 높고 변호사나 소프트웨어 개발자로 일하는 여성이 상대적으로 부족한 것은 의심의 여지 없이 성차별의 명백한 신호이다.

사실 두 차트 모두 점이 무작위 패턴으로 찍혀 있다. 암 분포를 표시한 지도가 아니지만, 그렇다고 듣는 순간 우리의 뇌는 적절한 설명을 만들어내기 위해 뉴저지와 뉴욕에 관한 경험적 지식을 뒤지기 시작한다. 직업 분포도도 마찬가지다. 일반적인 직업을 마구잡이로 끌어와 거기에 무작위로 점을 찍어놓고, 점들의 의미에 대한 이야기를 덧붙였을 뿐이다. 성차별과는 아무런 관계도 없다. 설령 이점들이 정말로 암이나 여성 노동자를 대변한다 해도 그 분포에 더 깊은 의미를 부여할 수는 없다. 무작위성이 푸아송 응집으로 이어진다는 사실을 잊고, 의미 없는 데이터에서 패턴처럼 보이는 것을 찾기 십상이다. 자동차 전조등을 보고 사람의 눈을 떠올리고 그릴 치즈 샌드위치에 찍힌 무늬가 성모 마리아처럼 생겼다고 생각하는 것과 마찬가지로, 우리는 무작위 데이터에서 성차별이나 뉴저지에 관한 고정관념에 일치하는 패턴을 보는 것이다.

통계적 잡음에서 진짜 신호를 뽑아내는 건 조심스럽게 접근해야 할 민감한 문제이며, 확률 이론대로라면 평균 이상의 무작위적 성공을 실력의 결과로 간주할 수 없다. 그저 운이 좋아서일 수도 있다. 실력과 운이 성공(과 실패)에 얼마나 기여하는지 그 상대적 비율을 구분하는 작업은 스포츠, 도박, 상품 거래처럼 광범위한 데이터나 계산 가능한 결과를 가진 양적인 영역에서 주로 탐구되고 발전되었다. 투자전략가 마이클 J. 모부신은 미국의 미식축구나 주식시장 등에서 운이 하는 역할을 평가하는 데 동전 던지기 모델을 적용했다. 완전한 무작위라면 어떤 결과가 나올까 예상하고, 그것을 실제로 관찰된 결과와 비교하는 방식이다.

미식축구계에는 오래전부터 '여느 일요일 any given Sunday'이라는 말이 있다. 어느 팀이든 승리를 거둘 수 있으며, 프로 팀들은 워낙 실력이 고만고만해서 그날 운 좋은 팀이 승리한다는 뜻이다. 이 말을 그대로 믿는다면, 어느 일요일 경기에서 누가 이기고 누가 지는가는 동전 던지기의 결과나 마찬가지다. NFL(미국 프로미식축구연맹)에는 32개 팀이 있으며, 각각의 팀이 열여섯 번의 경기를 치른다. 그냥 동전을 던져서 승자를 결정한다면, 8승 8패가 가장 흔한 시즌 기록이 되리라는 예상이 가능하다. 수천 개의 동전을 던지면 약 20퍼센트는 그런 결과가 나온다. 그런데 어느 팀은 운이 더 좋아서 더 많이 승리하고, 어느 팀은 운이 안 좋아서 더 많이 패배할 것이다. 일부 팀은 9승 7패라는 결과를 얻을 테고, 그보다 더 적은 팀은 10승 6패의 성적을 거둘 것이다. 동전 던지기에서 연승(혹은 연패)은 또 다른 형태의 푸아송 응집이며, 진정한 무작위성을 암시한다. 모부신은 승리와 패배가 완전히 무작위로 이루어지는 미식축구 시즌의 결과를 보기 위해 이런 동전 던지기 시뮬레이션(몬테카를로 시뮬레이션)을 수천 번 시행했다. 그런 다음 32개 팀의 결과를 그래프로 나타냈다. 0승 16패를 기록한 극단적인 특이치 outlier 팀은 그래프의 왼쪽에, 16승 0패를 기록한 운 좋은 무적의 특이치 팀은 오른쪽에 있었다. 최종 결과, 아주 뾰족한 종 모양의 곡선 그래프가 나왔다. 팀의 승패가 순전히 운으

기록들의 혼합

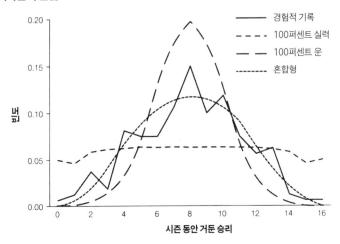

그림 2-3 승리 기록 그래프.(마이클 모부신의 허락을 받아 전재)

로 결정된다는 시나리오의 결과이다.

만약 미식축구 경기의 승패가 100퍼센트 실력으로 결정되고 운은 전혀 작용하지 않는다면 어떠할까? NFL의 순위가 오로지 실력으로만 결정된다고 가정하면 1등부터 꼴찌까지 32개 팀의 순위를 매긴 다음, 정면 승부를 할 경우 순위가 높은 팀이 낮은 팀을 항상 이길 거라고 추정할 수 있다. 모부신은 NFL의 자체 스케줄링 알고리즘을 이용하여 5,000시즌을 시뮬레이션했고, 그 결과 아주 평평한 곡선 그래프가 나왔다. 양끝에 있는 최고의 팀과 최악의 팀 부분이 약간 파였을 뿐이다. '순전한 운' 가설의 결과는 뾰족한 종형 그래프였다. '순전한 실력' 가설로는 평평한 곡선 그래프가 나왔다. 그렇다면 NFL의 실제 승패 분포는 어떠할까? 2007년부터 2011년까지의 실제 NFL 기록은 둘 사이에 끼여 있는 곡선 그래프를 나타낸다. '그림 2-3'의 그래프를 보면, 실력과 운을 조합한 '혼합' 모델이 실제의 경험적 결과에 가장 근접하다는 사실을 알 수 있다.[31]

혼합 모델은 '순전한 실력'과 '순전한 운' 그래프 사이의 중간 즈음에 있다. 프로 미식축구팀의 승패는 48퍼센트의 운과 52퍼센트의 실력에 달려 있는 듯하다. 이 분석을 바탕으로 모부신은 NFL 팀의 승리에 운보다 실력이 '아주 조금 더' 작용한다는(그리고 팀의 패배에는 불운보다 열등한 재능이 조금 더 작용한다는) 결론을 내린다.

확률 이론의 문제

모부신의 이런 통계학적 방식은 실력과 우연을 구분하는 데 도움이 된다. 하지만 과연 운을 제대로 포착할 수 있을까? 삶의 어떤 부분은 측정하기가 쉽다. 일요일에 브롱코스 팀이 승리했는가, 내 플러시가 포커의 판돈을 쓸었는가, 어떤 증권 중개인이 기대 수익률보다 높은 투자 수익을 얻을 수 있는가 등등. 이런 영역은 객관적인 정량화가 가능하고 단순 명확할 뿐만 아니라 수학적 도구를 통해 분석할 수 있다. 이런 문제에서 확률은 삶의 지침이 된다.[32] 하지만 이런 도구들이 무용지물이 되어버리는 경우도 있다.

첫 번째 난제는 앞서 언급했던 '준거 집합 문제'이다. 이 문제는 온갖 맥락에서 나타난다. 예를 들어 내가 탄 비행기가 추락할 확률은 얼마나 될까? 답을 구하기 위해 어느 비행기든 추락할 수 있는 확률, 즉 모든 항공사의 안전 비행 성적을 총괄적으로 조사할 수 있다.

아니면 내가 지금 타고 있는 비행기의 안전 비행 성적을 검토할 수도 있다. 내가 탄 비행기와 조종사에 관한 구체적인 내용 역시 고려해야 할 것이다. 넓은 맥락에서 보느냐, 좁은 맥락에서 보느냐에 따라 추락 확률은 크게 달라진다. 준거 집합 문제는 확률과 관련하여 일반적으로 마주치게 되는 난제이며, 운에 관한 확률 이론에서도 마찬가지다. 장마철에 탄 비행기가 힘겹게 착륙한다면, 추락하지 않은 것을 행운으로 여기는 것이 합당하다(준거 집합=장마철에 운항되는 비행기들). 반면 그저 안전하게 착륙했다고 그것을 행운이라 할 수 있을까? 현대의 비행기 여행에서 당연히 기대할 만한 일이다(준거 집합=모든 상업 비행). 똑같은 비행기를 타고서도 이렇듯 다른 결과가 나온다. 그럼 어느 쪽이 맞을까? 확률 이론의 큰 매력은 수학적이어서 운을 계산하고 정확히 측정할 수 있다는 점이다. 그러나 비행기 사례가 보여주듯, 어떤 가정을 세우느냐에 따라 한 가지 이상의 결과가 나올 수 있다. 더 심각한 사실은 어떤 가정이 가장 합리적인지 결정할 만한 자연스러운 방법이 전혀 없다는 것이다. 아침으로 흑빵을 먹는 것이 운의 문제일까? 비교 집합이 '아침으로 먹을 수 있는 세상의 모든 음식'이라면 흑빵의 선택은 확률이 다소 낮으므로 운의 문제처럼 보인다. 만약 '내 부엌에서 아침으로 먹을 수 있는 모든 음식'을 비교 대상으로 삼는다면 흑빵 토스트는 가능성 있는 선택이며, 따라서 운과는 아무런 관계도 없다.

가장 좁은 해석을 시도해보면 어떠할까? 장마철에 하늘을 나는 이 특정한 비행기와 그 조종사, 내가 아침 식사를 하는 바로 이 장소. 문제는, 그런 경우 모든 사건의 확률이 (거의) 100퍼센트가 될 위험이 있다는 것이다. 그러니까 한 사건의 세부 내용과 배경 조건을 아주, 아주 구체적이고 좁게 명시해보자. 그 요인들을 고려하면 그 사건은 사실상 확실히 일어난다고 봐야 한다. 미국 메이저리그 역사상 최고의 선수로 꼽히는 행크 에런이 이러이러한 궤도와 속도로 배트를 휘두르고 그의 배트에 맞은 공이 이러이러한 속도와 회전과 방향으로 움직인다면, 그 타구가 홈런이 될 확률은 얼마나 될까? 이렇듯 세세하게 조건을 명시할 수 있다면 에런이 홈런을 확실히 칠지 못칠지 알 수 있을 것이다. 적어도 카오스 이론이 부과한 한계점 안에서는 정확하게. 하지만 이는 우리가 진정으로 원하는 바가 아니다. 우리가 알고 싶은 것은, 이 시즌의 홈런율을 감안했을 때 에런이 다음 타석에서 홈런을 칠 가능성이 얼마나 되느냐는 것이다. 현재 마운드에 서 있는 투수와 에런 간의 상대 전적까지 알면 더 좋을 것이다. 우리가 정보를 더하고 뺌에 따라 확률도 변한다. 그래서 만약 에런이 홈런을 친다면, 그건 운일까? 혹은 어느 정도까지 운일까? 만족스럽지 못하게도, 준거 집합을 어떻게 설정하느냐에 따라 아주 다른 답이 나온다.

확률 이론의 두 번째 난제는 '잡음 신호' 문제다. 통제가 거의 불가능하고 승산이 낮으며 발생 확률이 아주 낮은 사건을 가정해보자. 골프의 홀인원을 그 예로 들 수 있다. 〈골프 다이제스트〉에 따르면 프로 골퍼가 홀인원에 성공할 확률은 2,500분의 1이라고 한다. 아마추어 선수의 경우에는 1만 2,500분의 1밖에 되지 않는다.[33] 아무리 골프를 자주 쳐도 평생 경험하지 못할 수도 있다(내 아버지는 평생 골프장에 살다시피 하며 60년 넘게 시도했지만 한 번도 성공하지 못했다). 콜로라도

주 덴버의 마이크 크린은 517야드(약 470미터)의 파5홀에서 홀인원을 한 번 기록했고, 캘리포니아 주 치코의 엘리스 매클레인은 102세에 성공했다. 이런 성과의 확률을 계산이나 할 수 있을까? 타이거 우즈가 여섯 살 때 첫 홀인원을 기록할 확률은 얼마나 되었을까?

이런 사건들은 거의 항상 일회성으로 그치며, 골프 샷의 평균 범주에서 크게 벗어나 있기 때문에 실력과 운을 분석하기엔 근거가 부족해 보인다. 프로 선수는 홀인원에 성공할 확률이 아마추어 선수보다 다섯 배 높다. 그런데 만약 프로 선수와 아마추어 선수가 같은 홀에서 홀인원을 한다면(둘 다에게 가능성이 아주 낮은 사건), 프로의 실력이 아마추어보다 다섯 배 더 좋다는 주장은 부정확한 것이 된다. 프로 선수든 아마추어 선수든 성공한 홀인원의 배경에는 수많은 실패가 있다. 수천 번의 실패 가운데 어쩌다 한 번, 뜻밖에, 뚜렷한 이유 없이 한 번 성공한 것이다. 누가 성공했든, 이런 변칙적인 사건에서 실력과 운의 양을 제대로 분석하기란 무리가 있어 보인다. 애매모호한 용어들에 부자연스럽게 엄밀한 경계선을 긋거나, 라디오 잡음 속에서 한 곡의 노래를 알아들으려 애쓰는 거나 마찬가지다.

나심 니콜라스 탈레브는 홀인원 같은 사건을 '검은 백조'라고 불렀다. 간혹 발생하리라는 일반적인 예측과 달리, 원리상 예측 불허하고 드물며 불확실한 사건이라는 것이다.[34] 안정적이던 시장에서 주식시장이 붕괴하여 돌연 경제 참사가 일어난다거나(2008년), 사소해 보이는 문제 때문에 대규모의 전쟁이 촉발된다거나(제1차 세계대전), 누구도 예상치 못한 과학적 발견으로 세상이 바뀐다거나(페니실

린), 평범한 스릴러가 베스트셀러 1위에 등극한다거나(『다빈치 코드』),
한 번도 공무에 종사해보지 않은 사람이 대중영합주의적인 선동으
로 미국 대통령에 선출된다거나 하는 사건들은 모두 탈레브가 말하
는 '검은 백조'의 사례이다. 그는 전통적인 확률 이론이 경험적 세계
와 일상생활에 적용되는 정도는 플라톤의 입체(4·6·8·12·20면체의 정다
면체)가 자연의 기하학적 구조에 적용되는 정도와 같다고 여긴다. 자
연은 완벽한 각뿔과 정육면체와 구체 대신 갈고리 모양과 나선형이
반복되는 프랙털* 구조를 띠고 있다. 확률 이론의 양식화된 형식주
의로는 골프의 홀인원 같은 잡음 신호를 제대로 처리할 수 없다. 시
합 규칙을 잘 지키다가 사타구니에 쌍절곤을 맞고 쓰러지는 권투 선
수처럼 말이다. 이처럼 파급력이 엄청난 사건은 이례적이며, 사후에
야 우리는 그 사건이 실제보다 더 예측 가능한 것처럼 보이게 만들
어줄 설명을 구축한다. '뭐, 타이거 우즈처럼 위대한 골프 선수가 여
섯 살 때 홀인원을 해내는 게 놀라운 일도 아니지.' 우리는 사정을 다
알고 난 뒤 편하게 말한다. 아마추어의 홀인원은 프로의 홀인원보다
다섯 배 더 큰 행운이라고 할 수 있지만, 실제로는 두 경우 모두 통제
와 예측이 불가능한 운의 문제인 것이다.

탈레브가 말하고자 하는 요점은, 현실 세계에서 가능성은 비선
형적이며, 스포츠와 도박처럼 경직되고 제약이 심한 시나리오에서
만 미래의 사건을 잘 예측할 수 있다는 것이다. 이 장에서 우리가 검
토한 운에 관한 접근법은 고정된 규칙을 따르며 계산 가능한 결정론

---

* 임의의 한 부분이 전체의 형태와 닮은 도형.

적 데이터*가 있을 때 가장 효과적이다. NFL 팀의 승패에 운이 미치는 영향에 관해 모부신이 흥미로운 분석을 할 수 있는 것은 유한한 수의 팀들이 한 시즌에 정해진 수의 경기를 치르며 그 결과로 승리와 패배 중 하나는 반드시 얻기 때문이다. 이렇듯 변수가 정해져 있기에 모부신은 몬테카를로 시뮬레이션을 시행하여 가상의 성적 그래프를 작성하고, 실제 결과와 비교할 수 있었다. 하지만 매주 미식축구팀의 수가 변한다거나, 해마다 치르는 경기의 수가 1~1,000회까지 계속 달라진다거나, 승리와 패배뿐 아니라 그 사이의 온갖 결과가 가능해진다거나, 심지어 경기 규칙마저 즉흥적으로 변한다면 어떻게 될까? 이런 변칙적이고 혼란스러운 NFL이라면 모부신 방식의 '운 대 실력' 분석은 통하지 않는다. 마치 탁구공을 요세미티 폭포에 던져놓고 각각의 공이 어디로 떨어질지 예측하려 애쓰는 거나 마찬가지다. 규칙에 묶여 있고 정밀하게 수량화되는 스포츠와 달리, 우리의 실제 삶은 그 편에 훨씬 더 가깝다.

자신의 성공에 운이 큰 역할을 했다고 선뜻 인정한 붉은 남작, 빌 게이츠, 닉 하나우어, 혹은 순전히 자신의 노력과 실력으로 최고의 자리에 올랐다고 주장한 세레나 윌리엄스와 스튜어트 바니를 떠올려보자. 하나우어의 투자 성공에 운과 실력이 각각 얼마나 기여했는지 통계학적 방식으로 밝혀낼 수 있을 것 같지는 않다. 하나우어는 어떤 사람들과는 계속 인맥을 유지하고 어떤 사람들과는 연을 끊었으며, 더 빠르거나 늦지 않은 딱 알맞은 시기에 투자를 했다. 그동

---

* 생년월일처럼, 한 번 측정한 다음부터는 바뀌지 않고 누가 구하더라도 항상 같은 값이 나오는 데이터.

안 주변의 다른 투자가들도 비슷하게 움직였지만, 상대하는 사람과 기업과 증권이 달랐다. 그뿐 아니라 자본 투자를 좌우하는 법과 관습은 유동적이며, 시장 자체도 당일의 정치 뉴스에 크게 휘둘린다. 사업은 변칙적이고 혼란스러운 NFL과 같아서, 컴퓨터로 하나우어의 인생을 5,000번 시뮬레이션하더라도 그가 억만장자가 될 확률을 산출해낼 수 없다. 우리가 알고 있는 보통의 NFL는 매년 가을 똑같은 경기장에서 똑같은 경기 규칙으로 새 시즌이 열리지만, 우리의 삶은 단 한 번이며 각각의 인생에는 계속 변화하는 사회·경제적 여건 속에서 저마다의 고유한 환경이 따른다. 모든 것이 운이라면 하나우어의 인생(혹은 우리의 인생)이 지금처럼 풀릴 확률이 얼마나 될까? 모든 것이 실력에 달려 있다면? 그 수치를 유의미한 그래프로 작성하여 실제 결과와 비교할 방법이 없다.

수학자와 과학자는 확률 이론으로 운을 설명하는 방식을 좋아했다. 계산이 가능하기 때문이다. 숫자로 운을 포착하여 공식과 그래프로 나타낼 수 있기 때문이다. 숫자를 추적하기가 아주 어려운 복잡한 경우에도 확률 이론으로 운의 역할을 파악할 수 있다고 믿는 사람이 있을지도 모른다. 그저 확실한 데이터를 손에 넣기 어려울(혹은 불가능할) 뿐이다. 훨씬 더 골치 아픈 사실은 가능성과 달리 운은 '규범적'이라는 것이다. 가능성은 대형 컴퓨터로 계산할 수 있지만, 어떤 성과에 대해 누군가에게 어느 정도의 공을 돌려야 하는지 설명하려면 일이 틀어진다. 운은 좋거나 나쁘거나 둘 중 하나이며, 이는 통계학의 영역 밖에 있다. 물론 확률 이론은 누군가에게 의미 또는 중요성을 띠는 사건이어야 운의 문제로 볼 수 있다는 조건도 달고 있다. 동네의 맥주 가게가 맛 좋은 술을 들여오기 시작한다면, 금주가에게는 불운한 사건이지만 맥주 전문가에게는 행운이다. 그렇다면 유의미성에 따라 운으로 평가될 수 있는 걸까? 그러나 운의 규범성은 단순히 행운과 불운의 문제를 넘어서서 공적을 계산할 때 이용되기도 한다. 그런 일을 결정하는 데 오로지 통계에만 의지하려 들면 유의미성 조건으로도 해결할 수 없는 심각한 문제들과 부닥치게 된다. 확률 이론에 관한 마지막 비판은 바로 이 '규범성의 문제'이다.

어떤 농구선수가 자유투에 성공한다고 가정해보자. 이는 운 덕분일까, 실력 덕분일까, 아니면 둘의 조합 때문일까? 또 선수의 공은 얼마나 될까? 자연스럽게 드는 생각으로는, 이 선수가 실력만큼 공을 인정받아야 할 것 같다. 따라서 선수의 성공이 90퍼센트 실력 덕분이라면, 나머지 10퍼센트는 운의 결과이다. 실력으로 인한 공만 인정받을 수 있으므로, 이 선수는 자유투의 성공에 90퍼센트 기여한 셈이다. 이와 마찬가지로 9/10의 확률에서 이탈하면 그것은 운의 문제가 된다. 성공률이 90퍼센트 이상이면 행운이요, 90퍼센트에 미치지 못하면 불운이다. 로스앤젤레스 클리퍼스의 포인트가드 자말 크로퍼드의 자유투 성공률이 90퍼센트라고 가정해보자(실제로 2016년 그의 기록이 얼추 그랬다). 그러니까 자유투 시도 열 번 중에 아홉 번 성공하는 것이 크로퍼드의 진짜 실력이라고 정하는 것이다. 자유투에 관한 한 크로퍼드의 예상 성적은 90퍼센트가 된다. 만약 자신의 실력을 웃돌아 90퍼센트 이상의 성적을 올린다면, 그는 어느 정도 행운을 누리고 있는 것이다. 성공률이 90퍼센트보다 낮다면, 그의 실력을 밑도는 수치이기에 불운이다. 이를 수량화할 수도 있다. 만약 크로퍼드의 1년간 자유투 성공률이 83퍼센트라면, 무려 7퍼센트나 되는 불운을 겪고 있는 셈이다.[35]

기여도와 실력에 관한 이런 통계적 이해가 효과적이라면 아주 통쾌할 것이다. 하지만 안타깝게도 그렇지 않으며, 오히려 모순이라는 성가신 문제로 이어진다. 그 원리는 이렇다. 다음 시즌에 크로퍼드가 100개의 자유투를 던져 83개를 성공한다고 가정해보자. 그는 90퍼센트의 성공률을 보유한 선수이므로, 성공한 자유투의 90퍼센트는 실력의 결과이며 10퍼센트는 운 덕분이다. 따라서 그가 성공한 83개의 슛 중에 74.7개(=83×0.9)는 실력 덕분이며, 8.3개(=83-74.7)는 행운 덕분이다. 반면 크로퍼드는 예상 성적인 90퍼센트에 미치지 못했으므로 불운 역시 겪고 있다. 얼마만큼의 불운일까? 그의 실력을 고려하면 그는 7점을 더 얻었어야 했다. 그러니까 그의 불운은 -7점으로 계산된다. 이로부터 크로퍼드에게 총 1.3점(=8.3-7)의 운이 있었다는 결론이 나온다.

이렇게 우리는 크로퍼드의 운을 수량화했고, 실력에 적정량을 부과하는 방법을 찾아냈으며, 83개의 성공한 슛 중에 그의 실력이 기여한 정도를 정확히 알아냈다. 그런데 무엇이 문제일까? 문제는 100번의 자유투 시도 중 83점 득점은 90점이라는 그의 예상 성적보다 낮다는 것이다. 예상 성적보다 낮은 득점은 불운이다. 그는 최선을 다했지만 평균 성적에 미치지 못했다. 이제 우리는 한 가지의 모순을 끌어냈다. 100번의 슛을 시도해서 83점을 올린 크로퍼드의 전체 성적은 행운인 동시에 불운이다. 무슨 일이 벌어지고 있건 간에 크로퍼드는 운이 좋을 수도 나쁠 수도 있지만, 같은 일에 대해 동시에 양쪽일 수는 없다.

어쩌면 문제는 편법적인 이중 계산일지도 모른다. 우리의 계산에 따르면 크로퍼드가 올린 83점 중에 74.7점은 실력 덕분이고 8.3점은 행운의 결과다. 그가 놓친 17점 중에 10점은 그의 실력 때문이고(그의 90퍼센트 성공률을 감안하면 열 개의 슛을 놓치리라 예상할 수 있다), 7점은 불운 때문이다. 90퍼센트라는 수치가 이중으로 적용되는 것처럼 보인다. 그가 성공해야 하는 슛의 개수를 정할 때 한 번, 그리고 성공한 슛 가운데 그의 공으로 돌릴 슛의 비율을 정할 때 또 한 번. 어쩌면 83점의 득점과 10점의 실점 모두 그의 실력으로 봐야 할지도 모른다. 나머지 7점의 실점은 불운의 결과였다. 이런 식이라면 어떤 모순도 발생하지 않는다.

원칙적으로는 맞는 말이지만, 왠지 뒷맛이 찝찝하다. 이를테면 크로퍼드가 올린 83점은 100퍼센트 실력의 결과이며, 득점은 온전히 그의 공이다. 그는 90퍼센트의 성공률을 가진 선수이지만, 그가 자유투로 90점까지 득점하면 무조건 100퍼센트의 공을 가져간다. 하지만 말이 안 된다. 이 논리에는, 특정 사건이 아니라 수많은 사건의 집합에 대해서만 운을 계산할 수 있다는 암시가 숨어 있다. 이 부조리함을 제대로 보여주는 것이 바로 홀인원이다. 프로 골퍼가 홀인원에 성공한다면, 100퍼센트 그의 실력 덕분이며 선수에게 모든 공이 돌려진다. 2,500분의 1(프로 선수들의 평균) 이상의 성적을 올리지 않는 이상, 운은 전혀 연관되지 않는다. '와, 로리, 파4홀에서의 그 홀인원은 행운의 샷이었네요.' '고맙습니다, 하지만 실은 순전히 내 실력이죠.' 이건 뭔가 이상해 보인다. 통계는 개인과 특정 사건이 아닌 집단과 집합의 속성을 알려준다. 더군다나 우리 인생에서 농구의 자유투처럼 체계적으로 반복되는 일은 극히 적다. 여러 번의 시도 끝에 실력의 양이 결정된 후에야 비로소 운의 존재와 양을 측정할 수 있다면, 운의 결과로 돌릴 수 있는 부분은 그리 크지 않을 것이다. 한 사람의 인생이 불운했나? 인생은 궁극적으로 일회성 사건이므로 이런 질문은 이치에 맞지 않는다.

단 한 번 발생하는 사건이라 성공과 실패의 내력이 없어서 기대 성과를 정할 수 없을 때조차 운과 실력을 구분하는 것이 과연 합리적일까? 참으로 골치 아픈 문제다. 두 사람이 다섯 장의 카드로 스터드 포커*를 한다고 가정해보자. 각각 네 장의 카드를 받은 후 다음과 같은 상황이 되어 있다.

플레이어 1 : 2♠, 3♦, Q♣, K♦
플레이어 2 : 5♥, 6♥, 7♥, 8♥
남은 카드는 마흔네 장이다.

플레이어 1의 패는 별로 좋지 않으며, 기껏해야 얻을 수 있는 최선의 패는 원페어다. 2♦, 2♥, 2♣, 3♣, 3♥, 3♠, Q♦, Q♥, Q♠, K♣, K♥, K♠가 있으면 말이다. 이들 중 하나를 손에 넣을 객관적 확률은 12/44이다. 플레이어 1은 플레이어 2의 패를 전혀 모르기 때

---

* 첫 한 장은 엎어놓고 나머지 네 장은 한 장씩 젖혀서 나누어 주며 돈을 거는 카드 게임.

문에 그가 생각하는 원페어 가능성(주관적 확률)은 12/48이다. 그리 높은 확률은 아니다. 플레이어 1의 관점에서 보면 비관적인 상황이니, 베팅을 하지 않고 넘기거나 앞사람과 똑같은 금액을 거는 것이 최선이다.

플레이어 2는 나머지 한 장의 카드를 잘만 받으면 스트레이트나 플러시를 완성할 수 있다. 4♣, 4♦, 4♥, 4♠, 9♣, 9♦, 9♥, 9♠, A♥, 2♥, 3♥, 10♥, J♥, Q♥, K♥ 중에 아무 카드나 받아도 가능하다. 이런 일이 일어날 주관적 확률은 15/48이다. 또 페어를 만들 수 있는 패도 열두 개로 꽤 많다. 플레이어 2는 원페어만으로도 자신이 이길 수 있다는 사실을 모르고 있지만, 사실 스터드 포커에서 원페어는 괜찮은 패다. 그가 스트레이트, 플러시 혹은 페어를 얻을 주관적 확률은 50퍼센트보다 높으며(27/48)0.5), 객관적 확률도 마찬가지다(27/44)0.5).

이제 플레이어 2가 포커에 완전한 문외한이라 무작정, 마구잡이로, 혹은 한순간의 예감에 기대어 베팅한다고 가정해보자. 그래도 그는 이긴다. 그의 승리는 충분히 개연성 있는 일이지만, 의도적으로 쟁취한 승리가 아니기에 행운처럼 보인다. 플레이어 2는 이길 의도가 있었을지도 모르지만, 뭔가를 의도하고 그 일에 성공했다고 해서 그 일을 의도적으로 했다고는 말할 수 없다. 우리는 복권 당첨을 의도할 수 있다. 복권을 사는 목적은 다름 아닌 당첨이며, 우리는 기꺼이 당첨될 의사가 있다. 그래서 우리는 당첨을 위해 할 수 있는 모든 일을 한다. 즉 복권을 사는 것이다. 그래서 당첨된다고 가정해보자. 분명 우리는 의도적으로 당첨된 것이 아니다. 당첨은 운이었다.

마찬가지로 포커에서 이기려고 의도하고 그런 다음 이긴다면, 설령 승산 높은 게임이었더라도 의도적으로 이겼다고는, 즉 능수능란한 게임 운영으로 이겼다고는 할 수 없다. 의도되었고 객관적으로 확률이 높은 승리였지만, 여전히 운이다.

반면 플레이어 2가 포커 경험은 없지만 카드들과 변하는 확률을 주의 깊게 관찰하다가, 마지막 카드를 받기 전에 과감한 베팅을 한다고 가정해보자. 이제는 플레이어 2의 승리에 능란한 게임 운영이 어느 정도 혹은 상당 부분 기여했다고 보는 것이 훨씬 더 합당하다. (자말 크로퍼드의 자유투 기록과 달리) 플레이어 2의 실력 수준을 확정할 만한 기록은 전혀 없지만, 이 경우 플레이어 2의 승리는 훨씬 더 칭찬받아 마땅해 보인다.

이제 두 사람이 마지막으로 받는 다섯 번째 카드를 보자. 이 카드는 서로에게 공개된다.

플레이어 1은 K♣를 받는다. 높은 값의 원페어를 얻은 그는 기분이 좋아진다. 아무것도 없는 것보다는 훨씬 낫다(플레이어 2가 카드 네장을 받은 후).

플레이어 2는 9♥를 받는다. 이로써 스트레이트 플러시가 완성된다. 포커의 으뜸이자 나오기 가장 힘든 패.

이 상황에서 플레이어 2의 승리는 행운일까? 그는 분명 이런 식으로 이길 거라곤 생각하지 않고 있었다. 그가 스트레이트 플러시를 완성할 확률은 2/44에 불과했다. 플레이어 1이 다섯 번째 카드를 받은 후의 결과를 본 플레이어 2는 이기기 위해서 스트레이트나 플러시를 완성해야 했다. 이런 요건에서는 객관적인 패배율이 높다. 승산은 15/47밖에 되지 않는다. 여기서는 실력이 어떤 역할을 하는지, 혹은 승리에 얼마만큼의 운이 작용하는지 아리송해진다. 이 시점이 되면 직관은 아주 복잡하게 뒤엉켜버려서 단순한 계산 능력도 제대로 발휘할 수 없게 되어버린다.

근세의 학자들은 운을 근절하기 위해, 수학이라는 살상 무기로 운을 정복하고 없애버리기 위해 확률 이론을 개발했다. 그러나 비선형적 상호작용으로 가득한 혼돈의 세계에서, 우주 전체가 애를 써도 바둑 같은 단순한 보드게임을 억지 기법으로 풀지 못하는 세계에서 궁극적 예측 가능성이라는 아름다운 오아시스는 신기루에 불과했다. 결국 학자들은 한발 물러서서 좀 더 겸손한 주장을 내놓았다. 확률은 운을 설명하는 이론에 기여하는 바가 있으며, 누군가에게 중요한 의미가 있는 낮은 확률의 사건이라는 요건이 충족된다면 운의 정도를 평가할 수 있다고 말이다. 확률 이론이 운에 관한 만족스러운 이론이 될 수 있으려면 순전히 운에 의한 결과와 실력의 도움을 적절히 받은 결과를 효과적으로 구분할 수 있어야 한다. 앞서 보았듯이, 이는 불가능하다.[36]

카드 게임이나 주사위 던지기에서만 운이 중요한 건 아니다. 인생의 실패에 우리 자신의 책임이 얼마나 되는지 이해하고 우리가 포르투나의 피해자인지, 아니면 순전히 우리가 잘못한 탓인지 파악하는 데에도 운은 꼭 필요한 요소이다. 크게 성공한 사람들 중에는 운이 좋았다고 기꺼이 인정하는 이들이 있는가 하면, '운은 자수성가한 사람들 앞에서 들먹일 만한 말이 아니다'[37]라는 E. B. 화이트의 말에 동조하는 이들도 있다. 운을 설명하는 데 유용한 이론이라면, 적어도 운과 실력의 기여도를 구분하여 각각의 비율을 측정하는 데 도움이 될 것이다. 하지만 아무리 낙관적인 가정을 하더라도 그것은 스포츠나 게임처럼 인위적인 제약이 가해지는 영역에서만 가능한 일이다. 좀 더 현실적으로 말하자면, 숫자만 봐서는 누군가를 칭찬해야 할지 비난해야 할지 알 수가 없다. 확률에 과도한 과제를 떠안길 것이 아니라 다른 접근법을 찾아봐야 한다.

3

양상 이론과 통제 이론

모든 발명의 정수는 우연의 솜씨이지만
대부분의 사람들은 이런 우연과 절대 조우하지 못한다.
_프리드리히 니체, 『아침놀』(1881년)

고트프리트 라이프니츠는 미적분학의 발명자로 가장 잘 알려
져 있다. 아이작 뉴턴과 같은 시기에, 하지만 독자적으로 이루어낸
성과였다. 두 사람은 누가 먼저였느냐를 두고 오래도록 다투었고 대
부분의 학자들은 뉴턴의 손을 들어주었지만, 지금 우리는 뉴턴이 아
닌 라이프니츠의 표기법을 사용하고 있다. 라이프니츠는 조합론에
서부터 추상 형이상학, 물리학, 과학기술, 신학, 심지어는 도서관학
에 이르기까지 광범위한 분야를 연구한 학자였다. 그의 전집은 몇몇
저작이 빠졌는데도 초판이 무려 4,600여 페이지에 달했다.[1] 라이프
니츠의 관심사 중 하나는 욥기에서 미적지근하게 다뤄진 이후로 줄
곧 신학적 난제였던 악의 문제다.

문제 자체는 명시하기 쉽다. 신은 전지전능하며 만인에게 자비
로운 존재라는데, 세상은 고통으로 가득 차 있다. 인간이든 짐승이

든, 젊은이든 노인이든, 부자든 빈자든, 남자든 여자든, 죄인이든 성인이든, 누구나 아픔을 겪는다. 누구나 가끔은 외롭고, 두렵고, 괴롭고, 회한에 젖는다. 맞아서 멍들기도 하고, 칼에 살을 베이기도 하고, 불에 데기도 하고, 병에 걸리기도 한다. 신은 무한한 지혜를 가졌으니 우리의 고통을 알 테고, 무한한 힘을 가졌으니 우리의 고통을 덜거나 미리 막아주는 건 일도 아닐 것이다. 하지만 고통은 파도처럼 끊임없이 밀려든다. 막아보려 아무리 애쓴들, 바닷물에 빗자루를 휘둘러대는 꼴밖에 되지 않는다. 이는 곧 신이 두 손 놓고 있다는 뜻이다. 참으로 이상한 일이지 않은가. 원칙상 신은 완벽하게 선한 존재, 고통이 끔찍하다는 걸 알고 뭔가 조치를 취할 존재인데 말이다. 마냥 성스럽기만 한 존재가 악에 연루될 리 없다. 그런데도 신이 이 모든 고통을 허용하는 데에는 합당하면서도 미묘한 이유가 있는 걸까? 신은 완벽하게 선한 존재가 아니란 말인가? 그렇다면 전통적인 의미의 신이란 존재하지 않는 걸까? 아니나 다를까, 철학자와 신학자들은 이런 의문을 하나씩 샅샅이 파헤치기 시작했다.

가능 세계

라이프니츠는 독창적이고 비정통적인 접근법을 취했다. 세상이 창조되기 전의 빈 공간에 신이 존재한다고 상상해보자. 신은 온갖 모습의 우주를 머릿속에 그려본다. 일정불변한 물리적 속성과 자연법칙처럼 아주 전반적인 사항에서부터, 잔디밭에서 민들레가 차지하는 비율과 목소리의 높낮이 같은 아주 세세한 부분까지. 어느 쪽으로든 결정될 수 있다. 신이 빛의 속도를 얼마로 정하고, 해변에 모래 알갱이를 몇 알이나 뿌릴지에 달려 있다. 혹은 별개의 완전체이면서 서로 조금씩만 다른 우주가 무한으로 펼쳐져 있는 모습을 상상해보자. 이 모든 가능 세계의 앞에 신이 앉아 있다. 마치 초콜릿 가게에서 가장 달콤한 간식을 고르고 있는 아이처럼. 이들 가능한 현실 중에는 더 낫고 더 못한 것이 있다. 전체주의적인 디스토피아 같은 세계에서부터 스타트렉의 평화로운 행성 연방과 닮은 세계까지. '그림 3-1'처럼, 이 상상 속 현실의 순위가 1등부터 꼴등까지 엄격하게 정해져 있다고 가정해보자.

완벽한 신이라면, 이 현실들을 하나하나 점검한 후 그중 최선을 선택해 실제 세계로 만들 것이다. 최선의 세계라고 해서 고통이 전혀 없어야 하는 건 아니다. 가능한 최선의 방식으로 존재하는 세계면 된다. 한 가지의 고통이 사라지고 나면 훨씬 더 큰 괴로움이 우르르 찾아오는 세계 말이다. 위험이 없는 세계는 영웅 정신과 자비, 이타심이 없는 세계이기도 하며, 지금 우리가 살고 있는 세계보다 오히려 더 나쁠지도 모른다. 그래서 악의 문제에 대해 라이프니츠가

나쁜 세계						좋은 세계
모든 것을 삼켜버리는 무시무시한 신들	핵전쟁 후의 차갑고 어두운 세계	스탈린 치하의 소련	르네상스 시대의 이탈리아	하늘을 나는 자동차들	리븐델*	인간이 타락하기 전의 에덴동산

그림 3-1 가능 세계의 순위.

---

* J. R. R. 톨킨의 소설 『반지의 제왕』과 『호빗』에 나오는 중간계의 계곡.

내놓은 해답은, 모든 가능 세계 가운데 신이 최선의 선택지를 골랐다는 것이다. 한 가지 걱정은 우리가 아무리 좋은 세계에 살고 있다한들 그보다 아주 조금 더 좋은 세계를 상상할 수 있다는 것이다. 그리고 그 세계는 아주 조금 더 좋아질 수 있고, 또 그 세계는 아주 조금 더……. 도덕적 탁월성으로 순위가 매겨지는 가능 세계가 정말무한히 존재한다면, 어느 한 세계 'w'에 대해 'w+1'은 더 좋은 세계가 될 것이다. 이는 곧 '최선'의 현실이라는 건 없다는 의미가 된다. 가장 큰 수가 존재할 수 없듯이 말이다.[2]

신이 초콜릿 가게에 있다고 상상해보자. 무한대로 뻗은 기나긴 선반에 맛의 순위대로 초콜릿이 진열되어 있다. 각각의 초콜릿은 왼쪽에 있는 초콜릿보다 조금 더 맛있고, 오른쪽에 있는 초콜릿보다 조금 덜 맛있다. 신은 제일 맛있는 초콜릿을 고르고 싶어서 선반을따라 움직이기 시작한다. 물론 어디에 멈춰 서든 바로 옆에 더 맛있는 초콜릿이 있다. 신은 선반을 따라 달리기 시작한다. 그러다가 정말 맛있는 라즈베리 샴페인 트러플 초콜릿 앞에 멈추지만, 옆에 있는 초콜릿이 더 맛있다. 신은 다시 달리기 시작하지만, 아무리 빨리움직여도 선반 끝에 도달해 가장 맛있는 초콜릿을 손에 넣는 건 불가능하다. 문제는 여기에 있다. 신은 결국 어느 시점이 되면 어떤 초콜릿을 산다. 즉 우리의 세계를 창조한다. 어떻게 그게 가능할까?

이 허점을 알았던 라이프니츠는 세계들의 무한 연속체라는 개념을 거부했다. 그 대신 모든 것에는 이유가 있다는 '충족 이유의 원리'를 지지했다.[3] 신이 다른 세계가 아닌 지금의 세계를 창조한 데에는 어떤 까닭이 있을 것이다. 그저 자포자기의 심정으로 '에라, 그냥 이렇게 만들어버리자!'라고 외치지는 않았을 테니 말이다. 그렇게 했다가는 기회비용이 무한히 높아진다. 신의 분별력으로는 그리 추천할 만한 방식이 못 된다.

가능 세계가 무한대로 정렬해 있고, 뒤로 갈수록 점점 더 나은 세계가 펼쳐진다면 신은 어떤 세계든 창조할 이유가 없다. 맨 끝에 있는 최고의 세계에 결코 닿지 못할 테니까. 그런데 이 세계를 창조했으니, 분명 나름의 이유가 있을 것이다. '모든 가능 세계 가운데 최선이 없었다면 신은 세계를 창조하지 않았을 것이다.'[4] 신은 초콜릿을 고르듯이 이 세계를 선택했다. 왜냐하면 보기와는 달리 이 세계가 최선이므로. 신은 왜 인간의 고통을 멈추어주지 않는가, 왜 재앙으로부터 인류를 구원해주지 않는가 하는 끊임없이 반복되는 의문에 대해 간단한 답이 생겼다. 모든 가능 세계 가운데 지금 이 상태가 '이미' 최선이기 때문이라는 것. 신이 무언가를 고쳐야 한다면 이 세계가 최선이 아니라는 의미인데, 그렇다면 신이 이런 세계를 창조했을 리 없다.

악의 문제에 관한 한 사실상 라이프니츠보다 더 나은 의견을 제시한 사람이 없었고, 그래서 그의 논리가 정답처럼 보였다. 1755년까지는 그랬다. 1755년 11월 1일, 포르투갈 인근의 대서양 해역에서 역사상 최악의 지진이 발생했다. 리히터 규모 8.5~9.0으로 추정되는 그 지진으로 인해 해안 마을과 도시가 파괴되었으며, 브라질까지 진동이 느껴질 정도였다. 리스본에서는 도심부의 땅이 갈라져 4.5미터 폭의 균열이 생겼고, 쓰나미가 번화가를 휩쓸고 지나갔고, 지진 후 일어난 화재가 엿새 동안 무서운 기세로 이어졌다. 리스본에 있는 건물 중 85퍼센트가 무너지고, 수천 명의 시민이 사망하고, 궁전, 도서관, 교회, 예술품, 왕실 기록물 등 소중한 문화유산이 세상에서 사라져버렸다. 지진이 발생했다는 사실 자체도 심각했지만 로마 가톨릭의 보루인 포르투갈에서, 그것도 만성절에 일어났다면 그 의미는 한 가지밖에 없었다. 자연적인 원인으로만 그 지진이 일어났을 리 만무했다. 신의 메시지든 리스본 시민들에 대한 심판이든, 어떤 의도가 숨어 있는 것이 분명했다. 예수회 사제인 가브리엘 말라그리다의 발언을 들어보면 당시의 일반적인 반응이 어떠했는지 알 수 있다.

> 오, 리스본이여, 우리의 집과 왕궁과 교회와 수녀원을 파괴하고, 수많은 사람을 죽이고, 불을 일으켜 어마어마한 보물을 집어삼킨 원흉은 혜성도 별도 증기도 증발도 아닌, 바로 너의 가증스러운 죄악이로다. (……) 지진이 그저 자연재해라고 우기는 건 괘씸한 짓이다. 그것이 사실이라면 우리가 뉘우칠 필요도, 신의 분노를 피하려 애쓸 필요도 없을 테니. 우리를 돌이킬 수 없는 파멸로 이끌 그런 그릇된 생각은 사탄이라도 지어낼 수 없으리라.[5]

바다 깊은 곳에서 신의 목소리가 울려 퍼진 것이다. 하지만 신은 왜 독실한 자들에게 그런 고통을 안겨주었을까? 몇몇 죄인을 벌할 필요가 있었을지도 모르지만, 축일에 미사를 드리고 있는 신자들을 교회 건물의 돌로 짓뭉개버린 이유는 무엇일까? 마을의 다른 곳에 있던 사창가는 화를 면했다는 사실도 찜찜하긴 마찬가지였다. 이 사건으로 악의 문제가 명백히 드러났으며, 20세기의 홀로코스트와 마찬가지로 인간에게 극심한 고통을 안겨준 리스본 대지진은 라이프니츠의 신정론神正論*을 안이하고 공허한 이론으로 만들어버렸다. 일상 속의 악이야 신의 알쏭달쏭한 계획으로 치부해버리면 그만이지만, 이 대지진은 어떤 설명으로도 이해할 수 없는 사건이었다.

프랑스의 계몽주의 작가 볼테르는 라이프니츠를 비판하는 통렬한 풍자소설 『캉디드Candide』에 곧장 리스본 대지진을 써먹었다.[6] 캉디드와 그의 스승 팡글로스는 함께 여행을 하며 온갖 풍파를 겪지만, 점점 더 악화되는 상황 속에서도 세상의 모든 것이 최선의 상태라는 믿음을 버리지 않는다. 그들이 리스본에 도착하자마자 지진이 일어난다. 캉디드의 친구인 재침례교도 자크가 항구에서 익사하고, 그들의 배가 침몰하며, 해안에 닿는 순간 캉디드는 떨어지는 돌덩이에 맞는다. 잔해에 파묻히다시피 한 캉디드는 임박한 듯한 죽음을 편하게 맞기 위해 팡글로스에게 약간의 와인과 오일을 부탁한다. 팡글로스는 라이프니츠가 떠들 만한 진부한 말을 퍼부어댄다. 모든 가능 세계 가운데 지금의 이 세계가 최선이고, 만물은 친절하고 자애로운 신의 계획이며, 모든 것이 좋은 상태라고 말이다.

반사실적 조건문

모든 가능 세계 가운데 지금의 세계가 최선이라는 개념은 악의

---

* 악의 존재가 신의 섭리라는 이론.

문제에 대한 해결책으로 현대에 큰 환영을 받지 못했다. 기발하긴 하지만, 인간의 고통과 도덕적으로 완벽한 신을 양립시키려는 시도는 부적절한 것으로 간주된다. 그러나 라이프니츠가 제시한 '가능 세계'라는 기본 개념은 논리학의 영역에서 지속적인 영향력을 발휘했다. 논리학자들은 특정 종류의 문장이 마땅한 방식으로 작용하지 않는다는 사실을 알고 있었다. 직설법으로 쓰인 일반적인 평서문에는 잘 먹히는 추론 규칙이 가정법과 반사실적 조건문에는 맞지 않는다. 예를 들어 고전 논리학에서 직설법적 조건문은 추이적이다.

1. 얼음 호텔이 문을 열면, 날씨가 정말 춥다.
2. 날씨가 정말 춥다면, 아마 겨울일 것이다.
3. 따라서 얼음 호텔이 문을 열면, 아마 겨울일 것이다.

만약 A라면 B이고, 만약 B라면 C이다. 따라서 만약 A라면 C이다. 이 논리는 친숙하며 완벽하게 뜻이 통한다. 하지만 반사실적 조건문에서는 어떤 일이 벌어지는지 보자.

1. 고속도로가 막혔다면, 존은 시간을 절약하기 위해 다른 경로를 택했을 것이다.
2. 존이 고속도로에서 사고를 당했다면, 도로가 막혔을 것이다.
3. 따라서 존은 고속도로에서 사고를 당했다면, 시간을 절약하기 위해 다른 경로를 택했을 것이다.

분명 이 결론은 비논리적이다. 존이 고속도로에서 사고를 당하는 일과 좀 더 능률적인 다른 경로를 택하는 일은 동시에 벌어질 수 없다. 문제는, 존이 고속도로의 체증을 피하기 위해 다른 경로를 택했을 거라는 가정이 완전히 합당해 보인다는 것이다. 그리고 존이 고속도로에서 사고를 당했다면 도로가 막혔을 거라는 가정도 똑같이 그럴싸하다. 다시 말해 전제는 참이지만 결론은 참일 수 없다. 기초 논리에 뭔가 문제가 있는 것이 분명하다. 하지만 얼음 호텔 사례에서 사용되었던 완벽하게 타당한 추이적 논리와 똑같지 않은가. 반사실적 조건문이 추이성에 고분고분 순종하지 않는 것으로 보이니, 그 작동 원리를 이해하려면 다른 논리가 필요하다.

이와 밀접하게 연관된 문제는 가능성과 필연성을 수반한 문장을 어떤 방식으로 이해할 수 있느냐는 것이다. 우리는 '렉스는 인간이다'라는 문장을 참으로 만드는 것은 무엇이고 거짓으로 만드는 것은 무엇인지 알고 있다. 우리는 렉스를 식별하고 그의 속성을 살핀다. 어쩌면 그는 인간일 수도 있고, 개나 다른 무언가일 수도 있다. 이 문장은 어떠할까? '렉스는 필연적으로 인간이다.' 무엇이 이 문장을 참으로 만들까? 그저 렉스를 찾아서 그가 실제로 인간임을 알아차리는 것만으로는 렉스가 필연적으로 인간인지 아닌지 결정할 수 없다. '필연적으로'라는 단어가 여기에 뭔가를 더하고 있지만, 그게 뭘까? 혹은 '이 삼각형의 밑변은 7센티미터이다'라는 명제는 우발적이지만 '이 삼각형은 세 개의 변을 가지고 있다'는 그렇지 않다. 왜 후자는 필연적이고 전자는 그렇지 않을까?

작가들은 가능성을 탐구하는 작업에 흥미를 느낀다. 헐크와 스파이더맨이 싸우면 누가 이길까? 누군가가 과거로 시간 여행을 떠나 존 F. 케네디의 암살을 막는다면 어떻게 될까? 토끼가 말을 할 수 있다면? 어느 꾀 많은 스위스 가족이 외딴섬에 갇힌다면 어떤 일이 벌어질까? 외계인이 선사시대의 인간을 방문했고 달에 거대한 거석을 남겼다는 사실을 발견한다면 우리 자신에 대한 이해가 바뀔까? 가능성이라는 천으로 세계를 엮어내는 사람들은 소설가들만이 아니다. 보수적인 역사가들도 마찬가지다.

역사가들은 실제 역사뿐 아니라 반사실적 역사에도 관심이 많다. 즉 특정한 중요 사건이 다른 식으로 전개되었다면 어떻게 되었을까 이야기하는 것이다. 예를 들어 13세기 초 칭기즈 칸의 몽골 정복자들은 중국과 중앙아시아에서의 공성攻城 경험으로 전투에 단련되어 있었다. 조마사들과 궁수들은 날렵하고, 기강이 잘 잡혀 있었으며, 정교한 무기로 무장했다. 무엇보다 그들은 공포감을 불러일으켰다. 칭기즈 칸의 전략은 체계적인 대학살이었다. 만약 어느 도시가 그의 군대에 저항하면, 도시를 함락하자마자(언제나 그랬지만) 주민들을 몰살했다. 동시대의 기록을 보면 사망자 수가 무려 수백만 명에 이르렀음을 알 수 있다. 몽골은 중국의 인구를 30퍼센트 줄이고, 이슬람 왕조를 짓밟았다. 짓밟았다는 말 그대로, 왕조의 지배자인 칼리프를 자루 안에 넣은 뒤 말발굽에 밟혀 죽게 만들었다. 그 왕조는 다시 일어서지 못했다. 전멸을 피하기 위해 항복한 도시들도 약탈당하고 파괴되었으며, 주민들은 노예로 끌려갔다. 1242년, 무시무시한 장군 수부타이가 이끄는 몽골군이 동유럽으로 진군하며 폴란드와 헝가리의 기독교도 군대를 처치했다. 머지않아 그들은 서유럽으로 들어가는 마지막 관문인 빈에서 수백 킬로미터밖에 떨어지지 않은 곳에 진을 쳤다.

역사가 세실리아 홀랜드는 도시를 증오하는 유목 민족인 몽골인들이 큰 방해 없이 파죽지세로 파리와 로마를 지나 유럽 문명 전체를 석권했을 수도 있다고 주장한다. 그랬다면 종교개혁도, 르네상스도, 민주주의 혁명도, 과학적 인본주의도, 루터도, 구텐베르크도, 다 빈치도 없었을 것이다. 그런데 무엇이 그들을 막았을까? 한 사람의 죽음이었다. 오고타이 칸은 칭기즈 칸의 아들이자 후계자로 몽골제국을 다스리고 있었다. 어느 날 그는 한 조신과 밤새도록 술을 마시다가 사망하고 말았고, 수부타이와 그의 군대는 계율상 새로운 칸을 선출하기 위해 몽골로 돌아갈 수밖에 없었다. 몽골군은 지체 없이 철수했고 다시는 유럽으로 돌아가지 않았다. 홀랜드의 말을 빌리자면, 서양은 '순전히 운'으로 살아남았다.[7]

오고타이 칸의 죽음이 유럽을 파멸로부터 구한 것은 진실이다. 아니, 적어도 진실일 확률이 높다. 그가 살아 있었다면 유럽의 역사가 완전히 달라졌을지도 모른다. 문제는, 실제 세계의 어떤 사실을 근거로 그런 주장을 진실로 받아들일 수 있느냐는 것이다. 어떻게 현재의 사실을 통해 현재와 다른 과거를 추측할 수 있을까? 현실 세계는 가능성이나 필연성에 대한 정보를 우리에게 알려주지 않고 그저 계속 이어질 뿐이다. 솔 크립키와 로버트 스탈네이커 같은 저명한 논리학자들은 라이프니츠의 철학을 근거로 반사실적 조건문, 가능성, 필연성을 이해하려 애쓰며 가능 세계의 관점에서 형식적 의미론을 풀어냈다.

반사실적 역사를 진실로 만드는 것은 현실 세계가 아니다. '다른' 가능 세계에서는 어떤 것이 사실이며, 우리 세계가 그 사실과 어떤 관계를 맺고 있느냐에 달려 있다. 지금 우리가 살고 있는 세계는 현실이 되었을지도 모를 수많은 가능성의 바다에 떠 있다. 이들 가능 세계 중 일부는 우리 세계와 아주 비슷하다. 우리 세계에 작은 변화만 있었더라면, 한 가지의 사소한 사실만 달랐더라면 그 다른 세계가 현실이 되었을 것이다. 우리 세계에 한 가지의 작은 변화만 있었다면(1241년 12월에 오고타이 칸이 죽지 않았다면), 서유럽은 몽골군에 정복당했을 것이다. 이런 의미에서 13세기 유럽의 몰락은 우리 세계와 '양상적으로 가깝다'. 우리 세계와 크게 다르지 않아서 그곳으로 쉽게 갈 수 있다. 우리 세계와 아주 먼 세계라면, 그 다른 버전의 현실이 실제 현실이 되기 위해서는 훨씬 더 큰 변화가 필요하다. 예를 들어 말하는 토끼가 존재하려면 생명의 진화에 극적인 수정이 있어야 한다. 토끼의 뇌기능과 성대의 발달에 전면적인 변화가 일어날 뿐만 아니라 포식자-피식자 관계와 생태계 전체가 바뀔 것이다. 토끼가 늑대보다 똑똑하고 말로써 의사소통을 할 수 있다면 세계는 완전히 새로운 상태가 된다. 말하는 토끼가 사는 세계보다도 더 멀리 떨어진 곳은 지구상의 생명체와 아무 관계도 없는 생물들이 살거나, 혹은 자연법칙 자체가 다를 것이다. 헐크와 스파이더맨이 힘을 겨루는 세계는 가능하지만, 우리 세계와는 아주 멀리 떨어져 있다.[8]

불가능한 세계도 있다. 독신남이 결혼했거나, 유클리드 삼각형 내각의 합이 200도이거나, 원과 정사각형의 면적이 같은 세계. 반대로 어느 가능 세계에서나 통하는 진실도 있다. 아무리 지금의 현실과 다른 세계를 상상해도 어떤 사실들은 항상 똑같다. 일반적으로 우리는 이처럼 모든 가능 세계에서 진리인 사실을 필연적 진리로 이해한다. 수학과 논리학의 진리는 대개 필연적인 진리로 여겨진다. 항진명제恒眞命題* 역시 이 범주에 속한다.

- 일어날 일은 일어난다.
- 이미 벌어진 일은 벌어졌다.
- 소년은 소년이다.
- 사람들은 자신이 원하는 것을 원한다.
- 우리는 우리 자신이어야 한다.
- 찾아 헤매던 물건은 꼭 마지막으로 찾아보는 곳에 있다.
- 정설은 운 좋게도 모든 곳에 퍼져 있다.(존 로크)

어느 가능 세계에서든 이 명제들은 참이며, 반박할 수 없다. 필연적인 거짓은 어느 세계에서도 참일 수 없다.

가능 세계는 현실과 다른 온갖 모습으로 실제 세계로부터 퍼져나가며, 우리는 그 세계가 실제 세계와 얼마나 '가까운지' 혹은 얼마나 '먼지' 본능적으로 측정할 수 있다. 현실 세계에서 한쪽 방향으로 나아가면, 고속도로가 꽉 막혀 존이 다른 경로를 택하고 사고를 피하는 세계가 있다. 다른 방향의 세계에서는 존이 고속도로에서 교통사고를 당하고, 그래서 도로가 꽉 막힌다. 이제는 왜 반사실적 조건

---

* 항상 참인 진리값을 가지는 명제.

문이 추이적이지 않은지 쉽게 알 수 있다. 한 전제는 한 세계에서 유효하고, 다음 전제는 다른 세계에서 유효하기 때문에 사실상 서로 딴 이야기를 하고 있는 것이다. 그래서 결론을 끌어낼 타당한 방법이 없다. 얼버무리기밖에 되지 않는다. '크리스마스는 얼마든지 즐겁게 보낼 생각이지만, 크리스마스 시즌을 게이gay*로 만들고 싶지 않다. 명절을 즐기는 데 성적 취향이 개입되어서는 안 된다고 생각한다'라는 논리를 전개하는 사람은 '게이'가 가진 두 가지 다른 의미를 융합하고 있다. 반사실적 조건문이 추이적이라고 가정하면 서로 다른 두 개의 가능 세계가 하나로 합쳐진다.

양상 이론으로 운을 이야기하다

라이프니츠의 신정론과 마찬가지로, 필연성과 가능성과 반사실적 조건문(이들을 '양상적 개념'이라 부른다)을 이해할 더 나은 방법이 없었기에 가능 세계를 이용하여 이들을 설명하는 방식이 꽤 단단히 자리를 잡았다. 이런 개념적 장치는 운의 본질을 이해할 수 있는 새로운 방식을 제시해준다. 서양 문명이 '순전히 운'으로 구제받았다는 세실리아 홀랜드의 발언을 떠올려보자. 어느 가까운 가능 세계에서 오고타이 칸은 죽지 않았고, 몽골이 유럽을 휩쓸었으며, 세계 역사는 완전히 달라졌다. 1241년에 작은 변화만 있었더라도 우리는 이

---

* '게이gay'는 '즐겁다'와 '동성애자'라는 두 가지의 의미를 갖고 있다.

세상에 없을지도 모르고, 설령 존재하더라도 지금보다 못한 삶을 누리고 있을 가능성이 높다. 그러므로 우리는 운이 좋다. 더없이 행복한 삶은 양상적으로 쉽게 깨질 수 있다. 가까운 가능 세계에서는 그런 삶이 존재하지 않는다. 별난 사고로 죽는다거나, 어린 나이에 동맥류에 걸린다거나, 난민 수용소에서 근근이 살아갈지도 모른다. 누군가가 처음부터 끝까지 아름다운 인생을 누린다 해도, 그 삶이란 100년을 버티는 유리 한 장이나 마찬가지다. 유리는 취약하다. 현실에 작은 변화 하나만 일어나도 깨져버린다. 근처의 다른 세계에서 그 인생은 유리 파편과 티끌에 지나지 않는다.

취약함의 반대는 견고함이다. 가능성의 무한한 바다에 부표처럼 떠 있는 우리의 현실 세계에서 멀리, 더 멀리 떠나도 여전히 유효한 사실이나 여전히 발생하는 사건은 양상적으로 견고하다. 그 특정한 사실이 깨지려면 큰 변화가 일어나야 한다. 여기서 떠오르는 이미지는 유리가 아니라 다이아몬드이다. 예를 들어 자연법칙은 양상적으로 견고하다. 실제 세계에서 멀리 떨어지면 빛의 속도가 달라지거나 핵의 강력한 힘이 다른 것으로 바뀐다. 현실로부터 한없이 멀어져도 논리적으로, 형이상학적으로 필연적인 진리는 여전히 참이다. '1+1'은 항상 '2'일 것이고, 복합체는 항상 적절한 구성 요소로 이루어질 것이며, 모든 사물은 여전히 그 자체와 동일할 것이다. 적어도 이런 점들은 확신할 수 있다.

양상 이론에서는 유의미하고 취약한 사건이 운과 관련된 것으로 간주된다. 까딱하면 잘못될 수 있는 일이었는데 그렇지 않았다면 운이 좋은 것이다. 수월하게 잘될 수 있는 일이었는데 그렇지 않았다면 운이 나쁜 것이다. 의미 없거나 양상적으로 견고한 사건은 운과 무관하다. 양상 이론의 가장 열성적인 지지자인 철학자 덩컨 프리처드는 양상 이론으로 운의 정도를 설명할 수 있다고 주장한다.[9] 경기 종료 버저가 울릴 때 3점 슛을 넣어 승리하는 농구팀은 운이 아주 좋고(가까운 다른 세계에서는 공이 골망의 테두리를 빙빙 돌다가 떨어지고 만다), 버저가 울릴 때 2점 슛을 넣어 이기면 운이 덜 좋고, 쉬운 레이업 슛으로 이기면 운이 훨씬 덜 좋고, 큰 점수 차로 이기면 그보다 훨씬 더 운이 적은 것이다. 레이커스가 불스를 87 대 52로 이겼다면, 세계에 큰 변화가 있어야 레이커스가 패하게 된다. 레이커스는 운으로 이기지 않았다. 옥스퍼드 대학의 과학자 리처드 도킨스는 우리의 인생을 아직 나타나지 않은 광대무변한 가능성 속에 떠 있는 취약한 섬으로 묘사하며, 운을 양상적으로 이해하는 매력적인 사례를 보여준다.

우리는 죽을 것이고, 그래서 행운아들이다. 대부분의 사람들은 태어나지도 못할 것이기에 죽을 수도 없다. 나 대신 여기에 있을 수도 있었지만 결코 세상에 나오지 못할 사람의 수가 아라비아의 모래알보다 더 많다. 그 태어나지 못한 영혼들 중에는 키츠보다 더 위대한 시인, 뉴턴보다 더 위대한 과학자도 있다. 우리의 DNA로 만들어낼 수 있는 사람의 수가 실제 사람보다 훨씬 더 많으니 말이다. 이 엄청나게 희박한 확률을 뚫고 평범한 여러분과 내가 이 세상에 존재하고 있는 것이다. 우리는 불리한 조건 속에서도 출생이라는 복권에 당첨된 특권을 누리고 있다. 그런데 거의 대부분이 벗어나보지도 못한 이전 상태로 돌아가야 한다고 어찌 감히 투덜거릴 수 있겠는가.[10]

양상 이론을 통해 운을 이해하는 방식은 정말이지 새로운 혁신이다. 언뜻 보기에는 앞선 확률 이론과 별다르지 않으며, 같은 결과를 내는 경우도 빈번하다. 나쁠 건 없다. 서로 경쟁하는 이론들은 똑같은 현상에 대해 그럴듯한 설명을 제시하면서, 변칙적이거나 드물거나 논란의 여지가 있는 사안에 대해서만 다양한 결과를 내는 편이 좋다. 그러나 양상 이론과 확률 이론은 아주 다른 설명을 내놓는다. 확률 이론의 관점에서 보자면, 복권 당첨은 상당히 중요한 일인데다 발생 확률이 대단히 낮기 때문에 행운이다. 양상 이론의 관점에서 보자면, 복권 당첨은 중요한 일이긴 하지만 가까운 가능 세계에서는 발생하지 못했기에 행운이다. 다른 번호를 뽑았다면, 혹은 복권 기계 안에서 공 하나가 20도 더 돌았다면, 혹은 수많은 다른 작은 변화가 일어났다면 당첨은 물 건너갔을 것이다. 이들 이론은 복권 당첨이 행운의 사건인 이유를 서로 다르게 설명하고 있지만, 행운이라는 점에는 동의하고 있다. 그렇다면 결국 이 두 이론은 똑같은 말을 서로 다르게 하고 있을 뿐인가?

그렇지 않다. 양상 이론과 확률 이론의 입장이 갈라지는 한 가지 사례가 있다. 러시안룰렛에 참가해서 운 좋게 승자가 된다고 상상해보자. 아니, 정말 운 덕분이었을까? 양상 이론에 따르면 러시안룰렛에서의 승리는 큰 행운이다. 작은 변화가 하나라도 있었다면, 이를테면 약실이 한 칸 더 돌아갔다면 이기지 못했을 테니까. 러시안룰렛에서의 승리는 양상적으로 취약하다. 패배하기 쉽다. 하지만 확률 이론에 따르면 러시안룰렛에서 이기는 건 행운이 아니다. 승산이 5/6로 상당히 높기 때문에 운과는 전혀 무관하다. $10^{10^{100}}$개의 총알이 들어가는 엄청나게 큰 총으로 러시안룰렛을 한다고 가정하면 양상 이론과 확률 이론의 차이점이 더욱 확연히 드러난다. 단 하나의 구멍에만 총알이 들어 있다면 승산이 엄청 높다. 확률 이론의 관점에서 보자면, 이 게임에서의 승리만큼 운과 무관한 일도 드물다. 패배할 확률이 지극히 낮기 때문이다. 하지만 선택된 약실 바로 옆자리에 총알이 들어 있다면 약실 여섯 칸의 총을 사용할 때만큼이나 패배 확률이 높아진다. 이 작은 변화가 패배를 초래했을 것이고, 따라서 양상 이론에 따르면 승리는 여전히 아주 큰 행운이다.

양상 이론과 확률 이론이 서로 다른 결과를 내는 또 다른 사례가 있다. 복권 당첨에 실패하는 상황을 생각해보자. 편의점에 가서 파워볼 복권을 한 장 사고, 항상 그랬듯이 당첨되지 못한다. 당첨되지 못할 확률이 아주 높았기 때문에, 확률 이론에 따르면 이는 운의 문제가 아니다. 충분히 예상할 만한 일인 것이다. 그러나 양상 이론의 관점에서 보면 당첨 실패는 정말이지 큰 불운이다. 당첨은 양상적으로 가까웠기 때문이다. 작은 변화만 있었더라면(마지막 숫자로 '56'을 선택하기만 했더라면!) 상금은 내 것이 되었을 텐데. 복권 당첨에 성공하는 가능 세계는 실제 세계와 아주 가깝다. 복권 당첨이 양상적으로 가깝지만 확률적으로는 멀다는 사실은 왜 사람들이 복권을 사는지 설명해준다. 당첨이 확률적으로도 양상적으로도 거리가 멀다면 복권을 사는 사람은 아무도 없을 것이다. 무작위로 뽑은 철학자가 올림픽 100미터 경기에 나가 금메달을 따기를 기대하는 것과 똑같다. 실제 세계가 얼마나 많이 바뀌어야 유리한 내기가 될까? 하지만 가까운 가능 세계에서는 당첨되기 때문에, 파워볼처럼 당첨 확률이 낮은 복권도 선뜻 사는 사람이 아주 많다.

이런 사례들을 보면 확률 이론보다 양상 이론이 더 우세해 보인다. 우리는 무언가를 아깝게 놓칠 때 운의 문제라고 여기는 경우가 많다. 성공할 뻔했다거나 실패할 뻔했다거나 하는 개념을 정확히 포착해주는 것은 통계적 가능성이 아니라 칼날 위에 서 있는 듯한 양상적 감각이다. 살짝 미끄러지기만 해도 아주 다른 결과가 나오는 것이다.

트랜스월드 2000

('그림 3-1'에서) 라이프니츠는 상대적인 정의로움에 따라 모든 가능 세계의 순위를 매겼다. 양상 이론에도 세계를 측정한다는 비슷한 개념이 이미 내포되어 있다. 행운이든 불운이든 운은 가까운 세계에서 벌어지는 사건에 좌우된다. 그래서 사건은 양상적으로 취약할 수밖에 없다. 우리 세계로부터 멀리 떨어진 가능 세계는 운과 아무런 관련도 없다. 견고한 사실이나 사건은 운의 문제가 아니기 때문이다. 따라서 어떤 가능 세계와 우리 세계 간의 거리를 결정할 수 있는 객관적인 기준이 있어야 한다. 프리처드는 현실 세계와의 유사성에 따라 가능 세계의 순서를 매긴다. 우리의 현실과 다른 점이 많을수록 거리는 더욱 멀어진다. 몇 가지 점만, 혹은 한 가지 사건이나 사실만 현실과 다른 가능 세계는 우리 세계와 가깝다. 그러나 세계들 사이의 거리를 측정한다는 개념은 비합리적으로 보일 수도

있고, 이는 양상 이론이 해결해야 할 큰 숙제이다. 양상 이론에 대한 반대 의견의 한 예시로, 논리적으로 가능한 세계가 등장하는 공상과학소설을 상상해보자.

당신은 공원을 거닐며 초가을의 아름다운 날씨를 즐기다가 지금껏 본 적 없는 기이한 자동차와 마주치게 된다. 풀밭에 서 있는 이 자동차는 얼추 드로리안*을 닮았지만, 바퀴도 없고 수은으로 만들어진 것처럼 보인다. 쳐다보고 있자니 마치 거울방에 있는 것처럼 감각이 기묘해져서 제대로 초점을 맞추기도 힘들다. 차문이 올라가더니 어떤 사람이 눈을 휘둥그렇게 뜬 채 허둥지둥 내린다. 그녀가 주위를 둘러보며 "좋았어……"라고 말하고는 안도의 한숨을 내쉰다. 자동차를 보고 있는 당신을 발견하자 그녀는 당신의 표정을 살핀다. "마음에 들어요? 당신 가져요." 여행자는 빙긋 웃으며 떠나버린다.

당신은 조심조심 자동차로 다가가 그 내부를 들여다본다. 미래 자동차의 조종석 같은 느낌이다. '에라 모르겠다.' 그렇게 생각하며 당신은 차 안으로 들어가 가죽 의자에 푹 앉는다. 문이 자동으로 닫히고, 공기가 완전히 밀폐된 느낌이 든다. 당신 앞에는 차 유리 대신 큼직하고 시커먼 컴퓨터 스크린이 펼쳐져 있다. 계기판에는 커닝 페이퍼 한 장이 테이프로 붙여져 있다.

트랜스월드 2000에 오신 것을 환영합니다. 구매하신 상품에 만족하

---

* 영화 「백 투 더 퓨처」에 등장하는 타임머신 자동차.

셨기를 바랍니다. 가능 세계들 사이의 거리는 내비게이션 화면 앞의 다이얼로 조종할 수 있습니다(검은색 대형 조광기가 보이실 겁니다). 최소 거리를 원하면 다이얼을 '1요타'에 맞추십시오. '1요타'는 최소한의 변화를 의미합니다. 현실에서 한 가지 사실이나 사건이 변하여 최소한의 영향을 미칩니다. 1요타로 설정하면 현실에서 가장 가까운 가능 세계에 접근할 수 있습니다. 2요타를 선택하면 현실에서 두 가지의 사실이 달라지고, 훨씬 더 다양한 대안이 제공됩니다. 다이얼을 최대 요타에 맞추면(경찰차 경광등처럼 붉은색으로 표시되어 있습니다) 자연법칙마저 달라집니다. 법칙 자체가 없을 수도 있습니다. 주의 : 그런 세계로 가면 돌아오지 못할 가능성도 있습니다. 그럴 경우 트랜스월드 2000의 품질보증서는 무효화됩니다. 요타 거리를 설정한 후 마우스를 사용하여 새로운 현실을 선택하십시오.

당신은 이렇게 생각할 것이다. '밑져야 본전인데, 한번 해보지 뭐. 시작은 조심스럽게.' 당신은 다이얼을 1요타로 돌리고 그 옆에 있는 '이동' 버튼을 누른다. 그러자마자 앞에 있는 컴퓨터 스크린이 초롱초롱한 작은 구체로 가득 찬다. 마치, 반짝이는 타피오카 알갱이로 잔뜩 채워진 암흑의 광대한 우주를 허블 망원경으로 찍은 사진 같다. 스크린에서 그 알갱이들은 사방팔방으로 흘러가고, 마우스로 스크린을 내리고 또 내리던 당신은 끝이 없으리라는 사실을 곧 깨닫는다. 희미하게 빛나는 수많은 구체는 분간되지 않을 정도로 모두 똑같아 보인다. 각각의 빛나는 구체는 우리 우주에서 한 가지의 사실만 달라진 또 다른 우주다. 당신은 아무 세계나 골라 클릭해버린다. 그러자 트랜스월드 2000의 문이 아무 소리 없이 위로 휙 열린다.

밖으로 나가보니, 아까 여행자와 마주쳤을 때 걷고 있던 바로 그 공원이다. 글쎄, 달라진 건 아무것도 없어 보인다. 아까와 똑같은 아이들이 그네를 타고 있고, 똑같은 강아지가 원반을 뒤쫓고 있고, 날씨도 똑같고, 아까처럼 핫도그를 굽는 냄새가 난다. 괜히 걱정했나 보다. 그런데 자세히 살펴보니, 아까와 달리 그네가 미끄럼틀의 왼쪽에 있다. 이것이 한 가지 변화인가? 이깟 변화쯤이야 우습다. 그런데 가만히 생각해보면, 그네의 위치가 바뀌었다는 건 1요타의 변화가 현재가 아닌 과거에 일어났다는 의미이다. 그 변화가 무엇이었든 간에, 그 결과 그네가 미끄럼틀의 왼편으로 옮겨갔다. 어떤 변화였는지는 알 수 없다. 아니, 이런저런 짐작이야 할 수 있겠지만 정답은 알 수 없다. 공원 설계자가 다른 결정을 내렸을 수도 있고, 미끄럼틀 오른편의 땅에 돌멩이가 많아서 울퉁불퉁했을 수도 있고, 아이들이 장난으로 그네를 옮겼을 수도 있고, 인부들이 설계도를 잘못 읽어 그네를 엉뚱한 곳에 설치했을 수도 있고, 설치자가 순간적으로 왼쪽과 오른쪽을 착각했을 수도 있다. 과거의 어느 시점에 어떤 사실이든 바뀌어서 그네 위치의 변화로 이어졌을 것이다.

이제 당신은 슬슬 깨닫기 시작한다. 세계의 1요타가 바뀌는 순간, 다른 변화가 잇따라 유발되고, 예측 불허의 비선형적인 길이 가지처럼 미래로 뻗어나간다는 사실을. 우유병 속으로 피 한 방울이 떨어지는 것처럼 말이다. 현재 한 가지의 사실이 바뀌어 있다는 건 그 변화를 일으켰을 어떤 사건이 과거에 벌어졌다는 뜻이다. 어떤 임의적이고 무작위적인 인과관계가 작동하는 게 아니라면 말이다.

현재에 변화가 있으려면 과거에 어떤 사건(들)이 일어났어야 한다는 사실을 받아들인다는 건 곧 1요타의 변화를 현재가 아닌 과거의 일로 간주한다는 뜻이다. 더군다나 현실의 한 가지 변화는 '특정한 시간적 위치에서의 한 가지 변화'를 의미하지 않는다. 우리는 똑같이 실재하는 수많은 장소 중 한 곳에 있듯이, 시간의 수많은 지점 중 한 시점에 있을 뿐이다. 현실의 한 가지 변화는 어느 시점에든 일어날 수 있었고, 그래도 그 세계는 여전히 우리의 현실과 아주 비슷할지 모른다. 한 가지 사실만 달라진 우리 세계일 뿐이다.

당신은 저 밖에 또 뭐가 있을지 보고 싶어 트랜스월드 2000으로 돌아간다. 다이얼을 1요타에 맞추고 '이동' 버튼을 누른다. 이번에도 스크린에 똑같이 생긴 반짝이는 구슬이 무한대로 넘쳐나고, 각각의 구슬은 우리의 현실에서 한 가지 사실이 달라진 세계를 나타낸다. 당신은 구체 하나를 클릭한다.

우리 세계에서 1요타만큼 달라진 가능 세계를 다음과 같이 가정해보자. 1241년 12월 11일에 오고타이 칸이 술에 덜 취해 그 밤을 무사히 넘겼다면? 혹은 존 F. 케네디의 암살범인 리 하비 오즈월드가 텍사스 교과서 창고에서 방아쇠를 당기는 순간 꽃가루 때문에 코가 간지러워 재채기를 했다면? 혹은 본디오 빌라도가 눈엣가시인 '유대인의 왕'을 군중에게 넘겨 십자가형에 처하는 대신 마을에서 내쫓기로 결정했다면? 혹은 노르만족의 화살이 해럴드 2세의 눈에 꽂히지 않고 살짝 비껴가 그의 귀를 스치고 지나갔다면, 그래서 그가 헤이스팅스 전투에서 잉글랜드를 성공적으로 지켜냈다면? 혹은 6,600만 년 전 칙술루브 소행성이 유카탄 반도에 떨어져 공룡을 전멸시키는 대신 지구를 그냥 지나쳐갔다면 어떻게 되었을까? 이 모든 세계는 우리 세계로부터 양상적으로 멀리 떨어져 있는 것처럼 보인다. 그러니까 우리의 현실에 큰 변화가 일어나야 한다는 뜻이다. 그러나 전혀 멀지 않다. 1요타의 변화, 아주 작은 사건 하나로 그 세계가 현실이 된다.

될 대로 되라는 심정으로 당신은 트랜스월드 2000에 편히 기대어 앉아, 계기판 바늘이 붉은 경보 구역에 묻힐 때까지 검은색 다이얼을 끝까지 쭉 돌린다. 최대 요타. 그런 다음 '이동' 버튼을 누르고, 제일 처음 눈에 띄는 구체를 클릭한다. 문이 열리고, 순간 절대적인 암흑밖에 보이지 않는다. 마치 망자가 마지막 숨을 뱉듯이 기계장치에서 공기가 확 빠져나가고, 5차원 요가를 하는 것처럼 몸이 말도 안되게 쭉 늘어나는 것 같은 기묘한 느낌이 든다. 당신이 마지막으로 한 생각은 '어어……'이다. 당신이 변화를 알아채기도 전에 거대한 블랙홀이 당신의 몸을 원자로 분해해버린다. 하지만 중요한 사실은, 우주의 중력 상수가 실제 세계와 아주 조금 다르다는 것이다. 중력이 조금만 더 강하면 빅뱅으로 인한 팽창력은 중력의 강력한 인력을 이기지 못한다. 그 결과 우주의 모든 물질이 거대한 블랙홀로 엉겨붙고 별과 행성, 생명체, 그리고 물리적으로 불가능한 모든 것이 탄생한다. 하필 이 세계로 오게 되다니, 당신은 운이 나빴다. 물론 중력 상수가 조금 더 작아서 우주가 빠른 속도로 팽창하고 엔트로피가 점점 증가하여, 생명 없는 기본 입자로 이루어진 묽은 국으로 변해가는 세계를 골랐을 수도 있다. 자연법칙에 함부로 손을 대면 무슨 일이든 벌어질 수 있다.

'만물이 거대한 블랙홀 속에 채워져 있는' 세계도 우리 세계로부터 양상적으로 멀리 떨어져 있을까? 쉽게 답할 수 있는 문제가 아니다. 자연법칙도 쉽게 달라질 수 있을까? 한 가지 가설은 빅뱅이 일어나는 순간 자연법칙이 임의로 선택되었다는 것이다. 법칙은 우주의 경험적 사실로부터 생겨나며, 그 사실은 애초에 무작위로 창조되었다는 또 다른 가설도 있다. 혹은 자연법칙이 우리가 이해하지 못하는 어떤 원리로 형이상학적인 필연성을 지니고 있을지도 모른다. 그렇다면 다른 법칙을 가진 다른 가능 세계라는 개념은 성립하지 않는다. 이런 쟁점을 두고 뜨거운 논쟁이 벌어지고 있다.[11] 하지만 현실에서 아주 작은 변화만 일어나도, 이를테면 중력 상수 하나만 달라져도 블랙홀 세계가 될 수도 있다. 그렇다면 자연법칙이 다른 세계도 우리 세계와 멀지 않다. 한 가지 사실만 달라져도 우리는 그 세계에 있게 된다.

이렇게 따지면, 양상적으로 먼 세계는 전혀 존재하지 않는 것 같다. 1요타의 거리든 최대 요타의 거리든, 실제로는 차이가 없는 것이다. 현실에서 무엇이든 바꾸면 어디로든 갈 수 있다. 가능 세계가 서로 다른 거리로 정렬되어 있는 것이 아니라 모든 현실이 평평하고 얇은 구조를 갖고 있다. 이것이 바로 양상 이론으로 운을 이야기할 때 생기는 문제점이다. 운이 양상적 취약함과 관련되어 있다는 이론은 직관적으로 옳게 느껴진다. 까딱하면 잘못되었을 일이 그렇지 않았다면 행운이고, 수월하게 잘될 수 있었던 일이 틀어지면 불운이다. 반면 양상적으로 견고한 일은 운과 무관하다. 잘못될 가능성이 거의 없는 일이 잘 풀리고 있다면 행운도 불운도 아니다. 운과 아무런 관계도 없다. 르브론 제임스가 수비수의 방해 없이 레이업 슛을 성공하는 건 행운이라 할 수 없지만 수비수에게 둘러싸인 채 하프코트 라인에서 3점 슛을 던져 성공한다면 행운이다. 양상 이론에 따르면 양상적으로 취약한 사건은 운과 관련되어 있고(행운/불운), 양상적으로 견고한 사건은 운과 무관하다. 하지만 트랜스월드 2000 사고 실험은 취약함과 견고함으로 구분하는 것이 비합리적인 방식임을 보여준다. 모든 사건은 취약하다. 왜냐하면 모든 사건은 '사건 없음'으로부터 1요타만큼 달라진 것이기 때문이다. 따라서 모든 사건은 운과 관련되어 있다. 이렇게 우리는 다시 원점으로 돌아오고 말았다. 라이프니츠와 논리적 의미론을 거친 후 다시 메난드로스에게로 돌아가게 된다. '우리가 생각하거나 말하거나 행하는 모든 것은 티케다. 우리는 그 밑에 서명을 휘갈길 뿐이다.'

행운의 필연적 진리

블랙홀 세계가 현실에서 단 1요타 달라졌을 뿐이라는 주장 말고도 또 다른 문제가 있다. 아인슈타인은 언젠가 자신의 조수에게 이렇게 말했다. "나의 진짜 관심사는 신이 세계를 다르게 창조할 수도 있었을까 하는 점이라네. 다시 말해 논리적 단순성의 불가피함이 자유의 여지를 남겨놓는가 하는 문제지."[12] 아인슈타인은 신이 자연법칙을 다르게 만들 수도 있었을까, 아니면 그 법칙이 더 깊은 필연성으로부터 비롯되기 때문에 물리 상수가 항상 지금과 같아야 할까 알고 싶어 했다. 그렇다면 블랙홀 세계는 형이상학적으로 불가능하다. 현실로부터 단 1요타 떨어져 있는 것이 아니라 트랜스월드 2000의 최대 설정치보다 더 멀리 떨어져 있다. 이는 양상 이론에 불리한 시나리오이다. "중력 상수가 조금 더 작거나 조금 더 크지 않고 딱 지금의 수치라서 다행이야. 온 우주가 거대한 블랙홀로만 가득 채워져 있거나, 입자가 균일하게 퍼져 있는 엔트로피 죽이라면 생명체는 존재조차 못할 테니까." 완벽하게 합당한 말이다. 그러나 양상 이론은 양상적으로 취약한 사건만 운과 관련된 것으로 간주한다. 양상적으로 견고한 사건은 행운 혹은 불운이라 말할 수 없으며, 운과는 무관하다. 여기에 딜레마가 있다. 블랙홀 세계는 우리 세계에서 1요타의 변화가 일어난 것이므로 우리에게는 행운이다. 혹은 블랙홀 세계는 양상적으로 멀리 떨어져 있지만 중력 덕분에 우리의 삶이 지속되고 있으므로 여전히 행운이다. 어느 쪽이든 양상 이론은 제대로 성립되지 않는다.

훨씬 더 골치 아픈 사례들이 있다. 양상적으로 견고한 무언가는 논리적으로 필연적인 진리여야 한다. 어떤 변화가 일어나든 끄떡없어야 한다. 설령 자연법칙이 달라지더라도 논리 법칙과 수학적 진리는 여전히 참이다. 양상 이론으로 보자면, 적어도 그런 것들은 운의 문제가 될 수 없다. 운과 무관한 영역이어야 한다. 그러나 양상 이론은 여기에서도 일을 그르쳐버린다. 여기, 두 가지의 사례가 있다.

우선 '논리적 강도logical bandit'이다. 논리적 강도가 당신에게 총을 겨누면서, 논리 문제를 풀지 못하면 당신의 지갑을 훔치겠다고 말한다. 문제는 다음과 같다.

팬케이크로 유명한 요리사가 있는 식당에 간다. 사실 그가 유명한 이유는 팬케이크 면의 50퍼센트는 태우고 나머지 50퍼센트는 완벽하게 굽기 때문이다. 통계 : 그가 굽는 팬케이크의 3분의 1은 양면 모두 황금빛이고, 3분의 1은 양면 모두 검은색이다. 그리고 나머지 3분의 1은 한쪽 면은 황금빛, 한쪽 면은 검은색이다. 당신은 팬케이크 하나를 주문한다. 팬케이크가 나오고, 당신에게 보이는 면은 황금빛이다. 반대쪽 면이 황금빛일 확률은 얼마일까?

가뜩이나 이런 문제에 지독히 약한 당신은 총과 난제와 무서운 상황 앞에서 패닉 상태에 빠지고 만다. 당신은 대강 짐작해서 "3분의 2"라고 답한다. 당신이 그저 어림짐작으로 아무 답이나 던졌다는 사실을 눈치챈 논리적 강도는 애처롭게 웃으며 "운 좋은 줄 알아. 3분의 2가 정답이니까"라고 답하고는 밤공기 속으로 사라진다.[13]

수학적 사실은 당연히 필연적으로 참이고, 따라서 팬케이크 문제의 정답이 2/3라는 건 논리적인 필연성을 띤다.

다음 사례는 '페르마Fermat'이다. 피타고라스의 정리는 '$A^2+B^2=C^2$'이다. 1637년 피에르 드 페르마는 두제곱이 아닐 때도 이 공식이 성립할까 궁금해졌다. 그리고 그렇지 않다는 결론을 내렸다. N이 2보다 큰 양의 정수인 경우 '$A^N+B^N=C^N$'은 성립하지 않는다. 페르마는 자신이 소장하고 있던 디오판토스의 『산수론』 여백에, 이 정리를 증명할 경이로운 방법을 발견했지만 여백이 너무 좁아서 쓸 수 없다는 낙서를 남겼다. 그 후로 수 세대의 수학자들이 페르마의 마지막 정리를 증명 혹은 반증하려 시도했다가 실패했는데, 마침내 1995년에 앤드루 와일스가 성공했다. 그 정리를 증명하는 데 358년이나 걸린데다 페르마의 시대에는 존재하지도 않았던 수학 분야가 사용되었기 때문에, 페르마가 정말 타당한 증명법을 발견했을 거라고 믿는 사람은 아무도 없다. 그의 미지의 '증명법'은 3세기 동안 이루어진 수많은 다른 시도처럼 불완전하거나 결함이 있었던 것으로 추정된다. 잘못된 증명법을 발견했는데도 마지막 정리가 참이었던 건 페르마에게 행운이었다. 그 덕분에 불멸의 수학자로 이름을 남기게 되었으니 말이다. 두말할 필요 없이 페르마의 마지막 정리는 필연적으로 참이다.

'팬케이크 문제의 정답이 2/3이니 넌 운도 좋구나', 혹은 '잘못된 증명법을 발견했는데도 마지막 정리가 참이었던 건 페르마에게 행운이었다'라는 말은 논리적으로 아무런 문제가 없어 보인다. 두 사건 모두 정말 운이 따른 것처럼 보인다. 하지만 양상 이론에 따르면 그렇지 않다. 모든 가능 세계에서 팬케이크 문제의 정답은 2/3이다. 페르마의 마지막 정리도 마찬가지다. 양상 이론에 따르면 운은 곧 취약함이지만, 이 두 가지 사실은 너무도 견고하며 취약함과는 거리가 멀다. 확률 이론으로 운을 설명할 때에도 똑같은 문제가 생긴다. 확률 이론에서는 발생 확률이 낮은 사실만 운과 관련된 것으로 간주된다. 발생 확률이 높은 사실은 운과 관계없는 마땅한 진리로 기대해야 한다. 논리적 강도와 페르마는 행운의 필연적 진리에 해당하는 사례이며, 양상 이론도 확률 이론도 이들을 제대로 설명해 내지 못한다. 한편으로, 양상 이론은 운과 무관한 온갖 일을 행운 또는 불운으로 판결해버린다. 가능 세계들 사이의 거리를 재는 실질적인 측정법이 없고 사실상 모든 것이 취약하기 때문이다. 반면 행운의 필연적 진리는 양상 이론에서 허용되지 않는다. 견고한 것은 운의 문제가 될 수 없기 때문이다.

통제 이론으로 운을 이야기하다

확률도, 양상도 우리의 가려운 등을 시원하게 긁어주지 못한다. 아직도 운의 본성은 알쏭달쏭한데, 이 두 가지의 접근법만 있는 건 아니다. 운을 이해하는 대중적인 방식이 하나 더 있다. (적어도 첫인상으로는) 사건의 발생 확률이나 양상적 취약함과 아무런 관계가 없어 보인다. 영국의 프로 크리켓 선수로 활동하다가 저널리스트로 전향한 에드 스미스는 운동선수로서 겪었던 생각의 변화에 대해 썼다. 그는 크리켓 선수의 길을 걷기 시작했을 때 자신이 운명을 완벽하게 통제하고 있다고 믿었다. 기어코 성공하고야 말겠다는 강철 같은 의지만 있으면 된다고 생각했다. 크리켓 클럽은 불운을 언급하는 것조차 금했다. 진정한 챔피언이라면 입에 올리지 않을 마음 약한 변명이라면서 말이다. 다 옳은 말 같았지만, 기이한 발목 부상 때문에 스미스의 선수 생명이 갑자기 끝나버리자 사정은 달라졌다. 가혹한 운명 앞에 그는 의지가 불운을 이길 수 없다는 결론을 내렸다. 또 자신의 운은 스스로 만드는 거라는 등, 긍정적인 생각만으로도 자기 운명의 주인이 될 수 있다는 등, 이런 거짓 약속을 떠벌리는 자기계발서를 혐오하게 되었다.[14] '운은 내가 통제할 수 있는 것이 아니다'

라고 그는 썼다.[15] '자신의 운은 스스로 만드는 것'이라는 말은 모순이다. 우리의 통제를 넘어 강제로 주어지는 것은 통제할 수 없는 법이다. 그리고 우리가 통제할 수 없는 것은 아주 많다.

통제 이론으로 운을 설명하는 사람은 스미스뿐만이 아니며,[16] 제법 그럴듯한 이론처럼 들린다. 우선, 확률 이론과 양상 이론의 대안으로서 아주 괜찮아 보인다. 확실히 다른 방식으로 운을 이야기한다.

무엇을 운의 문제로 간주하느냐에 관해서는 다른 이론과 일치하는 부분이 꽤 있지만, 그 이유는 다르게 해석하고 있다. 통제 이론은 어떤 점에서 다를까? 양상 이론에 대한 마지막 반론은 행운의 필연적 진리를 설명하지 못한다는 것이었다. 필연적 진리는 양상적으로 견고하기 때문에 운의 문제가 될 수 없지만, 운으로 볼 수 있는 사례가 여럿 있다. 하지만 통제 이론의 관점에서 보자면, 그 사례들은 어쨌든 운이다. 우주의 중력 상수가 지금과 같은 건 우리에게 행운일까? 물론이다. 우리가 통제할 수 없는 문제이니까. 페르마의 마지막 정리가 참으로 증명된 건 그에게 행운일까? 물론 그렇다. 그 정리가 참이냐 아니냐는 그의 통제를 벗어난 문제이므로. '표 3-1'은 이론들 사이의 차이점을 간략하게 보여준다.

세 이론 모두 복권 당첨은 행운이고 러시안룰렛에서 패하는 건 불운이라고 말하지만, 그 이유에 대한 설명은 제각기 다르다. 세 이론 중 복권 당첨에 실패하는 것을 불운으로 규정하는 이론이 둘, 행운의 필연적 진리가 운과 무관하다고 말하는 이론이 둘, 러시안룰렛에서의 승리는 행운이 아니라고 말하는 이론은 단 하나다. 세 이론은 전혀 같지 않다. 서로 다른 해석과 다른 결과를 내놓는다.

	행운	불운	운과 무관함
확률 이론	복권에 당첨된다(당첨 확률이 아주 낮았으니까)	러시안룰렛에서 패한다(패할 확률이 아주 낮았으니까)	복권 당첨에 실패한다(당첨에 실패할 확률이 아주 높았으니까) / 러시안룰렛에서 이긴다(이길 확률이 아주 높았으니까) / 행운의 필연적 진리(필연적 진리는 발생 확률이 100퍼센트이니까)
양상 이론	복권에 당첨된다(당첨은 양상적으로 취약했으니까. 즉 까딱하면 당첨에 실패할 수도 있었으니까) / 러시안룰렛에서 이긴다(까딱하면 질 수도 있었으니까)	러시안룰렛에서 패한다(잘하면 이길 수도 있었으니까) / 복권 당첨에 실패한다(잘하면 당첨될 수도 있었으니까)	행운의 필연적 진리(양상적으로 견고하니까)
통제 이론	복권에 당첨된다(당첨은 우리가 통제할 수 없는 일이니까) / 러시안룰렛에서 이긴다(승리는 우리가 통제할 수 없는 일이니까) / 행운의 필연적 진리(필연적 진리는 우리가 통제할 수 없는 일이니까)	러시안룰렛에서 패한다(결과는 우리가 통제할 수 없으니까) / 복권 당첨에 실패한다(당첨 결과는 우리가 통제할 수 없으니까)	????

표 3-1 운의 세 이론.

그런데 칸 하나가 비어 있다. 통제 이론에서 운과 무관한 일이란 무엇일까? 아마도 우리가 통제할 수 있는 사건일 것이다. 우리가 통제할 수 있는 일과 그렇지 않은 일을 제대로 구분할 수만 있다면 좋겠지만, 그리 간단한 문제가 아니다.

강령회와 고무손

사람들은 어떤 인기 열풍에 휩싸여 있을 때에도 그 사실을 좀처럼 인지하지 못한다. 1980년대 루빅큐브 열풍이 절정에 달했을 때

명석한 인지과학자로 알려진 더글러스 호프스태터는 이렇게 썼다. '큐브는 일시적인 유행에 그칠까? 내 개인적인 의견을 말하자면, 그 열풍은 사그라지지 않을 것이다. 큐브에는 어떤 원초적이고 본능적이며 원시적인 매력이 있는 듯하다. (……) 세상에 관한 수많은 보편적 개념과 이어져 있는 우리 정신의 틈새에 꼭 들어맞는다.'[17] 호프스태터가 이렇게 쓰고 나서 1~2년이 지난 후 루빅큐브는 모든 사람의 벽장에 처박힌 채 먼지를 뒤집어쓰고 있었다. 19세기 유럽에서는 심령술 열풍이 불었다. 이성의 시대[18]와 산업혁명이 전통적인 신앙과 충돌하면서 사람들은 눈에 보이지 않는 것들에 대한 경험적 증거에 집착하기 시작했다. 강령회, 테이블 터닝table-turning, 점괘판, 심령 캐비닛 등은 영혼들의 보이지 않는 세계로 들어갈 수 있는 입구로 선전되었다. 물론 잘 속아 넘어가는 사람들 앞에서 영매 의상을 차려입고 마술 묘기를 부리는 사기꾼이 많았다. 자신이 다른 세계와 접속하여 영혼들의 메시지를 신비롭게 전달하는 매개체라고 진심으로 믿는 영매들도 있었다. 저명한 과학자들은 비판적인 시선으로 이 열풍을 주시했다. 예를 들어 벤저민 프랭클린과 앙투안 라부아지에는 생체 안의 자성 유체가 온갖 기이한 현상을 일으킨다고 주장하는 최면술을 연구하고, 그 모든 것이 상상력과 사기의 산물이라는 결론을 내렸다.[19]

화학자 마이클 패러데이는 테이블 터닝을 조사했다. 강령회의 한 형태인 테이블 터닝에서는 참석자들이 작은 테이블에 둘러앉아 손가락을 윗면에 가볍게 얹어놓는다. 그러면 테이블이 다른 방향으로 기울어지거나 회전하고, 심지어는 방을 가로질러 움직이기까지

한다. 기울어지는 방향은 서로 다른 글자를 가리키고, 그런 식으로 저승에서 망혼들이 보내는 메시지가 완성된다. 패러데이는 이런 강령회가 진행되는 동안 다양한 실험을 하면서, 전기와 자성의 효과나 지구의 자전 같은 다른 가설들은 배제했다. 패러데이는 두 장의 얇은 판지 사이에 유리막대 네 개를 끼워 넣고 고무 밴드로 느슨하게 묶었다. 그런 다음 아래쪽 판지를 테이블 윗면에 붙였다. 위쪽 판지는 고무 밴드가 늘어나는 한도까지 유리막대들을 따라 움직일 수 있었다. 두어 개의 핀과 '38센티미터 길이의 곧은 건초 줄기'를 사용하여 패러데이는 간단한 지시계를 만들었다. 강령회 참석자들은 테이블에 손을 얹고 아래로 누르기만 하기로 했다. 조금만 옆으로 움직여도 건초 지시계가 흔들릴 터였다. 물론 테이블에 둘러앉은 모든 이들은 아무 짓도 하지 않았으며 테이블을 움직인 건 영혼들이라고 맹세했다. 하지만 건초 줄기는 다른 이야기를 하고 있었다. 지시계가 움직일까봐 모두가 조심해서 손가락 하나 꼼짝하지 않자 테이블 역시 움직이지 않았다.[20]

　강령회에 자주 다닌 사람들은 자신이 테이블의 움직임에 전혀 관여하지 않았다고 진심으로 믿은, 진실하고 정직하며 올곧은 시민들이었을지도 모른다. 결국 그들은 자신의 뇌에 속았다. 테이블이 기울거나 회전할 거라는 기대감에 무의식적으로 손을 그 방향으로 움직여 테이블 터닝이라는 효과를 만들어낸 것이다. 1852년에 처음으로 이 현상을 파악한 심리학자 윌리엄 B. 카펜터는 거기에 '관념운동 효과'라는 이름을 붙였다.[21] 수맥 탐지봉 역시 미묘하고 무의식적인 근육의 움직임이 뚜렷하고도 섬뜩한 결과로 증폭되는 또 다른 예시이다. 우리가 훨씬 더 일반적으로 경험할 수 있는 사례도 있다. 영화에 등장하는 행글라이더나 경주용 자동차를 1인칭 관점에서 보면 우리의 몸도 함께 기울어지지 않는가. 우리는 원심력을 예상하기 때문에, 움직이지 않는 영화관 의자에 앉아 있으면서도 마치 그 힘의 영향을 받는 것처럼 움직인다. 관념운동 효과는 우리가 어떤 사건에 대해 인과적 통제력을 갖고 있으면서도(테이블을 움직이거나 수맥 탐지봉을 돌리거나 몸을 기울이는 건 어떤 자연이나 초자연의 힘이 아니라 우리 자신이다) 그런 통제력이 있음을 의식적으로 거부한다는 사실을 보여준다.

이렇듯 우리가 통제할 수 없다고 생각하는 일을 실제로는 통제하고 있는 경우도 있지만, 반대로 자신이 통제하고 있다고 생각하는 일이 실은 그렇지 않은 경우도 있다. 한 유명한 실험에서, 심리학자인 매슈 보트비니크와 조너선 코언은 피실험자들을 앉혀놓고 왼팔을 작은 테이블 위에 얹어놓게 했다. 그리고 그 왼팔은 스크린 뒤로 숨겨 시야에서 가려놓고, 진짜처럼 생긴 고무팔과 손을 피실험자 앞에 두었다. 피실험자가 고무손을 응시하는 동안 실험자들은 피실험자의 (시야에서 가려진) 진짜 왼손과 (잘 보이는) 고무손을 붓으로 동시에 쓸어내렸다. 몇 분 후 피실험자들은 가려진 붓이 아니라 눈에 보이는 붓이 닿는 감촉을 느꼈다고 말했다. 그들의 고유 수용성 감각*이 고무손을 그들 자신의 신체상身體像에 결합해버린 것이다. 뇌는 눈에 보이는 붓놀림과 촉감으로 느껴지는 붓놀림을 통합하여 이해하려 애쓰고, 잠시 후 피실험자들의 뇌는 고무손이 그들 신체

---

* 우리의 신체 위치, 자세, 평형 및 움직임에 대한 정보를 파악하여 중추신경계로 전달하는 감각.

의 일부라는 결론을 내렸다. 그들은 고무손을 자신의 진짜 손처럼 느꼈다.[22]

신경과학자 V. S. 라마찬드란은 같은 맥락의 실험을 더 이어나 갔다. 그 결과 피실험자들은 신체 부위와 닮지도 않은 무생물에까지 신체 감각을 투영하기도 했다. 라마찬드란은 고무손 대신 책상 표면을 톡톡 두드리고 쓸어내리면서, 책상 밑에 숨겨진 피실험자의 왼손에도 동시에 똑같은 자극을 주었다. 곧 피실험자들은 책상에 가해지는 자극을 느끼기 시작했다. 분명 말도 안 되는 일이었다. 그 착각이 어찌나 강했던지, 라마찬드란이 피실험자의 가려진 손보다 책상 표면을 더 길게 쓸어내리자 피실험자는 영화 「판타스틱 4」의 리드 리처즈처럼 자기 손이 말도 안 되는 비율로 길어지거나 늘어났다고 소리쳤다. 이제 라마찬드란이 망치로 책상을 내리치자 피실험자들은 마치 진짜 손에 맞은 것처럼 투쟁 혹은 도피 반응을 보였다. 책상에 신체상을 투사하는 경험을 하지 않은 대조군 피실험자들은 그런 반응을 보이지 않았다.[23] 평소에 잘 보이지 않는 신체 부위에조차 똑같은 효과를 낼 수 있다. 또 다른 실험에서 피실험자들은 실험자가 플라스틱 마네킹 머리의 뒤통수를 쓰다듬고 톡톡 치는 모습을 지켜보면서 그와 똑같은 박자로 자신의 뒤통수를 쓰다듬고 톡톡 치라는 주문을 받았다. 이런 실험을 처음 경험하는 참여자들은 곧 감각이 자신의 머리가 아닌 마네킹의 머리에서 오는 것처럼 느끼기 시작했다.[24]

신기하게도 피실험자들은 자신에게 고무손이 없다는 사실을 뻔히 알면서도 마치 있는 듯한 느낌을 강하게 받는다. 마네킹 실험의 경우, 일부 피실험자는 '허깨비 머리' 효과에 너무 강한 영향을 받은 나머지 일시적으로 목이 잘리는 듯한 섬뜩한 감각까지 느꼈다![25] 다른 건 몰라도 우리가 확신할 수 있는 사실은, 머리가 아직 몸에 붙어 있다는 것이다. 이런 실험에서 사람들은 분명 자신이 신체 부위를 통제하고 있으면서도 자기 뜻대로 움직이고 있다고 느끼지 않는다. 심지어 신체 부위를 자신의 것으로 인지하지도 않는다. 이 사례들의 놀라운 점은 희귀한 질병의 증상이 아니라 누구든 집에서 단순한 실험으로 경험할 수 있다는 것이다.[26] 결론을 말하자면, 우리는 자신이 무엇을 통제하고 무엇을 통제하지 못하는지 판단하는 능력이 현저히 떨어진다. 통제에 대한 우리의 직관이나 느낌은 신뢰할 수 없으며 쉽사리 조작된다. 우리가 통제할 수 없는 사건이 곧 운이라고 말하는 이론에 어떤 강점이 있다면, 우리는 통제의 실체부터 제대로 파악해야 한다. 그저 감에 의지해 통제가 안 된다고 말해서는 안 된다.

우리가 무언가를 통제하고 있느냐 아니냐에 대한 본능적인 판단을 신뢰할 수 없다면, '통제 중'이라는 말은 대체 무슨 의미일까? 놀랍게도 통제에 관해 연구하는 학자들 중 대부분은 '의식적인 통제'나 '이성적인 통제' 혹은 '자발적인 통제' 같은 더 시급한 문제로 직진하면서 통제의 성질에 대해서는 대강 얼버무리고 지나가는 경향이 있다.[27] 유일하게 합의가 이루어진 사실은, 통제가 인과적 영향력과 관계있다는 것이다. 물론 스카치가 알코올과 관계있다는 말과 다를 바 없는 소리다. 스카치뿐만 아니라 맥주든 와인이든 모든 주류가 그렇다. 어떤 사건이든 인과적 영향력이 수반되게 마련이지만, 항상 통제되었다고 말할 수는 없다. 만약 당신이 교통사고를 냈다면, 어떤 일의 발생을 초래하기는 했지만 분명 상황을 통제하지는 못했다. 의도를 조건으로 붙이는 경우가 많다. 포핸드 샷이 코트의 대각선 방향으로 가느냐 마느냐를 통제할 수 있다면, 공을 대각선 방향으로 치려는 당신의 의도와 공이 실제로 대각선으로 넘어가는 사건은 어떻게든 인과적으로 연관되어 있다. 강령회에 자주 다니는 사람들은 어떠한가? 그들은 테이블 터닝에 참여할 의도로 강령회에 가서 테이블 터닝을 초래했다. 그래도 그들이 테이블의 움직임을 통제했다고 말하기에는 부족할까? 그렇다면 '의식적인' 의도라는 요건을 붙여야 할지도 모르겠다. 그럼 이번에는 '인과적 빗나감causal deviance'이라는 문제와 마주치게 된다. 테니스 경기를 할 때 상대 선수를 이기기 위한 샷을 의식적으로 의도하고, 그런 샷을 구사한다고 가정해보자. 다시 말해 그 샷은 의식적 의도의 인과적 결과이다. 그렇다면 그 샷을 통제하고 있었다고 확신할 수 있을까? 안타깝지만 그렇지 않다. 공이 우연히 네트에 걸리는 바람에 간신히 넘어가 상대 선수가 받아치지 못한 거라면, 볼 컨트롤이 좋아서 이겼다고 말하기는 뭣하다. 그 샷으로 이긴 것은 운이었다.

2012년 윔블던 대회

'통제'라고 하면 우리는 흔히 대가의 기술을 떠올린다. 어떤 결과나 사건을 자기 뜻대로 통제할 수 있는 사람이라면 분명 그 특정 분야의 전문가일 테니까. 전문가의 행동을 자세히 들여다보면 운과 통제의 차이를 알아낼 수 있지 않을까? 고도로 훈련된 심장외과의가 일상적인 수술을 잘 마쳤을 때 운이 좋았다고 말하지는 않는다. 그 의사는 집도하는 내내 수술을 통제하고 있었기 때문이다. 곡예사가 저글링을 하는 동안 공을 떨어뜨리지 않는 것은 운이 좋아서가 아니다. 그는 저글링을 수천 번은 했고 그 기술에 완전히 통달했다. 피아니스트 키스 재럿이 음 하나 틀리지 않고 연주하는 것도, 카 레이싱 선수인 데일 언하트 주니어가 혼잡한 도로를 쉽사리 누비고 다니는 것도 그저 운이 좋아서가 아니다. 그들은 상황을 통제하고 있다. 하지만 전문가들의 경우에도, 인과적 빗나감의 문제를 무시하고서라도, 그들의 성공이 통제의 결과인지 운의 결과인지 분간하기 어려울 때가 있다. 통제 이론으로서는 반가운 소식이 아니다. 그 차이를 분석하는 것이야말로 이 이론의 목표이기 때문이다. 여기, 골치 아픈 사례 하나가 있다.

2012년 윔블던 대회 2라운드에서 라파엘 나달과 루카스 로솔이 맞붙었다. 나달은 세계 랭킹 2위였고, 이 대회에서 2번 시드에 배정되었다. 로솔은 세계 랭킹 100위였으므로, 모두가 그의 완패를 예상했다. 로솔 자신도 "3세트 동안 좋은 경기를 펼치고 6-0, 6-1, 6-1로만 지지 않으면 좋겠다"라고 말했다. 하지만 로솔은 지난 25년 이래 윔블던 대회에서 가장 위대한 역전승(6-7(9), 6-4, 6-4, 2-6, 6-4)을 거두었다. 나달은 운이 나빠서 졌을까? 아니면 반대로, 로솔이 운이 좋아서 이겼을까? 로솔이 자기보다 단연 우월한 선수인 나달을 이겼으니 엄청나게 운이 좋았다는 생각이 제일 먼저 들 법하지만, 통제 이론으로는 증명하기가 쉽지 않다.

통제 이론의 관점에서는, 나달의 패배가 그의 통제를 벗어난 일이라면 그는 불운을 겪은 것이다. 미국테니스협회에 따르면 구질을 결정짓는 다섯 가지 요소는 깊이, 높이, 방향, 속도, 회전인데 나달은 분명 그 요소들을 반복적으로, 그리고 효과적으로 선택할 수 있었다. 그뿐 아니라 경기를 주도하고, 전략적인 샷을 선택하고, 전술적 우위를 점할 수 있었다. 그 시합에서 기록된 총 276점 중에 나달의 자책점은 겨우 16점에 불과했다.[28] 다시 말해 나달은 그날따라 아마추어처럼 공을 어설프게 다룬 것이 아니라 세계 정상급의 챔피언다운 경기를 펼쳤다. 우연한 사고가 잇따라 일어나 패한 것도 아니었다. 합리적 시각에서 보았을 때, 그날 나달의 경기력은 그의 통제하에 있었다.

통제 이론에 따라 나달의 패배를 불운이라 말할 수 있으려면, 그 패배가 그의 통제를 벗어난, 아니 상당히 벗어난 일이어야 한다. 하지만 물론 그렇지 않았다. 이에 비해 취미로 테니스를 즐기는 사람이 나달과 맞붙으면 어떻게 손도 쓸 수 없이 순식간에 질 수밖에 없다. 주말에만 테니스를 즐기는 아마추어가 나달을 이길 리 없으니, 나달의 압승은 행운이라 말하기 어렵다. 그러나 로솔에 대한 나달의 패배는 그가 충분히 통제한 경기의 결과인데도 직관적으로 불운처럼 느껴진다. 따라서 통제 이론이 틀렸다.

로솔은 운이 좋아서 이겼을까? 그는 나달이 되받아치는 공의 속도와 회전, 나달의 전략을 통제하지 못했지만, 경기에서 기록된 점수의 대부분을 따고 나달을 계속 수세로 몰아넣을 수 있었다. 그러니까 통제 이론으로 설명하자면, 로솔의 승리는 운의 문제가 아니라고 해도 무방할 것이다. 로솔은 그저 나달보다 우월한 경기력으로 경기를 잘 통제했을 뿐이다. 따라서 통제 이론에 따르면 로솔은 운이 좋아서 이긴 것이 아니고, 나달은 운이 나빠서 진 것이 아니다. 하지만 그럴 리가 없지 않은가. 로솔이 뛰어난 경기력을 갖춘 선수인 건 분명한 사실이지만, 그날 그는 평소보다 훨씬 더 뛰어난 실력을 발휘했다. 나달과 시합한 날, 운 좋게도 평소 이상의 실력이 나왔다. 인생 최고의 경기는 선수 생활에서 언제든 찾아올 수 있는데, 운 좋게도 윔블던 대회에서 나달과 맞붙은 날이 바로 그날이었던 것이다.

이렇게 주장하는 사람도 있을 것이다. 경기력도, 경기가 잘 풀리는 날도 로솔의 뜻대로 되는 것이 아니므로, 이런 통제력의 결여가 곧 행운의 승리를 의미한다고 말이다. 그러나 이렇게 통제력의 기준을 비합리적으로, 극단적으로 높게 잡으면 곤란하다. 로솔과 나달은 큰 대회에서 항상 최선을 다한다. 경기를 탁월하게 운영할 줄 아는 정상급 선수들이니만큼 예외적인 방해 요소(통증이나 부상)가 없는 한 자신의 경기력을 제어할 수 있다. 평소보다 훨씬 더 뛰어난 실력이 발휘되는 날을 자기 뜻대로 정할 수 있는 사람은 아무도 없다. 그럴 수만 있다면 누구나 매번 최고의 실력을 발휘할 것이다. 파5홀에서 이글을 잡을 수 있는 골프 선수라면 매번 이글에 성공할 수도 있다. 그러면 이글은 그의 평균 실력이 된다. 다시 말해 항상 평균 이상의 실력을 발휘하는 건 불가능하다. 통제력이 있다고 해서 수학적으로 불가능한 일을 할 수 있는 건 아니다.

혹자는 나달이 정말로 그 경기를 통제하고 있었다면 이겼을 거라고 주장할지도 모른다. 무언가를 정말 통제한다면 반드시 성공해야 한다는 논리이다. 하지만 그것을 기준으로 삼는다면 통제의 요건이 너무 엄격해져서 사실상 아무것도 거기에 부합하지 못한다.[29] 우리가 과연 통제를 통해 완벽한 성공을 이룰 수 있을까? 새뮤얼 존슨이 말했듯, '인간이 하는 모든 일에는 반드시 잘못과 결점이 있다.'[30] 진정한 통제의 의미가 절대 실수를 저지르지 않는 것이라고 한다면 세상의 거의 모든 성공은 우리의 통제를 벗어난 것, 즉 행운으로 얻은 것이 되어버린다. 이렇게 우리는 포르투나로부터 벗어나기는커녕 모든 것의 원인을 운으로 돌리는 숙명론으로 되돌아가게 된다. 그러니 기준을 낮춰보자. 어떤 일에 늘 성공하거나 성공할 가능성이 높은 사람이라면 그 일을 통제하고 있다고 말해도 틀리지 않을 것이다.

이처럼 무언가를 통제한다는 것이 성공 확률이나 빈도가 높다는 의미로 통하는 분야가 바로 야구다. 예를 들어 타이 콥은 야구 역사상 최고의 타자로 꼽히며, 미국 야구 명예의 전당에 최초로 입성한 네 선수 중 한 명이었다. 콥의 통산 타율 3할 6푼 6리는 아직도 깨지지 않은 메이저리그 최고 기록이다. 하지만 역사상 최고의 타자인 콥도 그가 뛴 경기 중 3분의 2는 안타를 치지 못했다. 그가 타석에 들어설 때마다 안타를 칠 확률은 아주 낮았고, 따라서 콥이 특정 타석에서 안타를 치느냐 마느냐는 그의 통제력을 크게 벗어난 일이었다. 안타는 그가 직접 통제할 수 있는 기본동작(팔을 움직인다든가 하는)으로만 되는 일이 아닐 뿐더러 그의 집중력을 흩트려놓을 요인이나 투수의 구질, 혹은 상대 팀 야수들의 움직임도 그가 통제할 수 없다. 안타의 성공 여부를 통제한다고 할 수 있을 만한 타자는 아무도 없다. 결국 콥이 안타를 치면 항상 운이 좋아서라는 의미가 된다. 이제 다음

논리 단계로 넘어가보자. 한 시즌에, 혹은 연속 안타로 5할 이상의 타율을 기록한 선수는 야구 역사에서 단 한 명도 없었다. 안타는 흔치 않고 드문 사건이며, 타자의 뜻대로 되는 일이 아니다. 그러므로 통제 이론에 따르면 야구 역사의 모든 안타는 운 덕분이다.

이렇듯 '통제'를 확실하거나 확률 높은 성공으로 이해하면 왜곡된 결과가 나와버린다. 그럼 통제를 그저 '평균 이상의 성공'으로 간주하면 어떠할까? 그렇다면 타이 콥의 안타는 행운이 아니었다. 왜냐하면 그는 보통 사람들보다 안타를 칠 가능성이 훨씬 더 높았고, 이 사실이야말로 그가 자신의 경기력을 통제하고 있었다는 증거가 되기 때문이다. 그가 프로 투수의 공을 성공적으로 받아칠 확률은 평균 수치보다 훨씬 더 높았다. 아마추어 소프트볼 선수라면 프로 선수의 강속구를 배트에 맞히기만 해도 운이 좋다고 할 것이다. 반면 프로 선수들은 예측 가능한 규칙적인 빈도로 투수의 공을 받아칠 수 있다. 안타를 치지 못하는 경우가 더 많기는 하지만 말이다.

'평균 이상의 성공'이라는 개념을 생각하면 콥이 자신의 안타를 통제했다고 그를 치켜세울 수 있을지도 모르지만, 모든 경우에 이 논리가 통하는 건 아니다. 예를 들어 보통 사람들이 100번 시도해서 99번 실패하는 어떤 일이 있는데, 당신의 실패율은 98퍼센트라고 가정해보자. 그렇다면 당신이 그 일을 통제하고 있다고 말할 수 있을까? 앞선 장에서 논했던, 아마추어 골프 선수와 프로 선수의 차이를 떠올려보자. 프로 선수의 홀인원 성공률은 아마추어 선수에 비해 다섯 배 높지만, 홀인원 자체가 무척 드물고 가능성이 낮은 사건이라 프로 선수가 그 샷을 통제했다고 말하기는 어렵다. 혹은 어느 프로 도박꾼의 경마 예상 실력이 초보자보다 아주 조금 낮다고 가정해보자. 그 도박꾼의 예상이 맞는다 해도 그가 그 결과를 통제했다고 말할 수는 없다. '평균 이상의 성공'이 보장하는 것은 통제가 아니다. 무작위로 모인 사람들의 표본 평균에서 간신히 빠져나오는 수준일 뿐이다.

통제 이론에서 운과 무관한 사건이란 무엇일까? 우리는 이 질문으로 시작했지만, 결론은 이 주제 자체가 아주 애매모호하다는 것이다. 대체로 통제 이론은 운을 제대로 설명해주지 못한다. 통제에 대한 우리의 투박한 판단에 의존해서는 안 된다. 관념운동 효과와 고무손 착각 같은 사례들이 보여주듯, 이론적으로 이해할 수 있어야 한다. 하지만 만족스러운 분석을 내놓기가 그리 쉽지 않다. 로솔이 윔블던 대회에서 자기보다 훨씬 뛰어난 나달을 이긴 건 행운이었지만, 분명 두 선수 모두 경기를 통제하고 있었다. 로솔의 승리가 행운이었다는(나달의 통제력이 그의 승리를 보장해주지 못했으므로) 결론이 나올 만큼 통제의 기준을 높이면 세상의 모든 사건이 행운이나 불운이 되어버릴 위험이 있다. 반면 통제의 기준을 확률 높은 성공으로 낮추면 역사상 최고의 타자가 안타를 칠 때마다 그저 운이 좋았던 거라는 결론이 나온다. 통제를 평균 이상의 성공으로 정의하면 무작위 표본보다 조금 더 나은 실력을 가진 사람이 통제력을 가진 것으로 평가받게 된다.

통제 이론은 양상 이론과 확률 이론의 확실한 대안처럼 보였지만, '통제'란 무엇일까 이해하려 드는 순간 경쟁 이론들과 똑같아질 위험이 있다. 어떤 결과나 사건을 통제한다는 것이 그 사건을 초래할 가능성이 높거나 평균 이상이라는 의미라면 확률 이론과 다를 바 없다. 통제력이 어떤 결과를 일정 확률로 일으킬 수 있는 능력을 말하는 거라면 그런 결과를 일으킬 통제력이 없고 확률이 낮을 때 운의 문제로 간주된다. 성공이 거의 확실한 경우에만 통제력이라는 말을 적용하면 양상 이론이 되어버린다. 여기서 '통제'란 어떤 사건을 일으킬 수 있는, 양상적으로 견고한 능력일 뿐이다. '운=통제력의 결여=사건을 일으킬 능력이 양상적으로 취약함'이라는 공식이 성립한다. 따라서 통제 이론이 적격한 이론이 되려면 로솔/나달과 콥 문제를 해결하고 개념적 틀을 명확히 잡아야 할 것이다. 그저 확률 이론이나 양상 이론을 복잡하게 꼬아놓은 이론이 아니라 그 이상의 뭔가가 있다는 사실을 보여주어야 한다.

하지만 잠깐, 여기서 끝이 아니다!

공시적 운과 통시적 운

'NBA 플레이오프 역사상 최고의 버저비터 & 결승골 톱 25', '지난 20년간 최고의 득점 골 톱 10', '스포츠 역사상 최고의 명승부 톱 50' 같은 랭킹 기사를 자주 볼 수 있다. 이들 순위에 든 각각의 경기 내용은 똑같은 구조를 갖고 있다. 경기가 거의 끝날 즈음, 어느 한 팀의 승리를 장담할 수 없을 정도로 점수 차가 아주 근소하다. 그때 한 영웅이 과감한 플레이로 팀의 승리를 굳히고, 용에 검을 꽂은 용사처럼 두 손을 허리에 얹고 있다. 예를 들어 위키피디아는 1998년

NBA 결승 6차전에서 마이클 조던이 성공시킨 결승골을 '전 세계에 불멸의 전설로 남은 결승골'이라고 객관적으로 묘사한다. 이런 유의 영웅 서사는 신경에 거슬리는 면이 있다. 득점을 올린 다른 선수들은 어떠한가? 그들 역시 승리에 중요한 기여를 했다. 팀 동료들이 상대 팀에 단 1점 뒤진 86 대 85까지 스코어를 끌고 가지 않았다면 조던의 마지막 2점 슛은 아무 의미도 없었을 것이다. 그런데 무엇 때문에 조던이 다른 선수들보다 더 중요하고 훌륭한 선수로 대접받을까? 가능한 답은 딱 하나다. 그는 마지막 슛으로 팀을 위기에서 구한, 성스러운 행운아이기 때문이다. 똑같은 슛이라도 경기의 다른 시점이었다면 그저 평범한 득점이었을 것이다. 하지만 그 슛이 마지막 순간에 승리를 매듭지었다면? 특별한 슛, 행운의 슛이 되는 것이다.

시간의 흐름에 따라 일어나는 일은 통시적이고, 특정한 시기에 일어나는 일은 공시적이다. 이런 구분은 운에 대한 판단에 놀랍고도 모순된 방식으로 영향을 미치는데, 지금까지 우리가 검토한 이론들로는 이를 전혀 파악할 수 없다. 통시적 관점으로 보면 시간의 흐름에 따라 일어나는 일련의 사건의 일부로서 행운(또는 불운)이라 판단되는 사건도 공시적 관점에서 보면 시간을 초월해 다른 사건들과는 무관해지고, 따라서 운과도 무관해진다. 똑같은 한 사건이 통시적으로는 운이지만 공시적으로는 그렇지 않을 수도 있고, 그 반대도 가능하다. 이를 통시적 운의 문제라 부른다. 이제부터 통시적 운의 몇몇 사례와, 그것들이 어떻게 운의 이론에 문제를 초래하는지 살펴보자.

먼저, 조 디마지오의 유명한 연속 안타. 1941년에 그가 달성한 56경기 연속 안타 기록은 스포츠 역사상 최고의 성과로 널리 알려져 있다.[31] 생물학자인 고故 스티븐 제이 굴드는 디마지오가 '놀란 라이언의 강속구를 슬로모션으로 날아오는 멜론처럼 보이게 만드는 여인이자 가장 엄격한 감독, 바로 행운의 여신을 이겼다'라고 말했다. 디마지오도 이에 전적으로 동의하며 이렇게 썼다. '여러 번 말했지만, 연속 안타는 행운이 따라야 한다.'[32] 수학자인 새뮤얼 아브스먼과 스티븐 스트로개츠는 광범위한 야구 통계 데이터베이스(1871~2004년)를 이용하여 야구 역사에 대해 몬테카를로 시뮬레이션을 시행했다.[33] 그들은 가능한 야구 역사를 다양한 수학 모델로 구축하여 각각의 선수가 뛴 경기 수, 타수, 볼넷으로 인한 1루 출루 횟수, 공에 맞은 횟수, 희생타 횟수 등을 계산에 넣었다. 그들의 다섯 가지 모델은 최소한의 타석수와 몇몇 변수가 서로 달랐고, 각각의 모델은 1만 번의 시뮬레이션을 거쳤다. 이 시뮬레이션을 통해 대안적인 야구 역사가 모두 완성되었다. 그중 한 결과에 따르면 어떤 선수가 56회 이상의 연속 경기에서 안타를 칠 확률은 고작 20~50퍼센트였다. 현실 세계에서 56경기 연속 안타에 성공한 디마지오는 그런 기록을 보유할 가능성이 높은 선수 50인 안에 겨우 들었다. 아브스먼과 스트로개츠는 다음과 같이 쓴다. '그 기록을 달성할 가능성이 특별히 높은 선수는 단 한 명도 없지만, 극도의 연속 안타가 일어났을 가능성은 있다.'[34] 즉 누군가가 장기간의 연속 안타를 기록할 확률은 높지만, 특정 선수인 디마지오가 그런 기록을 달성할 확률은 낮다.

따라서 아브스먼과 스트로개츠의 분석에 따르면 디마지오의 56경기 연속 안타는 가능성이 아주 낮은 일이었으므로, 그는 엄청나게 운이 좋았던 것이다. 연속 안타 행진이 길어질수록 그 기세를 이어나가기 위한 그의 행운도 점점 더 커졌다. 연속 안타가 마감된 1941년 7월 17일, 디마지오는 운이 나빴던 걸까? 그는 그렇게 생각했다. '연속 안타 행진이 끝난 것 역시 운 때문이었다. 단, 이번엔 불운이었다.'[35] 그 경기에서 인디언스 팀의 3루수 켄 켈트너는 두 번의 멋진 백핸드 수비로 디마지오의 57경기 연속 안타를 막았다. 연속 안타 행진이 끝난 다음 날부터 디마지오의 연속 안타 행진이 다시 시작되었고, 이번에는 17경기 동안 계속되었다. 켈트너가 그런 호수비를 펼쳐 디마지오의 57경기 연속 안타 행진을 막은 것은 디마지오에게 분명 지독한 불운이었다. 그날 안타를 쳤다면 56경기가 아니라 무려 74경기 연속 안타를 기록했을 것이다. 연속 74경기 중 73경기에서 안타를 친 기록 역시 아직 깨지지 않았다는 사실에 주목할 필요가 있다. 시간의 흐름에 따라 연속으로 일어나는 사건의 관점, 즉 통시적 관점에서 보면 디마지오의 말이 옳았다. 분명 그는 인디언스 팀을 상대한 57번째 경기에서 운이 나빴다. 그 경기에서 안타를 하나만 쳤어도 74경기 연속 안타라는 무적의 대기록을 세웠을 것이다.

다른 안타들과의 연관성이나 시간상 위치를 제쳐두고 생각하면(공시적 관점) 디마지오의 연속 안타 실패는 불운이라 할 수 없다. 오히려 예상 가능한 일이었다. 타자가 안타를 치는 건 흔한 일이 아니다. 명예의 전당에 오른 선수의 타율도 3타수 1안타 정도밖에 되지 않는다. 앞서 논했듯, 운에 관한 세 이론의 관점에서 보면 야구선수의 안타는 언제나 행운의 사건이다. 확률이 아주 낮은데다 양상적으로 취약하며, 선수가 통제할 수 있는 일이 아니기 때문이다. 연속 안타 행진이 이어지는 기간에도 디마지오는 타석에 나가서 안타를 못 칠 때가 더 많았다(타율 4할 9리). 그가 57번째 경기에서 안타를 치지 못한 건 야구계에서 아주 흔하고 평범한 일이었다. 다른 경기 였다면, 디마지오가 지독하게 운이 나빴다고 생각할 사람은 아무도 없었을 것이다. 불운으로 보이는 것은 두 번의 연속 안타 행진 사이에 끼여 있는 그 위치 때문이다. 그래서 디마지오는 57번째 경기에서 불운을 겪은 걸까, 아니면 그 사건은 운과 전혀 무관했을까? 결국 특정한 관점을 택하지 않고서는 그의 운을 가늠할 방법이 없어 보인다. 기껏해야 우리는 관점에 따른 평가밖에 할 수 없다. 통시적 관점에서 디마지오는 불운했지만(지금까지 우리가 고려한 이론으로는 설명되지 않는다), 공시적 관점에서 그의 성적은 전혀 불운의 문제가 아니었다(우리의 직관과 운의 세 이론에 따르면 그렇다).

이번에는 통시적으로 행운이고 공시적으로 운과 무관한 스포츠계의 연속 기록을 살펴보자. NBA 팀버울브스의 포인트가드였던 마이클 윌리엄스는 자유투 연속 성공 최고 기록을 보유하고 있다. 1993년에 9개월 동안 97개의 자유투를 연속으로 성공시켰다.[36] 그의 통산 자유투 성공률은 86.8퍼센트였으므로, 확률 이론에 따르면 성공시킨 각각의 자유투는 운과 전혀 무관했다. 발생 가능성이 아주 높은 사건이었으니 말이다. 양상 이론으로는 윌리엄스가 특정 자유투를 놓치는 가장 가까운 가능 세계가 우리 세계로부터 얼마나 떨어져 있는지 판단하기 어렵다. 매번 투수의 구질이 다르고 전반적으로 경기 조건이 다양한 야구와 달리 자유투는 조건이 크게 다르지 않다. 선수들은 같은 자리에서 공을 던지고, 던지기 전에 다른 선수가 방해하거나 공을 건드리지 않는다. 그러므로 윌리엄스가 현실 세계에서 성공한 자유투를 놓치려면 상당히 큰 변화가 있어야 할 것이다. 통제 이론으로 설명하자면, 윌리엄스는 경기에 대해 상당한 통제력을 갖고 있다. 그는 프로 선수이며, 예외적인 방해 요소 없이 공을 던지고 있다. 따라서 세 이론은 똑같은 결론을 내리고 있다. 윌리엄스가 어느 특정 자유투를 성공시키는 건 운이 좋아서가 아니다. 물론 불운도 아니다. 자유투의 성공은 운의 문제가 전혀 아니다. 그의 성공을 운이 아닌 실력으로 봐도 무방할 것 같다.

그러나 윌리엄스가 79번째 자유투를 성공시켜 캘빈 머피의 예전 기록을 깬 것은 분명 행운이었다. 그 슛 덕분에 세계 최고 기록 보유자의 자리를 굳혔으니 말이다. NBA 명예의 전당에 오른 릭 베리는 '자유투를 성공시키려면 기술과 자신감, 루틴, 그리고 약간의 운이 필요하다'라고 썼다. 캘빈 머피는 이에 동감하며 '마이클 윌리엄스가 내 기록을 깨고 자유투 성공률이 83퍼센트나 되다니 약이 오른다. 그는 운이 좋았다'라고 불평했다. 윌리엄스는 분명 공을 통제하고 있었고, 자유투 성공률이 아주 높았으며, 그 97번째 슛은 연속 성공이라는 요인만 빼면 여느 자유투와 다를 바 없었다. 그럼에도 그가 그 슛으로 신기록을 세운 것은 행운이었다.

어쩌면 스포츠에만 해당하는 이야기인지도 모른다. 우리는 불리한 상황을 극복하고 위대한 공적을 쌓아 명예를 얻은 영웅들의 이야기로 신화 만들기를 좋아한다. 성인 남자가 방망이로 공을 맞히는 칙칙한 이야기를 황금빛 전설로 탈바꿈시키며 호들갑을 떠는 건 너무도 인간적인 성향이다. 그렇다면 우리는 운에 관한 중요한 뭔가를 밝혀내려고 억지를 쓰고 있는 건 아닐까? 하지만 스포츠와 달리 실력이나 개인적 성취와 아무런 관계가 없는 완전히 무작위적인 사건에서도 똑같은 문제가 발생한다.

구식 기계로 슬롯머신을 한다고 가정해보자(신형은 컴퓨터로 무작위 조작되는 디지털 방식이다). 레버를 당기면 세 개의 릴이 제각기 빙글빙글 돌아가고 레몬, 체리, 사과, 라임, 포도, 수박 등등에 멈출 확률은 셋 모두 똑같다. 일반적으로 릴마다 열여섯 개의 서로 다른 이미지가 설정되어 있다. 릴은 동시에 멈추지 않는다. 가장 왼쪽에 있는 릴이 제일 먼저, 그다음에 중간 릴, 마지막으로 오른쪽 릴이 멈춘다. 이제 레버를 당겨보자. 1번 릴이 체리에 멈춘다. 이건 행운도 불운도 아니니 신경 쓰지 않아도 된다. 1번 릴의 결과는 무의미하다. 그다음 2번 릴 역시 체리가 나온다. 아직은 큰 행운으로 느껴지지 않는다. 두 개의 체리로는 얻는 것이 하나도 없기 때문이다. 이제 당신은 3번 릴의 결과를 기다리며 행운의 신이 찾아오길 기도한다. 마지막 릴 역시 체리에 멈춘다. 잭팟! 3번 릴에 체리가 나온 건 큰 행운이다.

이런 식으로 보자면, 첫 번째 체리는 운과 전혀 무관했고 두 번째 체리 역시 행운이 아니었지만(혹은 아주 약간의 행운이었을지도 모른다) 세 번째 체리는 어마어마한 행운이었다. 통시적 관점에서 마지막 체리는 잭팟을 확보해주었으므로 행운이었다. 하지만 세 개의 릴은 개별적으로 회전하며 서로 인과적으로 연결되어 있지 않다. 더군다나 돈을 따려면 각각의 릴이 같은 그림에 멈춰야 한다. 마지막 릴이 체리에 멈춰야 할 필요성이 첫 두 개의 릴보다 더 큰 건 아니다. 3번 릴이 체리라면, 나머지 두 개도 그래야 한다. 공시적으로 보자면 어느 릴의 결과가 특히 더 큰 행운이라고 할 수 없다. 돈을 따려면 세 릴의 협력이 필요하다.

이제 운에 관한 세 이론으로는 이 상황을 어떻게 설명할 수 있는지 보자. 마지막에 체리가 나올 확률은 첫 그림이 체리일 확률과 다르지 않았다. 셋 모두 같은 과일에 멈출 가능성은 낮았으므로(0.02퍼센트), 확률 이론은 잭팟이 행운이라는 옳은 결과를 내놓는다. 하지만 연속으로 체리가 나온 것이 행운인가 아닌가는 중요하지 않다. 진짜 문제는, 3번 릴의 체리가 1번이나 2번 릴의 체리보다 더 큰 행운일까 하는 것이다. 확률 이론에 따르면 그 답은 '아니다'이다. 각각의 릴이 체리에 멈출 확률은 모두 똑같았다.

앞서 보았듯이, 양상 이론은 사건을 취약함과 견고함으로 구별하지만 그리 합리적인 구분법은 아니다. 트랜스월드 2000 사고실험은 거의 모든 사실이 양상적으로 취약하다는 것을 보여주었다. 일단 이 점은 제쳐두자. 설령 취약함/견고함 구분이 합당하다 해도 슬롯머신 사례에서 양상적 관점은 무력해진다. 바퀴가 조금만 더 늦게 혹은 조금만 더 일찍 멈추어도, 즉 작은 변화 하나만 일어나도 마지막 릴은 체리에서 멈추지 않을 것이다. 이건 1번과 2번 릴도 마찬가지다. 마지막 릴이 체리에 멈춘 사건은 나머지 두 릴의 경우보다 양상적으로 더 취약하다고 할 수 없다. 따라서 마지막 릴의 체리가 나머지 둘보다 더 큰 행운이라 할 수 없다. 통제 이론도 맥을 같이한다. 우리는 어떤 릴이 어디에 멈출지 전혀 통제할 수 없다. 마지막 릴보다 나머지 둘을 더 잘 통제할 수 있는 건 아니다. 따라서 통제 이론에 따르면 각각의 릴에 부여된 상대적 운은 정확히 똑같다. 여기서는 어떤 한 릴이 체리에 멈춘 것이 운이냐 아니냐는 중요하지 않다. 핵심적인 문제는 마지막 릴이 체리에 멈춘 사건이 더 큰 행운인가 하는 것이다.

공시적 관점으로는 세 이론 모두 틀리지 않았다. 3번 릴의 체리는 나머지 두 릴의 체리보다 더 큰 행운이 아니다. 그러나 3번 릴의 성공적인 회전이 나머지 두 릴의 결과보다 훨씬 더 큰 행운처럼 보이는 통시적 판단을 세 이론은 담아내지 못한다. 3번 릴의 체리는 첫 두 릴의 체리보다 더 큰 행운인(통시적 관점) 동시에 더 큰 행운이 아닌 (공시적 관점) 것처럼 보인다. 처음엔 오리로 보이던 형태가 어느 순간 토끼로 보이는 게슈탈트 전환*이라도 일어나고 있는 것 같다. 현존하는 운의 이론으로는 공시적 운은 설명할 수 있어도 통시적 운은 밝힐 수 없다.

3번 릴의 체리가 나머지 두 릴의 체리보다 훨씬 더 중요하다고 주장하는 사람도 있을 것이다. 설령 마지막 릴의 체리가 확률과 양상적 취약함과 통제 면에서 처음의 두 체리와 다를 바 없더라도 그 중요성이 훨씬 더 크기 때문에 더 큰 행운의 사건이라는 것이다. 그러나 이 결론은 옳지 않으며, 오히려 통시적 운과 공시적 운의 대비가 더 부각될 뿐이다. 연속적 시간에서의 위치는 무시하고 공시적 관점에서 보면, 어느 한 릴의 체리가 나머지 릴들의 체리보다 더 중요하다고 할 수 없다. 잭팟이 터지려면 반드시 각각의 릴에서 똑같

---

* 이미지나 형태가 전혀 변하지 않은 상황에서 보는 이의 시각에 따라 다른 모습으로 보이는 현상.

은 과일이 나와야 한다. 체리가 나와야 하는 중요성은 3번 릴이나 1·2번 릴이나 다르지 않다. 또 이렇게도 볼 수 있다. 어떤 릴의 회전을 그 전후의 일과 상관없는 별개의 사건으로 고려한다면 어떤 과일이 나오든 전혀 중요치 않다. 무슨 과일이든 나타날 것이다. 그것이 체리든 아니든 상관없다. 하지만 통시적 관점에서 보면 3번 릴에서 벌어지는 일은 연속적 사건의 한 요인으로서 더 중요해 보인다. 첫 두 릴에서 체리가 나오면 마지막 릴이 체리에서 멈추는 건 상당히 중요한 일이 된다. 이처럼 통시적 관점으로 보느냐, 공시적 관점으로 보느냐에 따라 똑같은 사건에서도 운에 대한 해석이 달라진다.

행운의 연속 기록과 결승 득점은 그 자체로 훌륭한 업적이지만, 우리가 운에 대해 어떤 관점을 선택하느냐에 따라 다른 이야기가 될 수 있다. 물론 불운한 사건에서도 마찬가지다. 1986년 월드 시리즈 6차전의 10회에서 레드삭스의 1루수 빌 버크너가 평범한 땅볼을 처리하지 못해 메츠에 승리를 내주고 말았다. 버크너의 불운에는 수비 실책뿐만 아니라 통시적 관점이라는 요인도 작용했다. 경기의 다른 시점에서 똑같은 실수를 했다면 시간의 흐름과 함께 잊혔을 것이다. 우리가 운에 관해 취하는 관점은 어느 쪽이 더 옳거나 더 낫느냐의 문제가 아니라 우리가 운을 이용해 어떤 이야기를 하느냐의 문제다. 관점에 따라 달라지는 운의 속성을 인정하면, 세상의 모든 조던은 겸손해지고 세상의 모든 버크너는 위안을 얻을 것이다. 그들의 '운'은 어떤 의미로는 우리가 만들어낸 것이다.

운의 양상 이론은 라이프니츠의 논리적 가능 세계라는 개념을 이용한다. 이 가능 세계들은 실제 세계로부터 급격하게 갈라져 나가며, 현실과의 유사성으로 엄격하게 순서가 매겨진다. 까딱하면 일어나지 않을 수도 있었을 사건들(가까운 가능 세계에서 일어나는 사건들)은 취약하다. 취약한 사건들은 행운 혹은 불운이다. 필시 발생했을 사건들은 견고하며, 운의 문제가 아니다. 양상 이론은 확률 이론과 다르며, 운을 이해하기 위한 괜찮은 방법처럼 보였다. 하지만 정밀하게 따져보면 가깝고 먼 세계들이라는 개념은 잘 성립하지 않았다. 현실을 아주 조금만 바꿔도 온갖 기괴한 가능 세계가 생겨나고, 결국엔 거의 모든 것이 운의 문제가 되어버린다. 논리적 혹은 수학적 필연, 즉 양상 이론에 따르면 운과 무관한 견고한 진리에서조차 운이 관여된 사례들이 발견된다. 이는 양상 이론 지지자들에게 너무나 골치 아픈 문제다. 만약 20억 년 된 토끼 화석이 발견된다면 진화론자들이 얼마나 골치를 썩겠는가.[37] 그 이론이 옳다면 있을 수 없는 일이 벌어졌으니 말이다. 운의 통제 이론은 새로운 접근법을 시도하여, 우리의 통제 밖에 있는 사건만 운과 관계있는 것으로 분류한다. 이 이론에 따르면 우리의 통제하에 발생하는 일은 운의 문제가 아니다. 하지만 우리는 심리적 착각에 쉽게 빠지기 때문에 자신이 무언가를 통제하고 있음을 관찰이나 직감을 통해 확실히 파악할 수 없다. 그러므로 우리가 의지할 수 있는 통제 이론이 필요하다. 진정한 통제란 무엇인지 밝혀내는 것 역시 큰 숙제다. 그리고 통시적 운의 문제는 확률·양상·통제 이론 모두에 어려운 질문을 던졌다.

운이란 참 짜증나는 존재다. 그 실체를 피상적으로 그럴듯하게 분석하기는 쉬워도 비판의 칼날을 살짝 갖다 대기만 하면 모든 해석이 여지없이 무너져 내리기 때문이다. 지금까지 검토한 모든 난제를 해결하거나 피하고, 운을 개념적으로 이해할 수 있는 길을 찾기란 쉽지 않다. 마치 한 명의 군인이 여러 전선에서 싸우듯이, 수많은 방향으로부터 온갖 문제가 밀려든다. 다른 은유를 사용하자면, 구멍에서 빠져나가려고 애쓸수록 더 깊이 빠져드는 꼴이다. 우리의 삶에서 운이 어떤 역할을 하는지 좀 더 자세히 들여다보면 출구를 찾을 수 있을지도 모른다. 다음에 나오는 두 장에서는 진리의 발견에 우리가 인정받아야 할 공로를 계산할 때 운이 중요한 요인처럼 보이는 이유는 무엇인지, 그리고 도덕적 책임을 묻고 평가를 내리는 데 운이 어떤 역할을 하는지 자세히 살펴볼 것이다. 운에 관한 문제를 여러 각도에서 접근해보자. 그러면 진실을 밝혀낼 수 있을지도 모른다.

4

도덕적 운

앉아서, 수레바퀴를 돌리고 있는 저 훌륭한 아낙네, 운의 여신을 조롱하자.
앞으로는 그녀의 선물이 공평하게 나누어지도록.
_윌리엄 셰익스피어[1]

10월의 어느 화창한 날 오리건 주의 서부, 신시아 가르시아 시스네로스와 그녀의 형제는 포장 음식을 산 뒤 집으로 돌아가고 있었다. 어느 교외 주택의 마당에 갈퀴로 모아놓은 낙엽이 거리로 넘쳐나고 있었고, 가르시아 시스네로스는 아무 생각 없이 차를 몰았다. 낙엽 더미 위를 지날 때 쿵 하는 소리가 크게 들렸지만, 그냥 나뭇가지나 마당에서 나온 쓰레기이겠거니 했다.

이제 이 이야기에서 두 가지의 가능한 결말을 상상해보자.

1. 가르시아 시스네로스와 그녀의 형제는 더 이상의 사고 없이 집에 도착했다. 평범한 가을날의 시골길 드라이브였다.
2. 집에 도착하고 몇 시간 후, 가르시아 시스네로스는 어린 자매 둘이 낙엽 더미 속에 숨어 있다가 뺑소니 사고로 사망했다는 뉴스

를 보고 진상을 알았다.

가르시아 시스네로스는 난폭운전을 하지 않았다. 운전 도중에 문자를 보내거나, 술이나 약에 취하거나, 과속을 하거나, 부주의하지도 않았다. 악의가 전혀 없었다. 그저 도로에 쌓인 낙엽 더미 위를 지나갔을 뿐이다. 이 두 가지의 결말에서 유일한 차이점은 운이다. 도로에서 차로 밟고 지나간 것이 나뭇가지와 낙엽일 뿐이었던 첫 번째 결말은 행운, 낙엽 더미 속에 아이들이 숨어 있었던 두 번째 결말은 불운이다. 하버드 대학의 심리학자인 저스틴 W. 마틴과 피어리 쿠시먼은 가르시아 시스네로스의 사례를 두 그룹에 제시했다. 한 그룹은 1번의 결말을, 다른 그룹은 2번의 결말을 읽었다. 그런 다음 연구자들은 가르시아 시스네로스가 처벌을 받아야 하는지, 그렇다면 얼마나 받아야 하는지 물었다. 1번의 결말을 읽은 응답자들 중 85퍼센트는 그녀가 처벌을 받지 않아도 된다고 말했다. 2번의 결말을 읽은 응답자들은 94퍼센트가 그녀의 처벌을 원하며 평균 1~3년의 징역을 권고했다.[2] 둘의 차이점이라곤 운의 문제밖에 없었는데 말이다.

이 이야기는 실화다. 안타깝게도 두 번째 결말이 실제로 벌어진 일이다. 처음에 가르시아 시스네로스는 뺑소니 중죄로 집행유예 3년을 선고받았지만, 운전자가 추후에 누군가의 부상이나 사망 사실을 알고 나서 사고 현장으로 돌아가야 한다는 '암묵적 요구'가 오리건 주의 법에는 없다는 근거로 원심이 뒤집혔다.[3] 근본적으로 따지자면 그녀는 불운했다는 이유로 유죄판결을 받은 것이다. 차를 몰고 낙엽 더미 위를 지나가는 일이 도덕적으로 옳으냐 아니냐 하는 문제 자체가 전적으로 운에 달려 있는 것처럼 보인다. 참 당혹스러운 문제다. 우리 행동의 윤리적 상태는 우리가 정보에 근거하여 자유롭게 내린 결정, 우리가 통제할 수 있는 결과, 우리 의지의 산물, 아니면 적어도 합리적으로 예상 가능한 결과와 관련되어 있어야 한다. 운이 아니라. 운 때문에 일어나는 일은 우리의 의도와 상관없다. 우리가 칭찬받을 일도, 비난받을 일도 아니다. 하지만 가르시아 시스네로스의 사례에서는 운이 모든 것을 결정했다. 왜 도덕성의 문제에 운이 중요해 보일까? 그 원리는 뭘까? 그리고 언제 그렇게 되는 것일까?

칸트의 수수께끼

칸트는 키가 작고, 귀에 거슬리는 고음의 목소리를 가지고 있었으며, 발트 해의 프로이센에 있는 쾨니히스베르크라는 그다지 매력 없는 항구도시를 죽을 때까지 벗어나지 않았다. 평생 독신으로 산 칸트는 매일 똑같은 시간에 저녁 산책을 해서, 그가 지나가면 마을 사람들이 시계를 맞출 정도였다. 그는 아주 명확하거나 읽기 좋은 글을 쓰지는 않았다. 니체는 그의 저술을 가리켜, 자신의 말이 춤추게 만들 줄 모르는 '기형의 개념 불구자'가 쓴 읽기 힘든 글이라고 표현한 바 있다.[4] 이런 결점을 의식했는지 칸트는 자신의 가장 유명한 저서 『순수이성비판』의 서문에 '이 저작은 결코 일반 대중에게 적합하지 않다'라고 썼다. 하지만 이처럼 썩 고무적이지 않은 상황에서도 칸트는 현대의 가장 유명한 철학자가 되었으며, 윤리에 관한 그의 저서들은 동시대 권리론의 발판을 마련해주었다. 1784년에 출간된 후로 한 번도 절판되지 않은 『도덕 형이상학의 기초』에서 칸트는 다음과 같이 쓴다.

선한 의지는 왜 선한가? 그것이 초래하는 결과 때문도 아니고, 계획된 목적을 성취하는 데 도움이 되어서도 아니다. 선한 의지는 그것이 의도하는 바 때문에 선하다. 즉 그 자체로 선하다. 선한 의지는 그 자체로 어떤 선호 혹은 모든 선호의 총합을 만족시키기 때문에, 그로 인해 초래될 수 있는 그 어떤 것과도 비교할 수 없을 만큼 훨씬 더 높은 평가를 받아야 한다! 다음 사례를 생각해보자. 불운 때문이든 아니면 계모처럼 무정한 자연이 인색하게 준 자질 때문이든, 어떤 사람의 의지가 그 목적을 달성할 힘이 전혀 없다고 해보자. 아무리 노력해도 목표하는 바를 이룰 수 없다고 해보자. 그래도 그에게는 여전히 선한 의지가 있다. 여기서 말하는 선한 의지란 단순한 소원이 아니라 그의 힘이 닿는 한에서 모든 수단을 강구하는 것을 뜻한다. 이 사람의 선한 의지는 그 자체로 완전한 가치를 가진 보석처럼 빛날 것이다. 선한 의지의 가치는 유익함이나 무익함에 좌우되지 않는다.[5]

천사 같은 순수하기 그지없는 의지를 갖고 최선을 다해 도덕적인 인생을 산다 해도 머피의 법칙 때문에 큰코다치고 만사가 틀어진다. 칸트에 따르면 그건 우리의 잘못이 아니다. 마찬가지로 운이 좋아서 내 행동이 기대 이상의 긍정적인 결과를 냈다고 해서 더 크게 칭찬받을 일도 아니다. 남에게 아낌없이 베푼다 해도 그 후 돌아올 결과는 우리 뜻대로 정할 수 없다. 도덕적 평가는 알 수 없는 미래에 벌어지는 일이 아니라 의도와 노력에 달려 있다. 언제든 운이 끼어들 수 있고, 그래서 미래의 일은 우리 뜻대로 되지 않는다. 미래는 미지의 땅이다. 아무도 발을 들여놓은 적 없는 땅은 제아무리 날고뛰는 개척자라도 쉽게 접근할 수 없다.[6] 우리 뜻대로 할 수 있는 건 결정과 의지이며, 따라서 칸트는 행동의 결과가 아닌 그런 것들로 인간을 평가해야 한다고 주장한다.

우리의 도덕성을 제대로 평가하려면 우리가 통제할 수 있는 요인을 근거로 삼아야 한다.[7] 평생을 알고 지낸 친구가 나와 같은 엘리베이터에 탔는데 인사를 하지 않거나, 심지어 알은체하지도 않는다면 나는 무시당한 기분이 들어 불쾌해질 것이다. 하지만 그 친구가 신경학자 올리버 색스라고 가정해보자. 색스는 중간 정도의 안면인식장애를 앓고 있었고, 그래서 거의 모든 것, 특히 사람의 얼굴을 인식하지 못했다. 어느 날 색스는 아주 잘 아는 심리치료사를 만났는데, 5분 후 로비에서 그 사람을 다시 만났을 때 그가 누군지 전혀 알아보지 못했다. 자신의 집을 알아보지 못하고 그냥 지나친 것도 수차례였고, 거울에 비친 자기 얼굴조차 알아보지 못했다.[8] 안면인식장애는 특별한 치료법이 없고, 색스는 이를 보완할 방법을 찾기 위해 평생 노력했지만 아무런 성과를 얻지 못했다. 이렇듯 친구에게 신경학적 결함이 있고 나를 알아보지 못한 그를 탓할 수 없다는 사실을 아는 순간, 엘리베이터에서 무시당한 분노나 짜증은 곧장 사라져버린다. 친구로서도 어쩔 수 없는 일이니 그의 탓이 아니다. 이는 칸트적인 직관이다.

선한 의지(혹은 의도나 부주의)와 결과 사이의 상호작용에 관한 이 문제는 오래도록 이어져 오고 있다. 후대의 공리주의자들은 행동의 옳고 그름을 따질 때는 그 결과를 우선시해야 하지만, 그 행동이 비난받아야 하는가 칭찬받아야 하는가는 선한 의지에 달려 있다고 주장한다.

전장의 군인들이 뜻하지 않게 전우를 죽이는 '아군의 총격' 문제를 생각해보자. T. J. '스톤월' 잭슨이 바로 그렇게 최후를 맞이했다.[9] 미국 남북전쟁에서 남부연합군의 장군이었던 잭슨은 미국 전쟁 역사에서 전술이 가장 뛰어났던 수장으로 널리 알려져 있다. 챈슬러스빌에서 북군을 궤멸한 잭슨과 참모들은 밤에 말을 몰고 진영으로 돌아가던 중 노스캐롤라이나 제18보병대에 적군으로 오인받았다. 잭슨 일행은 신원을 밝혔지만, 노스캐롤라이나 보병대는 북군의 속임수라 확신하고 총격을 시작했다. 잭슨은 총알 세 발을 맞았고, 한쪽 팔을 잘라 목숨을 구했지만 폐렴에 걸려 1주일 만에 사망하고 말았다. 노스캐롤라이나 병사들은 자신들의 장군을 죽일 의도가 분명 없었다. 공리주의자라면, 그들이 잭슨에게 총을 쏜 것은 잘못된 행동이긴 하지만 비난받을 일은 아니라고 말할 것이다. 칸트라면, 노스캐롤라이나 제18보병대에 책임을 묻지 말아야 한다는 데 동감하겠지만 더 나아가 도덕적으로도 문제가 없다고 주장할 것이다. 그 병사들은 적군이 어둠을 틈타 그들을 속이고 있다고 생각했고, 그런 신념으로 총을 쏘았다. 탓하려면 전장의 불확실성을 탓할 수 있을지 몰라도 보병대에는 아무런 잘못도 없었다. 그들, 그리고 스톤월 잭슨은 불운의 희생자였을 뿐이다. 하지만 그것이 정말 북군의 속임수였고, 노스캐롤라이나 보병대가 쏜 것이 남부연합군의 장군이 아니라 북군이었다면? 그들의 불운 때문에 그들의 행동이 도덕적으로 더 나빠 보인다는 느낌을 지울 수 없다. 그 이유는 뭘까?

그러던 중 1976년에 철학자인 버나드 윌리엄스와 토머스 나이절이 한 쌍의 유명한 논문을 발표하여, 제각기 그럴듯해 보이는 다양한 주장을 정리했다.

1. 자신의 잘못이 아닌 일로 도덕적 평가를 받을 필요는 없다.

2. 운 때문에 일어나는 일은 누구의 잘못도 아니다.

3. 불운은 누군가의 도덕성을 더 나쁘게 만들 수도 있다.

나이절은 이렇게 말한다. '인간의 삶에서 운이 중요한 역할을 하는 건 전혀 놀라운 일이 아니다. (……) 당혹스러운 것은 윤리에서 운이 차지하는 위치이다.'[10] 스톤월 잭슨의 죽음이나 가르시아 시스네로스의 운전사고 같은 사례를 나이절은 '결과적 운'이라고 부른다. 그 예를 찾기란 어렵지 않다. 나이절은 무사 귀가하는 음주 운전자(나쁘지만 그렇게 나쁘지는 않은 부주의한 행위)와 차 앞으로 튀어나온 행인을 숨지게 한 음주 운전자(확실히 더 나쁜 부주의한 행위)를 대비시킨다. 또 다른 예를 들자면, 표적이 신발 끈을 묶으려고 몸을 숙이는 바람에 목적을 이루지 못한 암살 미수범은 명백히 나쁜 의도를 가지고 끔찍한 짓을 저질렀다. 물론 표적을 놓치지 않은 암살범은 훨씬 더

그림 4-1 암살범은 미수범보다 더 비난받을 만하다.

나쁜 짓을 했다. 불운의 음주 운전자는 차 앞으로 뛰어드는 행인을 막을 수 없으며, 암살 미수범은 신발 끈을 묶으려는 표적의 결정에 아무런 영향력도 발휘하지 못한다. 그러나 가르시아 시스네로스의 경우와 마찬가지로 그들의 최종 도덕성은 오롯이 운으로 결정된다. 행운의 음주 운전자는 불운의 음주 운전자보다 도덕적으로 낫다. 덜 나쁜 행동을 했으니까.

우리는 일반적으로 '그림 4-1'과 같은 판단을 내린다.

도덕적 운의 문제점은 음주 운전이나 암살 시도의 결과가 궁극적으로 우리의 손을 떠난 일, 우리도 어찌할 수 없는 미래의 일이라는 것이다. 따라서 우리에게 그 책임을 물어서는 안 된다. 엘리베이터에서 나를 무시하는 색스 같은 친구의 의도치 않은 무례함을 비난할 수 없듯이 말이다. 불운이 우리를 도덕적으로 열등한 사람으로, 행운이 우리를 도덕적으로 우월한 사람으로 만들어준다는 개념을 거부한다면 '그림 4-1'을 받아들일 수 없다. 쉬우면서도 솔깃한 해결책은 '그림 4-2'처럼 균형을 맞추는 것이다.

그림 4-2 암살범과 미수범은 똑같이 비난받을 만하다.

'그림 4-2'는 세 가지 관점으로 해석할 수 있다.

옵션 1. 무사고 음주 운전과 암살 미수는 우리가 대체로 생각하는 것보다 훨씬 더 나쁜 행위이다. 음주 운전으로 인한 살인과 성공한 암살만큼이나 나쁘다. 칸트처럼 생각하자면, 오로지 운 때문에 실패로 돌아간 살인 시도는 실제 살인만큼이나 나쁘다. 무사히 집으로 돌아간 음주 운전자는 운 나쁘게 행인을 친 음주 운전자만큼이나 비도덕적인 행동을 했다. 사고를 내든 아니든 음주 운전은 타인을 위험에 빠뜨리는 나쁜 행위이다. 따라서 설령 사고를 내지 않았더라도 음주 운전은 우리가 대체로 생각하는 것보다 훨씬 더 나쁠지 모른다. 마찬가지로 누군가를 죽이려는 시도는 설령 실패하더라도 도덕적으로 끔찍한 짓이다. 살인 미수는 우리가 생각하는 것보다 더 나쁜 행위이며, 성공한 살인 못지않게 비도덕적이라고 보는 것이 옳지 않을까. 부주의와 나쁜 의도는 우리가 생각하는 것보다 훨씬 더 비도덕적이다.

옵션 2. 무사고 음주 운전은 사실상 음주 운전으로 행인을 치는 행위와 동등하며, 암살 미수는 암살 성공과 다를 바 없다. 이 점에서는 '옵션 1'이 옳았다. 하지만 무사고 음주 운전과 암살 미수가 우리

텅 빈 낙엽 더미 위를 낙엽 더미 위를 지나가다 아이들을 더 나은 사람
지나가는 운전자 숨지게 한 운전자

더 나쁜 사람

그림 4-3 두 운전자는 똑같이 비난받을 만하다.

가 생각하는 것보다 훨씬 더 나쁘다는 말은 틀렸다. 도리어 행인을
치는 음주 운전과 성공한 암살은 우리가 대체로 생각하는 것만큼 그
렇게 나쁘지 않다. 사실상 무사고 음주 운전과 암살 미수보다 더 나
쁘다고 할 수 없다. 살인은 나쁘지만, 살인 미수보다 더 나쁘지는 않
다. 둘을 구분 짓는 것은 운뿐이다.

옵션 3. 무사고 음주 운전(혹은 암살 미수)은 우리가 대체로 생각하
는 것보다 더 나쁘지만, 해를 끼친 음주 운전과 성공한 암살이 우리
가 일반적으로 믿는 것만큼 나쁜 것도 아니다. 다시 말해 '옵션 1'과
'옵션 2'의 차이점을 절충해야 한다. 우리의 이런저런 직관을 적절
하게 조절할 필요가 있다. 운 때문에 우리의 도덕성이 더 나아지거
나 더 나빠지는 건 아니라는 칸트의 말이 옳다.

문제는 이 세 가지 해석 중 스톤월 잭슨의 사례에 들어맞는 것
이 하나도 없다는 사실이다. 노스캐롤라이나 제18보병대는 나쁜 의
도가 없었으며, 그들이 부주의했다고 비난하기도 어렵다. 실제로 남
부연합군의 수뇌부는 혼란스러운 상황에서 그들이 적절하게 행동
했다고 믿고, 오히려 그들 중 한 명을 진급시키기까지 했다.[11] 가르
시아 시스네로스의 경우도 마찬가지다. 그녀는 비극을 초래했지만,

아군의 장군을 쏘는 군인　　　적군의 장군을 쏘는 군인　　　더 나은 사람

더 나쁜 사람

그림 4-4 두 군인은 똑같이 비난받을 만하다.

악의를 품지도 부주의하지도 않았다. 뉴스를 보기 전까지는 끔찍한 사고가 벌어진 사실조차 모르고 있었다. 우리의 직관적인 도덕성 평가를 조절하려 해봐야 도움이 되지 않는다. 그러면 '그림 4-3'과 같은 결과가 나올 것이다.

'그림 4-3' 뒤에 숨어 있는 개념은 이렇다. 텅 빈 낙엽 더미 위를 무해하게 지나가는 운전자는 낙엽 더미 위를 지나가다가 두 아이를 숨지게 하는 운전자와 똑같이 비난받을 만한다. 그들 사이에 도덕적 차이는 전혀 없다. 그러나 누가 봐도 이 생각은 틀렸다. 가르시아 시스네로스는 음주 운전자나 암살 미수범과 다르다. 그들은 원래 나쁜 짓을 하려다가 불운으로 일이 꼬인 경우다. 그녀는 전혀 나쁜 행동을 하지 않았다.

아군의 총격에 칸트적인 직관을 적용하면 훨씬 더 이상해진다. '그림 4-4'에 따르면 전시에 적군을 쏘는 것과 전우를 죽이는 것 사이에 도덕적 차이는 전혀 없다. 열성적인 반전론자가 들어도 황당한 소리다. 노스캐롤라이나 제18보병대는 전쟁 규칙을 지켰다. 가르시아 시스네로스와 마찬가지로 그들 역시 악의가 없었으며, 스톤월 잭슨에게 몰래 적개심을 품고 있지도 않았다. 사후의 시각에서 봐야 그들이 부주의했던 것처럼 보일 뿐이다. 아군에게 총을 쏜 군인들과 가르시아 시스네로스가 도덕성을 의심받은 것은 오로지 불운 때문이었다. 실제와는 다른 '해피엔딩' 시나리오를 생각해보자. 낙엽 더미는 그냥 낙엽 더미였고, 정말로 북군이 남군을 속이려 했다면? 여기에 도덕적으로 유해한 점은 전혀 없다. 행운의 음주 운전자에 대해서는 이렇게 주장할 수 있다. "뭐, 나쁜 짓을 했고, 잘 빠져나갔고 아무도 안 다쳤잖아." 스톤월 잭슨과 가르시아 시스네로스의 사례에 대해서는 그렇게 말할 수 없다. 그 사건들로 발생한 모든 비도덕성은 100퍼센트 운의 결과였다. 도덕적 운은 그렇게 쉽게 해결될 문제가 아니다.

이제 우리는 원점으로 돌아왔고, 칸트의 수수께끼가 여전히 남아 있다. 칸트는 우리의 도덕성이 변덕스럽고 통제 불가능한 운과 아무런 관계도 없다는 설득력 있는 주장을 펼쳤다. 하지만 우리는 우리의 행동이 끔찍한 결과를 초래했을 때 의도와 상관없이 나쁜 사람이 된 것처럼 느낀다. 옳은 일을 했다고, 아무런 잘못도 하지 않았다고 믿을 때조차 말이다. 자, 이젠 어떻게 해야 할까?

콜럼버스의 달걀

어떤 일이 벌어지고 난 후에는 모든 것이 명백해 보인다. 마술사의 트릭은 정말 신기하고 자연법칙을 거스르는 것처럼 보여 충격적이기까지 하다.[12] 하지만 비밀이 폭로되고 나면 왜 처음부터 알아채지 못했나 싶을 정도로 모든 것이 자명해 보인다. 아무리 위대한 성취와 발견이라도 다음 날 아침엔 평범해 보일 수 있다. 1565년 이탈리아의 역사가이자 모험가인 지롤라모 벤조니는 자신의 저서 『신세계의 역사』에서 이런 이야기를 들려준다. 콜럼버스는 대서양을 건너는 역사적인 여정을 마치고 돌아왔을 때 유럽 상류층의 파티에 초대받았다. 스페인 귀족들과 함께한 어느 야회에서 화젯거리는 당연히 '인도'였다. 한 거만한 스페인 사람이 콜럼버스에게 그가 신대륙까지 가지 못했다 해도 곧 다른 누군가가 해냈을 거라고 말했다. "천지학과 문학에 뛰어난 위인이 스페인에 넘쳐나니까요." 이 말에 콜럼버스는 직접적으로 답하지 않고, 달걀 하나를 가져다달라고 부탁했다. 가끔은 작은 시연 하나가 백 마디 말보다 더 강력할 때도 있다. 그는 테이블에 달걀을 얹어놓고 내기를 제안했다. 자기 외에는 누구도 달걀을 똑바로 세우지 못할 거라고 말이다. 이에 귀족들이 모두 시도해보았지만, 한결같이 달걀은 이리저리 비틀거리다 쓰러졌다. 그러자 콜럼버스가 달걀을 집더니 한쪽 끝을 테이블에 살짝 내리쳤다. 당연히도 이제 달걀은 흔들림 없이 똑바로 서 있었다. 콜럼버스는 아무 말 없이 주위를 둘러보았지만, 그 자리에 있는 모든 사람은 그가 말하고자 하는 바를 이해했다. 어떤 일이 행해진 후에는 누구나 그 방법을 안다.[13]

항해를 떠나기 전, 해군 제독 콜럼버스는 비웃음을 사고 무시당했으며, 무모해 보이는 그 여행을 지원해주겠다고 나서는 사람이 없어 애를 먹었다. 그가 돌아오자 스페인 귀족들은 신세계를 발견할 만한 뛰어난 사람이 줄을 섰으며 콜럼버스가 특별한 일을 한 건 아니라고 입을 모아 말했다. 달걀을 이용한 소박한 증명이 귀족들에게 한 방 먹였지만 '우린 처음부터 다 알고 있었어', '그 발견은 필연적이었어'라는 그들의 평가는 거의 자연스러운 반응이라 할 수 있다. 일어나기 전의 사건을 예상하기는 어렵지만, 일어난 후에 되돌아보면 그렇게 빤해 보일 수가 없다.

뭘 찾아야 하는지 알기만 하면 '사후 확신 편향hindsight bias'이 여기저기서 불쑥 나타난다.[14] 어느 아웃사이더 정치인이 당선되고 나면 기존 체제에 대한 유권자들의 불신이 명백히 보인다. 배우자의 불륜을 알고 나면 지금은 확연히 보이는 경고 신호를 놓친 스스로가 한심하게 느껴진다. 기량이 떨어지는 선수가 훌륭한 경기력을 보이면 코치는 그의 잠재력을 진작 알아보았다며 자화자찬한다. 사후 확신 편향이란 어떤 사건의 발생 확률에 대한 사전 예측과 사후 예측이 불일치하는 것을 말한다. 이는 편협한 시야로 이어져, 우리는 사건에 관한 가장 수월하거나 가장 두드러진 설명에 안착해버린다. 내년에 흉작이 들 확률은 얼마나 될까? 답하기 쉽지 않은 문제이지만, 농부와 농산물 판매업자는 어떻게든 답을 알고 싶을 것이다. 농업은 아주 복잡한 투입 요인에 영향을 받는다. 지난해의 흉작 가능성은 얼마였던가? 지구온난화(혹은 엘니뇨, 가뭄, 메뚜기 떼, 이민자 등등 당신이 붙이고 싶은 이유가 뭐든)를 생각하면 그런 결과를 예상했어야 한다.

영혼의 동반자 문제가 보여주듯, 운은 사후 확신 편향과 밀접하게 연결되어 있다. 거의 모든 주제에서 적대적 분열이 일어나는 나라에서도 한 가지에 관해서는 합의가 이루어져 있다. 우리에게 영혼의 동반자가 있다는 것이다. 갤럽이 전국적으로 시행한 조사에 따르면 '결혼 경험이 없는 독신자들 중 압도적 다수(94퍼센트)가, 결혼한다면 배우자가 영혼의 동반자이기를 바란다고 응답했다'.[15] 럿거스 대학의 한 연구는 다음과 같은 결과를 발견했다.

독신 남성과 여성(20~29세) 중 대다수(88퍼센트)는 '특별한 한 사람, 영혼의 동반자가 어딘가에서 나를 기다리고 있다'라고 답한다. 그리고 결혼 경험이 없는 독신들은 영혼의 동반자를 찾아낼 수 있으리라 매우 자신하고 있다. 상당한 다수(87퍼센트)는 자신이 결혼할 준비가 되면 특별한 사람을 발견할 거라고 생각한다.

정말 놀라운 수치다. 지구가 태양 주위를 돌고 있다고 믿는 사람보다 영혼의 동반자가 어딘가에 있고 그 사람을 꼭 찾을 거라 믿는 사람이 더 많다니.[16] 지구상에는 어마어마한 수의 인간이 있고, 우리가 평생 만날 수 있는 사람의 수는 한정되어 있다. 그런데 외모, 관심사, 교육 수준, 유머 감각, 정치관과 종교관, 버릇, 태도, 패션 감각, 음악 취향, 도덕관 등등이 자신의 이상형에 꼭 들어맞는 사람을 찾을 수 있을 객관적 확률이 얼마나 될까? 거의 제로에 가깝다.[17] 그러니 실제로 영혼의 동반자를 만난다면, 그건 틀림없이 운명이다.

'돌이켜보니 내 배우자가 영혼의 동반자더라'라는 판단은 사후 확신 편향의 또 다른 사례이다. 누군가와 인연을 맺게 되기까지의 우연한 사건을 쭉 돌이켜보자. 어떤 대학을 선택하고, 이런저런 친구를 사귀고, 특정 파티나 행사에 참석하고, 취중에 용기를 내어 사랑을 고백한다. 이 사건들을 모두 이어주는 선명한 선을 따라가다 보면 운명의 교묘한 술책이 보인다. 선택 지점마다 다른 방향으로 나아갔다면 다른 배우자를 맞았을 테고, 인생행로는 그 사람으로 이어지게끔 변경될 것이다. 배우자가 누구든, 그 사람과의 결합으로 이어질 수밖에 없는 불변의 서사, 오직 신의 섭리로만 설명할 수 있는 필연성을 만들어낼 수 있다.

운명을 떠들어대는 대신, 우연과 운을 주장하는 사람도 있다.[18] '영혼의 동반자'를 만나 성공적인 관계를 맺으려면 우연한 사건이 기적처럼 이어져야 한다. 자신이 다닌 바로 그 대학에 진학할 확률이 25퍼센트, 배우자를 만난 파티에 참석할 확률이 25퍼센트, 친구의 소개로 두 사람이 만날 확률이 25퍼센트, 그 사람 앞에서 바보짓을 하지 않을 확률이 25퍼센트라고 가정해보자. 이 일들이 모두 다 일어날 확률은 얼마나 될까? 각각의 확률을 곱하면 더 작은 수가 나온다. 이것 역시 사후 확신 편향이다. 영혼의 동반자를 만날 확률이 지독히 낮다는 사후 판단에 따라, 과거의 모든 데이터를 거기에 끼워 맞추는 것이다. 배우자가 누구든 그 사람을 영혼의 동반자로 여길 확률이 아주 높을지도 모르겠다.

우리는 현재 상태를 무척 중요하게 생각하고('난 영혼의 동반자와 결혼했어!'), 현재로 이어지는 과거의 모든 단계를 운에 의한 사건으로 판단한다. Z단계까지 와서 A단계부터 있었던 모든 일을 되돌아보면 주정뱅이의 걸음걸이처럼 휘청휘청 이어져온 길이 운의 연속처럼 보인다. 하지만 과거의 A단계에서 Z단계(똑같은 사람과 결혼하는 미래)를 상상한다면 A부터 Z까지의 행로가 운의 문제로 보이지 않을 것이다. 사진작가 앤설 애덤스는 이렇게 말했다. '과거를 돌아보면 과거의 모든 일이 논리적 순서에 딱딱 들어맞는 것 같을 때가 많았다.'[19] 물론 이것이 인간의 자연스러운 성향이다. 그 논리적 순서를 운명으로 여기느냐, 운으로 여기느냐는 동전의 양면일 뿐이다.

사후 확신 편향은 도덕적 운의 심리적 원리를 설명해주는 훌륭한 방법이 될 수 있다. 두 소녀를 차로 짓밟아 숨지게 한 가르시아 시스네로스의 이야기를 듣고 우리는 이렇게 생각한다. '낙엽 더미를 지나갈 때 쿵 하는 소리를 들어놓고도 차를 세우고 그게 뭔지 볼 생각조차 하지 않았다는 거야? 아이들이 이파리들을 덮고 논다는 걸 모르는 사람이 어디 있어. 낙엽 더미를 피해 가지 않았다니 기가 막혀.' 그리고 우리는 그녀를 분명한 죄인으로 느낀다. 혹은 스톤월 잭슨 장군의 이야기를 읽어보자. 잭슨 일행이 신원을 밝히려 필사적으로 애쓰지만, 노스캐롤라이나 제18보병대의 존 D. 배리 소령은 넘어가지 않고 이렇게 외친다. "이 망할 양키 놈아, 내가 속을 줄 알고! 사격하라!" 우리는 이렇게 생각한다. 무턱대고 총부터 먼저 쐈다고? 사격을 시작하기 전에 진짜 잭슨과 그 부하들인지 확인할 방법이 없었을까? 배리가 직무에 태만하지는 않았지만, 무모할 정도로 총질을 즐기는 어리석은 인간처럼 보인다. 뭔가가 잘못되면 우리는 비난할 대상을 찾는다. 가르시아 시스네로스와 노스캐롤라이나 제18보병대가 부주의했다는 결론을 원한다. 그들의 행동은 예측할 수 있는 결과를 초래했다는 둥, 이성적인 사람이라면 그들과 다르게 행동했을 거라는 둥 이런저런 진부한 비난을 쏟아낸다.[20] '그러지 말았어야지'라고 우리가 말할 수 있는 것은 사정을 다 알게 된 지금이야 그들의 행동과 끔찍한 결과 사이의 연관성이 선명하게 보이기 때문이다. 물론 당사자들에게는 전혀 보이지 않았다.

　　나쁜 일이 벌어지면 우리는 탓할 무언가 혹은 누군가를 본능적으로 찾게 된다. 지진으로 마을이 폐허가 되면, 우리는 우리 자신의 부족한 신앙심과 죄를 탓한다. 세레나 윌리엄스가 실책을 범하면, 우리는 그녀의 샷 선정이 잘못되었다며 비난한다. 이렇듯 탓하기에 열을 올리는 것은 고통을 즐기는 우리의 습성 때문인 듯하다.『도덕의 계보학』에서 니체는 전쟁에서부터 결혼식에 이르기까지 온갖 상황에서 인간들이 서로에게 가하는 기괴한 가혹함을 정리하고 다음과 같은 결론을 내린다. '고통을 보면 기분이 좋아지고, 남에게 고통을 주면 훨씬 더 기분이 좋아진다. 혹독한 명제이다. 그러나 유인원들마저 찬성할 만한 오래되고 강력하며 인간적인, 너무도 인간적인 명제이다. (……) 형벌 속에 많은 흥겨움이 깃들어 있다!"[21] 남을 포용할 줄 아는 더 너그러운 인간으로의 유쾌한 성장담과는 거리가 멀지만, 니체의 말은 결코 틀리지 않았다. 미식축구의 공격 선수가 수비수의 태클에 걸려 심하게 넘어지는 광경을 보고 속으로 통쾌해하지 않는 사람은 거의 없다. 공포 영화를 보다가 악당의 피비린내 나는 최후에 카타르시스를 느끼지 않는 사람이 있을까? 전쟁을 주제로 한 게임, 프로 레슬링, 폭력적인 캐릭터가 서로 물고 뜯는 애니메이션, 어벤저스 등등 폭력에 대한 우리의 사랑을 원 없이 쏟아부을 수 있는 통로는 수도 없이 많다.

　　우리가 즐기고 있는 것은 고통이 아니라 정의라고 생각하기 쉽다. 상대가 적이라면(게임 플레이어, 군인, 팀, 범죄자, 외집단), 그들에게 가해지는 고통은 정의로운 처벌인 것이다. 아놀드 슈워제네거 주연의 어느 액션 영화에서 그가 비밀요원이라는 사실을 알게 된 아내는 경악하며 누군가를 죽인 적이 있느냐고 그에게 묻는다. 슈워제네거의 해명(또는 변명)은 간단하다. "그래…… 하지만 모두 나쁜 놈이었어." 유감스럽지만, 원래 나쁜 인간이니까 벌해도 된다는 생각은 이기적이다. 제2차 세계대전 후 심리학자들은 평범한 시민들도 누군가를 먼저 처벌한 다음 피해자를 악의적 처우가 마땅한 악마로 만들려는 욕망이 대단히 크다는 사실을 발견했다. 사실 그 처벌은 피해자의 잘못에 대한 것도 아니었다.[22] 밀그램의 복종 실험에 참여한 한 피험자는 자신의 추정상 피해자가 "너무 멍청하고 고집이 세니까 전기충격을 받아도 싸다"라고 주장했다. 전쟁이 시작되면 그 적은 유대인, 동양인, 제국주의자, 개혁운동가, 이슬람교도가 된다. 그들은 모두 나쁜 놈인 것이다.

잘못이 없어 보이는 사람들조차 나무라고 벌주기를 좋아하는 우리의 성향 역시 놀랍다. 바닥에 음식을 던지는 걸음마 아기는 자기가 잘못된 행동을 하고 있음을 전혀 모른다. 그저 악의 없는 장난을 치고 있는 것인지도 모른다. 딱히 혼낼 일이 아닌데도 부모는 아이를 꾸짖는다. 집 안에서 똥을 싸는 개는 용납되지 않는 행동이라는 사실을 모른 채 그런 짓을 저질렀지만 그래도 벌을 받는다. 니체는 처벌이 기억과 책임감을 서서히 주입하는 역할을 한다는 합당한 주장을 펼친다. 아기나 개는 억울하게 벌을 받았을지 모르지만, 앞으로는 벌을 받지 않기 위해 행동을 조심할 것이다.

이는 도덕적 운을 설명하는 또 다른 방식이다. 앞서 우리는 사후 확신 편향을 살펴보았다. 일이 벌어진 후 되돌아보면 원인과 결과가 너무도 명백해 보이고, 그래서 우리는 누군가가 자신의 행동이 끔찍한 결과로 이어지리라는 것을 예견할 수 있었어야 한다고 단정 지어버린다. 이런 사후 확신 편향 때문에 우리는 가르시아 시스네로스의 사례처럼 대부분 불운 때문에 초래된 결과에 대해서도 탓할 대상을 찾는다. 이제 도덕적 운의 심리학에 대한 또 다른 해석이 나왔다. 딱히 잘못이 없고 운 때문에 어떤 결과를 초래한 사람들에게도 그들의 행동에 대해 책임을 묻는 이유는 그들이 교훈을 얻고 앞으로 행동을 고칠 수 있도록 하기 위해서라는 것이다.[23] 운 좋은 음주 운전자는 아무 사고 없이 무사히 귀가하더라도 처벌을 받는다면, 앞으로는 음주 후 운전대를 잡기 전에 다시 한 번 생각할 것이다. 그리고 노스캐롤라이나 제18보병대는 그 사건 후 야간에 이동하는 부대와 마주칠 때마다 좀 더 신중하게 대응했을 것이다.

도덕적 운이 행동의 수정과 연관되어 있다는 개념은 다음의 사례에도 잘 들어맞는다. 우리는 음식을 던지는 아기는 혼내도, 갑자기 재채기가 나서 음식을 바닥에 떨어뜨리는 아기는 혼내지 않는다. 전자의 경우엔 아기가 결과를 어느 정도 통제할 수 있고, 후자의 경우엔 전혀 통제할 수 없다는 가정 때문이다. 재채기를 지저분하게 한다고 아기를 혼내봐야 긍정적인 효과는 하나도 얻을 수 없다. 물론 두 가지 경우 모두 우발적인 행동이나 불운이 낳은 결과를 마땅히 벌해야 하는가 아닌가에 대해서는 아무런 설명도 해주지 않는다. 우리가 벌하는 이유만 설명해줄 뿐이다.

우발적 나치와 의학 엽기 박물관

운은 마치 질투하는 강아지처럼 우리의 행동과 우리가 의도한 결과 사이로 비집고 들어오고, 그러다 일이 나쁘게 풀리면 우리는 당혹감과 낭패감에 젖는다. 그리고 강아지의 버릇없는 행동을 꾸짖는다. 그나마 다행인 점은 운의 이런 간계가 나빠 보일지 몰라도 우리의 정체성에 영향을 미치지 않는다는 것이다. 낙엽 더미 속에 숨어서 놀던 아이들의 불운 때문에 가르시아 시스네로스의 인격이 바뀌지는 않았다. 그녀가 성실하고, 공정하고, 참을성 있고, 자립적이고, 관대하고, 예의 바른 사람이건 아니건, 예측 불허의 불행한 사건과는 아무런 관계가 없다. 제비 한 마리가 날아왔다고 여름이 되지는 않듯이, 결과적 운의 경우 도덕적 자아는 아무런 영향도 받지 않는 듯하다. 도덕적 운의 문제가 우리의 인간성, 인격, 의지 같은 깊은 수준에서 발생한다면 좀 더 불편한 결과가 나올 것이다.

바로 그 불편한 경우를 살펴보자. 우리가 누구이고 어떤 사람이 되느냐는 주로 환경에 의해 결정되며, 그 환경은 운에 좌우되는 경우가 많다. 다음의 사례가 이 사실을 극적으로 증명해준다.

1929년, 요세프 유페라는 열아홉 살의 유대인은 루마니아의 고향을 떠나 카리브 해 지역으로 향했다. 루마니아에 널리 퍼져 있는 반유대 감정과 정통파 유대교도인 아버지의 엄격한 종교적 기대로부터 탈출하기 위해서였다.[24] 도중에 요세프는 그의 잘생긴 외모에 반한 리젤이라는 젊은 독일인 가톨릭교도를 만났다. 그들은 영국령 트리니다드 섬에서 4년 동안 함께 살며 세 자녀를 두었고, 그중에는

1933년 1월에 태어난 쌍둥이 형제 오스카와 잭이 있었다. 그들이 태어나고 6개월이 지난 후, 요세프의 바람기와 심한 음주에 질려버린 리젤은 결혼 생활을 끝내기로 마음먹었다. 그래서 요세프와 헤어지고 독일로 돌아갔지만, 요세프가 찾아와주리라는 기대를 여전히 버리지 않고 있었다. 바람둥이 요세프로서는 눈에서 멀어질수록 마음도 멀어질 뿐이었다. 리젤이 없는 사이 그는 미인 대회 우승자인 미스 트리니다드와 결혼했다. 그리고 다시는 유럽으로 돌아가지 않았다.

여기서 정말 중요한 건 쌍둥이 형제 오스카와 잭의 이야기이다. 부모가 갈라설 때 형제도 헤어졌다. 오스카는 어머니와 함께 독일로 갔는데, 마침 히틀러가 권력을 잡기 시작한 터라 유대인 아버지를 둔 아이에게는 최악의 타이밍이었다. 조금이라도 유대인의 피가 섞인 사람은 붙잡혀갈 것이 뻔했고, 오스카는 '유대인'이라는 말을 다시는 입에 올리지 말라는 충고를 받았다. 오스카는 새로이 시작된 인생을 어떻게 살아야 하는지 깨달았다. 학교의 교감이 그의 성姓에 대해 "유페? 유대인 이름 아니냐?" 하고 묻자 오스카는 곧장 "아니요, 프랑스 이름이에요"라고 대답했다. 오스카의 외할머니는 앞일을 대비하여 오스카의 성을 바꾸고 기독교도로 개종시켰다. 히틀러의 메시지에 설득당하고 독일 민족주의에 감화된 오스카는 나치의 청소년 조직인 히틀러 유겐트의 열성적인 단원이 되었다. 오스카가 아직 어렸을 때 전쟁이 끝났지만 만약 전쟁이 더 오래갔다면, 혹은 추축국이 이겼다면 그의 인생행로가 어떠했을지 짐작하기는 어렵지 않다.

잭은 아버지와 함께 트리니다드 섬에서 지내면서 마을의 흑인 아이들과 사귀고, 영국 시민이 되었으며, 유대인으로 자라났다. 오스카가 유대계 혈통을 부정하던 바로 그때, 잭은 독일계 어머니의 흔적을 지우려 갖은 애를 썼다. 영국에 충성하는 애국자가 되어 해양소년단(영국 해군에 입대하기 위한 첫걸음)에 입단하고, 10대에 조지 6세로부터 상을 받기까지 했다. 전쟁이 끝났을 무렵 잭은 자신의 유대계 혈통을 완전히 받아들였다. 이스라엘로 옮겨가 이스라엘 해군에 입대하고, 집단농장에서 만난 여자와 결혼했다. 자신의 신앙을 자랑스럽게 여긴 잭은 '다윗의 별'을 목에 걸고 다녔다. 쌍둥이 형제는 그야말로 정반대의 인생행로를 걷고 있었다.

1950년대에 재회한 형제는 처음에는 긴장 속에서, 그리고 당연히 경계심 어린 호기심으로 서로를 바라보았다. 더 편하게 쥐려고 펜이나 연필에 테이프를 감는다거나, 책과 잡지를 읽을 때 밑줄을 심하게 긋는다거나, 버터를 지나치게 좋아한다거나, 목을 긁는 방식이 똑같다거나, 성질이 급하다거나 하는 공통적인 버릇이 여럿 있었지만 문화와 가족, 정치, 종교, 심지어 언어까지 그들이 살아온 배경은 전혀 달랐다. 결국 형제는 계속 연락을 주고받으며 지내기로 했지만, 상황적 운이 두 사람의 인생에 지대한 영향을 미쳤음을 뼈저리게 느끼고 있었다. 자아의 위태로운 본성을 간파한 오스카는 어느 날 잭에게 이렇게 말했다. "우리가 서로 바뀌었다면, 난 유대인이 되고 넌 나치가 되었겠지."

초기 사상가들은 운이 우리의 인격 형성에 일조한다는 사실을 알았지만, 운이 도덕성에 영향을 끼치는 것이 얼마나 이상한 일인지 이해하지 못했다. 예를 들어 마키아벨리는 정치가와 입법자의 성공에 있어서 비르투virtù(용맹과 결단의 미덕)와 포르투나가 하는 역할을 서로 대조하면서, 행운이 제공한 상황을 자신의 미덕으로 잘 활용한 이들을 찬양한다. 마키아벨리를 분석한 어느 학자는 다음과 같이 말한다. '어느 한 사회에 속한 개인의 경력은 그 사회의 특정한 환경, 즉 그 스스로 만든 것이 아니라 포르투나의 일부인 환경에 좌우된다.'[25] 즉 마키아벨리는 우리 미래의 한계를 설정하는 데 상황적 운이 중요한 역할을 한다는 사실을 인지하고 있었다. 그리고 우리가 그 운을 어떻게 하느냐의 문제에 바로 비르투가 개입한다. 하지만 마키아벨리는 나이절이 알아챈 것을 놓치고 만다. 우리의 도덕적 품성(우리의 평소 미덕과 악덕)이 운의 결과라면, 우리가 초래한 결과는 아니라는 것이다. 오스카와 잭의 운명을 판가름한 것은 운이었다. 그들 안에 있는 불변의 본성으로 대응해야 할 어떤 외부적 자극이 아니라. 그들의 인격은 티케의 불로 벼려졌다.

오스카와 잭은 상황적 운의 극단적인 사례이며, 그래서 경탄스럽기도 하지만 아예 드문 경우는 아니다. 왕의 적자는 화려하게 왕위에 오르지만, 서자는 은밀한 수치심 속에서 살아간다. 가난한 학생은 눈 덮인 언덕길을 힘겹게 오르내리며 그저 그런 주립대학에 다니지만, 더 뛰어날 것도 없는 다른 학생은 비싼 차를 몰고 일류 명문대에 다닌다. 스티브 라이히의 그래미상 수상곡인 「다른 기차들Different Trains」은 이런 종류의 운에 관한 이야기를 담고 있다. 그 노래는 특별 객차의 짐꾼들을 거느리고 대륙을 횡단하는 1940년대 미국의 낭만적인 기차 여행과 홀로코스트 희생자를 가득 싣고 강제 수용소로 달려가는 1940년대 유럽의 기차를 서로 대비시킨다.[26] 도널드 트럼프는 이렇게 말했다. "당신은 세계에서 가장 위대한 국가에서 태어났다. 행운이라고 생각하지 않는가?"[27] 「다른 기차들」은 바로 그런 감정을 자아낸다. 창문 하나 없는 임시 열차를 타고 트레블링카의 가스실로 달려가는 대신, 아름다운 캘리포니아에서 서풍을 타고 해변으로 향하는 건 행운이다.

결과적 운의 경우, 가르시아 시스네로스나 배리 소령을 비난하고 싶어도 그들 행동의 결과가 분명 그들의 통제 밖에 있었다는 사실이 걸린다. 그래서 사후 확신 편향에 빠지기 쉽다. 우리는 그들이 정말 부주의하거나 경솔했다고 생각할 만한 이유를 과거로 거슬러 올라가 어떻게든 찾아내려 애쓴다. 혹은 그들에게 설령 죄가 없다고 생각하더라도, 어쨌든 그들에게 책임을 물어야 한다고 결론지어버린다. 이런 식의 접근은 상황적 운의 사례에서는 심리적인 호소력이 훨씬 더 떨어진다. 애국심에 불타는 히틀러 유겐트 단원이 된 오스카에게 얼마나 책임을 물을 수 있을까? 안네 프랑크가 자기 뜻대로 성장환경을 선택할 수 없었듯이, 나치당원도 마찬가지다. 운 좋게 아무 사고도 내지 않은 음주 운전자를 벌하는 건 다시는 음주 운전을 하지 않도록 교훈을 주기 위해서라지만, 평범한 나치당원을 벌하는 건 무슨 가르침을 주기 위해서일까? 다시는 히틀러의 독일에서 자라지 말라고? 도덕적 용기를 거대하게 키워서 다음에는 저항군에 들어가라고? 잭과 오스카 개개인의 도덕적 선택은 상황적 운의 문제로만 보기는 어렵다. 개인의 행복, 세상에 도움이 되는 좋은 삶, 그리고 미덕, 애국, 선인과 악인의 구분에 관한 가치관 같은 더 넓은 관점으로 바라보아야 한다. 이런 것들은 운으로 갈라진 성장과정에 의해 결정되었다.

운은 우리의 계획과 그 결과 사이로 불쑥 끼어들어 우리가 유대인이 될지 나치가 될지 정하고, 심지어 우리 인체의 물질 구성까지 결정한다. 우리가 빛과 순수이성으로만 이루어진 존재라서 완벽한 지식과 전능한 자유로 인생의 모든 선택을 한다면 얼마나 좋을까. 그렇다면 정당하게 심판받을 수 있을 테고, 그러면 우리의 선택이 불행을 초래하든 좋은 결과를 낳든 감수하고 책임질 수 있을 텐데 말이다. 우리가 어떤 사람이 되고 우리의 삶이 어떤 가치를 지닐지 결정하는 포르투나의 최종적 힘을 이해하려면 필라델피아에 가보기만 하면 된다. 우리의 인생은 상황만으로 이루어진 것이 아니다. 우리네 인생이라는 책에는 핵산 염기라는 알파벳으로 이중나선의 문장이 쓰여 있고, 그 문장에는 가끔 오타가 끼어 있다.

필라델피아의 의사협회가 보유하고 있는 웅장한 규모의 붉은 벽돌 박물관은 의학적으로, 병리학적으로 기괴하고 변칙적인 표본이 전시되어 있어 충격적인 분위기를 자아낸다. 한 상자에는 뇌하수체 비대증에 걸린 약 230센티미터의 해골과 뇌하수체 왜소증에 걸린 106센티미터 정도의 해골이 나란히 들어 있다. 다른 상자에는 3기 매독에 걸려 벌집 모양이 된 인간 두개골과 총알에 뚫린 두개골이 줄줄이 전시되어 있다. 거대하게 팽창한 결장, 머리가 두 개인 아기, 온갖 종양, 샴쌍둥이 창과 엥의 서로 연결된 간이 유리 단지에 포름알데히드로 보존되어 있다. 알칼리성 환경에 묻혀 있다가 자연적으로 비누가 되어버린 한 여성도 전시되어 있다. 이 박물관에는 프랑켄슈타인 박사의 실험실에나 어울릴 법한 고풍스러운 의료 기구가 광범위하게 소장되어 있고, 한 진열실은 사람들의 목에서 떼어낸 2,000가지의 물질로 가득 차 있다.

뮈터 박물관의 소장품은 우리의 생명 작용이 삶의 행로를 어떻게 결정하는지, 인간 게놈의 가능성이 얼마나 광범위한지 보여준다. 한 극단에는 진행성 골화성 섬유이형성증FOP이라는 극도로 희귀하고 장애를 유발하는 유전질환에 걸린 해리 이스틀랙이 있다. FOP에 걸리면 뼈 회복 메커니즘이 과잉 작동되어 인체의 모든 연결 조직(근육, 인대, 힘줄)이 뼈로 변해버린다. 관절은 융합되어 커다란 판이 되어버리고, 연조직이 있어야 할 곳에는 가늘고 기다란 뼈가 생긴다. 덩굴손 같은 뼈가 이스틀랙의 턱을 꽉 조였고, 바위처럼 단단한 흉곽에 격자 모양으로 뻗은 뼈는 그의 위팔과 몸통을 붙여버렸다. 거의 40세에 생을 마감할 무렵, 이스틀랙은 두 번째로 생긴 두개골에 완벽하게 감싸여 입술도 잘 움직이지 못했다. 보통은 부드러운 살이 분해되고 나면 뼈가 무너져 내리기 때문에 전문가들이 관절을 이어서 인체의 형태를 다시 잡아야 한다. 해리 이스틀랙의 경우는 그렇지 않았다. 별도의 조처 없이도 그의 골격은 마치 갑옷처럼 박물관에 서 있다. 이스틀랙의 유전자는 그의 인생사를 결정했다. 그는 자기 뜻대로 인생 이야기를 써나갈 수 없었다. 그의 인생사는 결과나 상황이 아닌 그 자신의 태생에 좌우된 불운의 이야기였다.

해리 이스틀랙의 반대편 극단에는 그 이름 자체가 천재와 동의어가 된 남자 알베르트 아인슈타인이 있다. 그의 위력적인 뇌는 회처럼 얇게 썰려 현미경용 슬라이드에 층층이 쌓인 채 뮈터 박물관에 전시되어 있다. 아인슈타인은 화장을 요청했지만, 의사는 감히 아인슈타인의 뇌를 불태울 수 없었다. 미래 세대의 연구가 그의 지적 능력의 비밀을 풀어주지 않을까 하는 희망 때문이었다. 그 프로젝트는 아직 결실을 맺지 못했지만, 아인슈타인의 뇌 조각을 담은 슬라이드는 그의 인생행로가 남긴 성스러운 유물과도 같다. 물론 이스틀랙이 자신의 체질에 대한 결정권이 없었듯이, 아인슈타인 역시 과학적 소질을 갖고 싶어서 가진 것이 아니었다. 두 사람 모두 자신이 가진 것으로 최선을 다해 살았다.

아인슈타인과 이스틀랙은 유전자 제비뽑기의 승자와 패자를 대표하는 인물이며, 뮈터 박물관을 거닐다 보면 행운과 불운이 낳은 결과를 관광하는 듯한 기분이 든다. 앞서 상황적 운을 이야기하면서 보았듯이, 우리가 태어나는 사회는 우리 삶의 경로를 물길처럼 파고, 우리의 인격을 형성하며, 우리가 성공하는 정도를 결정하는 데 일조한다. 또한 우리는 자신이 아무런 영향력을 발휘할 수 없고 선택할 수 없는 특정한 유전적 재능과 결함을 타고나기도 한다. 예를 들어 제2차 세계대전 참전 군인인 리처드 오버턴은 2018년에 113년의 생을 마감했다.[28] 1906년, 아프리카계 미국인으로 태어난 그는 기대 수명보다 세 배 더 오래 살았다. 날마다 위스키를 마시고 시가를 피우면서 말이다. 분명 그의 장수는 태생적인 행운이다. 스펙트럼의 반대편 끝에 있는 다운증후군 아이들은 거의 모든 질병에 쉽게 걸릴 뿐더러 인지능력이 떨어지고 수명도 짧다. 21번 염색체를 하나 더 갖고 태어나는 것은 예측 불가능하고 통제할 수 없는 태생적 불운이다.

결과적 운의 사례에서 우리가 누군가를 탓하고 벌하고 싶어 하는 이유에 대한 심리학적 설명은 상황적 운에는 잘 들어맞지 않았는데, 태생적 운의 경우에는 훨씬 더 무용지물이 된다. 아인슈타인의 창의성과 천재성, 근면함은 하루 종일 칭찬할 수 있지만, 그가 전혀 개입하지 않은 선천적 재능에 대해서는 그럴 수 없다. 샤킬 오닐의 화려한 덩크슛은 오로지 그의 공으로 돌릴 수 있지만, 그것을 가능케 한 216센티미터의 키는 그렇지 않다. 그리고 물론 FOP 때문에 겪은 한계를 해리 이스틀랙의 책임으로 돌리는 건 잔인하고 부적절한 평가일 것이다. 우리의 특정한 행동의 결과에 대해서는 (운의 영향이 있을지라도) 도덕적으로 평가할 수 있을지 몰라도 우리 삶의 전반적인 결과에 대해서는 그럴 수 없다. 이는 윤리적 통찰의 눈에 박힌 가시와도 같고, 그것을 제거할 마땅한 도구도 없다. 운의 여신을 조롱하여 '그녀의 선물이 공평하게 나누어지도록' 하자는 셰익스피어의 제안은 참으로 따분하게 들리지만, 상황적 운과 태생적 운의 역할을 균등하게 나누는 방법이 있을지도 모른다.

운을 평등하게 나누기

사회적 운과 유전적 운은 겹치는 부분이 많으며, 어느 한쪽에 딱 떨어지는 건 많지 않다. 키를 생각해보자. 인간의 키가 2미터까지 클 수 있도록 유전적으로 프로그래밍된 것은 오래전 선사시대에는 아주 유리하게 작용했다. 체격이 크면 맹수를 물리치고 먹잇감을 사냥하기가 더 쉬웠다. 싸울 때도 확실히 도움이 되었다. 다들 골리앗이 다윗을 이길 거라고 생각한 데에는 그럴 만한 이유가 있다. 다윗이 요행수로 이기긴 했지만 말이다. 런던탑에는 2미터가 넘는 크기로 만들어진 중세의 판금 갑옷이 있다. 이 갑옷을 입고 대형 검을 휘두르는 전사가 얼마나 무시무시한 힘을 발휘했을지 상상해보라. 얼마 후 인간들은 키에 상관없이 힘을 행사할 수 있는 도구를 개발했기 때문에, 맹수를 피하거나 사냥하기 위해 꼭 덩치가 커야 할 필요는 없어졌다. 체격이 크다고 전쟁에서 유리한 것도 아니었다. 라이플총을 든 소인이 갑옷 차림으로 검을 휘두르는 거인을 쉽게 제압할수 있었다.

현대 사회에서는 키가 크면 불리한 점이 무수히 많다. 평균보다 조금 더 크면 더 많은 수입이 따라오고 더 나은 배우자를 고를 수도 있지만, 평균에서 크게 벗어나면 불리해진다. 몸에 맞는 옷을 찾기 어렵고, 문을 지나가다 머리가 부딪히고, 식당 부스에 앉는 건 꿈도 꿀 수 없다. 비행기, 기차, 승용차를 타는 건 불편함을 넘어 불가능한 경우도 있다. 세상은 내 체격에 맞추어 지어지지 않았고, 키가 너무 커봤자 좋은 점은 하나도 없다. 제임스 네이스미스가 복숭아 바구니를 305센티미터 높이에 붙여놓고 거기에 축구공을 던져 넣으면 재밌겠다는 생각을 하기 전까지는 그랬다. 프로 농구가 인기를 얻자마자 큰 키는 성공과 부로 곧장 이어지는 엄청난 이점이 되었다. 생물학적으로 결정된 (유전+영양) 특성이 순전히 사회의 변화에 따라 이득이었다가 손해였다가 다시 이득이 된 것이다.

사회적 조건에 따라 그 가치가 요동치는 생물학적 특성은 그 외

그림 4-5 그로브의 칠 토닉.

에도 있다. 예를 들어 인간의 몸은 식사를 마친 후 20분이 지나야 포
만감을 느끼도록 진화했다. 먹을 것이 그리 풍족하지 않고 가끔의
과식으로 지방을 축적해 힘든 시기를 견뎌야 했던 홍적세에 적절
한 적응 방식이었다. 고칼로리 음식이 주위에 널려 있는 지금은 이
런 옛날 프로그래밍이 비만으로 이어진다. 예전에 뚱뚱한 몸은 부
의 척도로 여겨졌다. 논밭이나 방앗간에서 일하지 않아도 되고, 지
난 기근에 당하지 않았다는 증거였으니까. 과체중이 전염병이나 소
모병을 막아준다고 생각하는 사람도 많았다. 19세기에는 살을 찌워
야 한다는 믿음이 어찌나 강했던지 그것을 돕는 약까지 개발되었다

('그림 4-5' 참고). 많은 사회에서 과체중이 유쾌함과 사회적 조화의 신호로 여겨졌고, 안쓰러울 정도로 비쩍 마른 사람보다는 유쾌하고 뚱뚱한 사람이 대접받았다. 햄릿보다는 폴스타프*가, 스크루지보다는 페지위그**가 선망의 대상이었다.

물론 현대 서양인들은 비만을 당뇨, 고혈압, 심장병의 위험 인자로 인식하고 있다. 뚱뚱한 몸은 이제 더 이상 건강의 증거가 아니며, 살이 많이 찌면 도덕적으로 열등한 사람, 자제력이 없는 대식가로 간주된다.[29] 나이지리아의 에피크족은 현대 서양인들과 관점이 전혀 다르다. 지금까지도 그 부족의 미래 신부들은 풍만한 몸의 이상적인 아내가 되기 위해 '살찌우는 방'에서 오랜 시간을 보낸다. 우리는 과식하도록 진화했을지 몰라도 과체중이 비만과 음식 중독 같은 질병의 징후로 여겨지느냐, 아니면 아름다움과 부유함의 상징으로 간주되느냐는 오로지 사회 규범에 달려 있다.

딱 적절한 체격의 신부나 3점 슛을 가장 잘 넣는 농구선수를 추앙해야 할까? 그들은 좋은 배우자를 고르거나 부를 쌓을 수 있는 최고의 보상을 얻는다. 사회는 그들이 금전적으로나 사회적으로나 평균 이상의 성공을 거두며 잘살 수 있도록 보장해준다. 우리는 그들의 성공이 오로지 개인의 노력과 재능, 근면성 때문이라고 믿고 싶어 한다. 그들 자신의 선택과 결심으로 날마다 농구 코트에서 연습하거나, 혹은 매력을 유지했으니 마땅히 보상을 받을 자격이 있다. 하지만 태생적 운과 상황적 운을 생각하면 문제는 복잡해진다. 해리

---

* 셰익스피어의 「헨리 4세」와 「윈저의 즐거운 아낙네들」에 등장하는 쾌활하고 뚱뚱한 허풍쟁이 기사.
** 찰스 디킨스의 『크리스마스 캐럴』에 등장하는 스크루지의 옛 직장 상사.

이스틀랙은 아무리 노력해도 농구팀에서 뛸 수 없었을 것이다.

재능 있는 이들은 보상을 받아 마땅하다. 그러나 재능이 있다고 해서 무조건 보상을 받는 건 아니며, 공정한 분배를 생각하면 이 사실은 큰 문제가 된다. 아주 전문적인 능력을 가진 사람들 중 일부는 부유한 삶을 누리며 대중의 사랑을 받지만, 나머지는 그렇지 않다. 다음의 유명인 목록을 보면 알겠지만, 상당한 성과를 이루고 부를 축적한 이들이 있는가 하면 그렇지 못한 이들도 있다.

1. 폴 헌은 기네스북에 오른 트림 챔피언이다. 그는 록 콘서트만큼 시끄러운 110데시벨로 트림을 할 수 있다.
2. 케이티 페리는 세계적으로 사랑받는 싱어송라이터로, 다수의 히트곡을 보유하고 있다.
3. 조이 체스넛은 먹기 대회 세계 챔피언이다. 10분 만에 74개의 핫도그와 롤빵을 먹고, 41초 만에 3.8리터의 우유를 마셨으며, 7분 만에 4.8킬로그램의 마카로니와 치즈를 먹어치웠다.
4. '번개' 우사인 볼트는 세계에서 가장 빠른 남자로, 100미터와 200미터 달리기 세계 최고 기록을 보유하고 있다.
5. 독일의 성인 모델 비샤인은 세계에서 가장 큰 인조 가슴을 갖고 있다. 잇따른 유방 확대 수술로 1만cc의 보형물이 들어간 그녀의 가슴은 32Z 사이즈로 늘어났다.
6. 토머스 블랙손은 6년 동안 혀의 힘을 키웠고, 지금은 혀를 뚫어 걸어놓은 고리를 이용해 10킬로그램까지 들어올릴 수 있다.
7. 크리스 카일은 미국 역사상 가장 많은 적군을 죽인 저격병으로,

255명을 사살했다.

8. 수학자 메리언 틴슬리는 역사상 가장 위대한 체스 선수였으며, 45년간의 선수 생활 동안 단 일곱 경기에서 패했다(그중 두 경기는 치누크 컴퓨터 프로그램과의 대결이었다).

모두가 노력과 연습과 헌신이 필요한 일이다. 이 중 대다수는 용기와 지능, 효과적인 계획까지 필요로 한다. 기괴하거나 우스꽝스럽게 보이는 사례에도 감탄이 나온다. 그러나 여기에 소개한 성과가 뛰어난 재능인지는 몰라도 모두 돈을 불러들이는 건 아니다. 그 재능을 발휘한다고 꼭 부자가 되지는 않는다는 뜻이다. 인생이 더 나아지거나, 가정생활이 더 안정되거나, 더 큰 성공으로 이어지는 일이 일어나지 않을 수도 있다. 하지만 그중 일부는 다르다. 케이티 페리는 세계에서 돈을 가장 잘 버는 연예인으로, 순자산이 3억 3,000만 달러에 이른다. 우리 사회는 페리의 재능이 엄청난 성공으로 이어질 수 있는 구조를 갖고 있다. 전기통신이 없는 세계라면 아무리 실력이 뛰어나도, 아무리 노력해도 그녀는 지방의 인기 가수로 머물 것이다. 대부분의 사람들은 볼트의 이름은 알아도 비샤인이나 블랙손이나 헌은 모른다. 그들의 능력은 올림픽에서 뽐낼 수 없기 때문이다. 체스 대회는 포커 월드 시리즈만큼 사람들의 상상력을 사로잡지 못했기 때문에 틴슬리는 큰돈을 벌지 못했다. 상황에 따라 누구는 성공하고 누구는 성공하지 못하는 것은 운의 문제다.

우리는 자신의 선택이 초래한 결과에만 책임을 져야 한다. 하지만 선택은 기회에 달려 있고, 기회는 저절로 생기지 않는다. 사회가 무엇을 제공해주느냐에 따라 결과가 달라진다. 루벤스의 누드화에 등장하는 풍만한 몸매(당시에 칭송받은 체형)의 여인은 21세기의 밀라노 패션쇼에 설 수 없을 테고, 조이 체스넛은 기근이 들면 자신의 능력을 전혀 발휘할 수 없을 것이다. 흥미롭게도 크리스 카일은 이런 사실을 잘 인지하고 있었는지 다음과 같이 썼다. '저격병이 되려면 기술이 필요하지만, 기회도 필요하다. 그리고 운도.'[30] 카일은 자신의 회고록 『미국의 저격수American Sniper』에서 운의 역할을 스무 번 이상 언급한다. 그의 기술을 써먹을 만한 기나긴 전쟁이 없었다면, 그의 사격술은 베스트셀러와 인기 영화로 이어지지 못했을 것이다. 이런 배경 요인은 개인이 선택할 수 없다. 이렇게 보면, 성공을 위한 가장 위대한 재주는 운인 것 같다.

성실한 성격 안에 습관처럼 형성된 좋은 자질들, 즉 미덕을 칭찬하기란 이상한 일이 아니다. 하지만 운을 칭찬하기는 조금 이상하다. 우리는 복권 당첨자를 부러워하지만, 그의 노력으로 일군 성공이 아니기에 그를 칭찬하지는 않는다. 개인의 훌륭한 자질 덕분에 복권에 당첨되는 사람은 없다. 실력도 영리함도 근면함도 복권 당첨에 도움이 되지 않는다. 순전히 운이다. 거의 모든 이들에게 동등한 기회가 돌아갈 때 운은 불공평하게 분배되지 않는다. 예를 들어 복권은 아주 저렴해서 가난한 사람도 살 수 있다. 복권을 사지 않는 사람도 있지만, 원하기만 하면 누구든 대등한 위치에서 시도할 수 있다. 따라서 한 명이 당첨되고 다수가 실패하더라도 불공평하거나 부당한 일이 아니다.

사회적 복권의 문제는 모든 이들에게 동등한 기회가 돌아가지 않는다는 것이다. 저마다 다른 소질과 능력이 주어지고, 그 재능으로 돈을 벌 수 있느냐는 전적으로 우리가 태어난 문화적 환경에 달려 있다. 로또라면 시도할 수도 안 할 수도 있고, 이런저런 숫자를 고를 수 있다. 그러나 어떤 능력을 타고날지, 어떤 사회에 태어날지는 우리가 선택할 수 없다. 어떤 사회에서는 큰 키와 과체중이 유리하지만 다른 사회에서는 그렇지 않으며, 우리는 지금 살고 있는 세계에 태어날 수밖에 없었다. 대안은 없었다. 태어나지 않을 권리도, 다른 사회에서 태어날 기회도 없었다. 오스카 유페는 사회적 복권에서 운이 나빴고, 그가 쌍둥이 형제만큼 운이 좋지 못했던 건 불공평해 보인다.

어쩌면 운이 좀 더 평등하게 분배될 수 있도록 뭔가 조치가 필요할지도 모른다. 성공에 운이 개입하는 정도를 줄여서 운이 아니라 개인의 창의력과 결단력, 노력이 성공으로 이어지도록 사회가 할 수 있는 일이 있을 것이다. 어떻게 하면 공평한 경쟁의 장을 만들 수 있을까? 불운은 대개 예측할 수 없고 고르지 않게 분배되는 위험 요소이다. 그 위험성을 줄이는 최선의 방법은 일종의 보험을 드는 것이다. 다른 영역을 예로 들자면, 우리는 위험을 줄이기 위해 지붕에 피뢰침을 달고, 3점식 안전띠와 에어백이 달린 자동차를 사고, 건강식을 먹으며 운동하려 애쓴다. 하지만 헬스 트레이너도 심장마비에 걸리고, 볼보를 최대한 조심스럽게 몰아도 빙판에 미끄러질 수 있다. 그래서 우리는 보험을 든다.

대부분의 사람들은 보험을 이용하지 않거나 덜 이용하려 한다. 우리(와 우리의 고용주)가 보험료로 내는 돈의 액수가 보험회사에서 돌려받는 액수보다 더 많다. 보험은 그런 식으로 작동하도록 설계되어 있다. 보험 가입은 어느 정도 무지의 베일* 뒤에서 이루어진다. 우리는 돌려받지 못할 확률이 높다는 걸 알면서도 위험을 무릅쓰고 우리의 돈을 던져 넣는다. 오히려 돈을 돌려받는 일이 없기를 바란다. (보상받겠다고 암에 걸리고 싶어 하는 사람은 없을 것이다.) 지독한 불운을 겪고 고액의 보험금을 지급받는 사람들이 있지만, 그럼에도 보험회사는 어느 정도 수익을 올려 직원들에게 월급을 주고 계속 잘 굴러간다. 간단히 말해, 운 좋은 사람들은 보험금을 요구할 일이 없기 때문에 결국 그들에게 필요치 않은 무언가를 위해 돈을 지불하고 있는 셈이다. 그 돈은 불운한 사람들에게 가서 그들의 불행을 보상해준다. 구체적인 실행 방식에 불만이 있기는 하지만, 거의 모든 사람은 이런 보상 체계가 꽤 훌륭하다고 생각한다. 의료보험은 유전자 제비뽑기에서 안 좋은 제비를 뽑을 경우에 대비할 수 있는 한 방법이다. 종양 억제 유전자인 BRCA1 혹은 BRCA2가 변이된 채 태어난 여성들 중 절반은 유방암에 걸리고, 그중 거의 대부분이 난소암까지 걸린다. 검사나 예방 약물 치료, 수술에 드는 비용을 지불해주는 보험을 들면 통계적인 평균수명까지 사는 데 도움이 될 수 있다. 이렇듯 사회적 복권에 당첨되지 못하는 이들을 위한 보험을 개발하는 것은 더 많은 사람들에게 성공의 기회를 줄 수 있는 그럴듯한 방법이다. 그러면 돈벌이가 되는 재주를 타고났거나, 사회가 인정해주는 자질을 갖추었거나, 따뜻하고 부유한 집안에 태

---

* 계약 당사자가 어떤 대안이 자신에게 유리하고 불리한지를 모르는 상황을 일컫는다.

어난 행운아들만 성공하는 일은 줄어들지 않을까. 즉 운 평등주의를 실현하여 복지국가를 이루자는 논리이다.[31] 불우한 이들에 대한 공적 지원은 또 다른 형태의 보험으로, 우리는 손해 볼 위험을 무릅쓰고 세금을 내고 있다.

철학자들이 좋아하는 일이 한 가지 있다면, 추론을 뒤집는 것이다. 마치 유도의 업어치기 같은 철학자 수전 헐리의 논법을 조금 엿보자.[32] 운 평등주의/보험/복지의 논리는 평등이 자연 상태라고 가정하고 있으며, 평등으로부터의 이탈에는 타당한 이유를 요구한다. 평등이 사물의 자연 상태라면, 바로 그것이 우리가 기대해야 하는 바이며, 세상의 초기 설정 상태인 것이다. 그런 경우 차이의 '부재'는 누구의 책임도 아니다. 하지만 그렇다고 해서 차이에 대해 누구든 책임져야 한다는 의미는 아니다.

우리는 다음과 같은 논리 전개에 현혹되기 쉽다.

A와 B가 불평등한 것은 운의 문제이다.
그러므로 A와 B가 평등하다면 그것은 운의 문제가 아닐 것이다.

하지만 같은 패턴의 추론이라도 다음의 전개는 그다지 끌리지 않는다.

A와 B가 평등한 것은 운의 문제이다.
그러므로 A와 B가 불평등하다면 그것은 운의 문제가 아닐 것이다.

불평등만큼이나 평등도 운의 결과일 수 있다. 잭과 오스카 형제의 삶은 운 때문에 완전히 갈라졌지만, 만약 그들이 똑같은 성공과 행복을 누리며, 똑같은 도덕성을 갖추고, 똑같은 수의 자동차를 소유하고 있다면 이 또한 운의 결과라고 할 수 있다. 이런 경우 우리의 목표가 운을 무효화하는 것이라면, 불평등을 줄일 것이 아니라 늘려야 할 것이다.

이렇게 상상해보자. 복장까지 제대로 갖춘 슈퍼히어로로 안티럭 Antiluck이 있다. 그는 믿음직한 중화기로 무장하고서 악당인 티케와 포르투나에 맞서 싸운다. 이들 운의 여신은 인간의 삶에 행운과 불운을 가져다주는데, 위력적인 운의 손길로 두 사람에게 동등한 생애를 주기도 하고 완전히 다른 생애를 주기도 한다. 안티럭이 중화기를 쏘면 운의 모든 효력이 사라진다. 운 좋은 자들은 힘을 잃고, 불운한 자들은 행복해진다. 불운한 불평등이 사라지지만, 행운의 평등 또한 사라진다. 평등도 불평등도 자연적 조건이 아니다. 운을 무효화한다고 자동으로 평등이 이루어지진 않는다. 운을 극복한다는 것이 꼭 공평한 경쟁의 장을 갖게 된다는 의미는 아니다. 공평한 경쟁의 장, 그것 역시 운일 수 있다.

특권

문화전쟁에서 쟁점이 되는 개념 중 하나는 사회적 특권이다. 그 한편에는 백인과 남성, 이성애자가 특권층으로서 권력자들에게 존중받고 대우받는다는 비난이 있다. 경찰은 백인 운전자에게 친절한 반면 흑인 운전자는 괴롭히거나 구타하며, 집주인과 은행 간부는 백인 지원자보다 흑인 지원자에게 더 엄격하다고들 한다. 성공한 백인은 '당신 힘으로 성공한 게 아니라' 특권 덕분이라는 말을 듣는다. 그리고 다른 한편에는 '내가 가진 모든 건 내 두 손으로 직접 일군 거야. 누구의 도움도 받지 않았어', '쫄딱 망했는데 내가 특권층이라고?' 하는 식의 성난 규탄이 있다. 전자의 입장에 선 사람들은 인종차별 문제 앞에서 뻣뻣한 태도를 취하는 백인들과 윤리적 측면에 무신경한 특권층을 비난한다. 그런 반면 후자는 전자의 입장이 흑인(혹은 여성, 동성애자)을 어린애 취급하는 동시에 가난한 백인(혹은 남성, 이성애자) 노동자의 곤경을 무시한다고 주장한다. 양측의 대립의 골은 점점 더 깊어져만 가고 있다.

(백인이나 남성이나 이성애자와 관련된) 사회적 특권이라는 개념은 사회적 재화와 혜택을 분배하는 문제와 그 분산의 공명정대한 정도를 이해하는 데 도움이 되는 한에서만 유용하다. 도움이 되지 않는다면 폐기되어야 할 것이다. '특권'은 어느 순간 갑작스러운 깨달음으로 발견된 것이 아니다. 진실을 밝혀주는 한에서만 가치를 지니는 이론상의 개념이다. 알고 보면, 사회적 특권이라는 개념 자체가 운을 단단한 기반으로 삼고 있다. 당황스러울 수도 있겠다. 지금까지 우리가 살펴본 운은 부드럽고 자주 변하는 구멍투성이의 땅같았으니 말이다.

특권을 누리느냐 못 누리느냐의 가장 기본적인 기준은 특정 혜택이나 이득을 소유하고 있느냐는 것이다. 부를 축적하고, 자동차 담보 대출을 쉽게 받고, 원하는 동네에 집을 사고, 운전을 하다 경찰에게 붙잡히지 않는 건 이득이다. 남들에게 없는 그런 혜택을 누리고 있다는 사실만으로는 누가 무엇을 누릴 자격이 있는가에 대해서 전혀 알 수 없다. 근면함과 능력으로 부자가 되고, 잘 관리해온 신용 점수로 자동차 담보 대출을 받고, 정당하게 번 돈으로 원하는 곳에 집을 사고, 조심스럽고 합법적인 운전 습관으로 경찰에게 붙잡히지 않는 것일 수도 있다. 이 모든 이득은 스스로 얻어낸 것이거나, 혹은 재능과 노력의 결과인지도 모른다. 그런데 다음과 같이 생각할 수도 있지 않을까. 특권은 노력으로 얻을 수 있는 것이 아니며, 특권층은 그저 운이 좋아서 남들에게 없는 혜택을 누리고 있는 거라고. 태어나서 단 하루도 일하지 않았는데 자기 명의의 신탁기금을 가진 아기, 혹은 유명 배우의 자녀로 태어나 쉽게 유명인이 된 아이를 생각해보라. 이런 유의 운은 도덕적 운, 특히 태생적 혹은 상황적 운이다.

신탁기금을 가진 행운의 아기는 특권을 누리고 있을지도 모른다. 하지만 일반적으로 말하는 백인의 특권이나 성별로 인한 특권의 의미는 무엇일까? 그러한 특권 부여는 체계적으로 이루어질 것이다. 법과 전반적인 사회 규범이 지배층에 과분한 혜택을 주는 식으로 말이다. 특권이라는 개념이 유용하다고 생각하는 사람들은 그것이 부당하다고 생각한다. 지배층은 소수 집단보다 더 나은 대우를 받아서는 안 된다. 소수 집단을 억압하고 다수 집단에 모든 걸 주는 것은 만인을 위한 평등과 정의에 위배되는 심각한 문제다.[33]

다수 집단에 그들이 노력해서 얻은 것이 아닌 혜택을 주는 건 부당하다고 단순하게 결론짓는 것은 완전한 오류이다. 예를 들어 명백히 법을 잘 지키는 시민들은 지배 집단이며, 감옥에 갇히지 않는 이득을 누리고 있다. 준법자들이 그 특권을 얻기 위해 무언가를 한 것은 아닐지도 모른다. 아니, 오히려 의도적으로 아무것도 안 했을 수도 있다. 그들은 법을 아예 모를 수도 있다. 더군다나 법률 준수는 상황적 운의 결과일 수도 있다. 아마도 대부분의 사람들은 법을 어기고픈 유혹에 심각하게 빠진 경험이 없을 것이다. 이런 경우 법을 준수하는 이들이 감옥에 가지 않는 특권을 '획득했다'고 생각하는 건 옳지 않다. 그들은 무언가를 하지도 않았고, 하려는 노력조차 하지 않았다. 따라서 아무런 노력도 하지 않은 지배 집단에 법으로 특권이나 특혜(이를테면 자유로운 삶)를 주는 것이 반드시 부당하다고 결론지을 수는 없다.

인생을 바꿀 만한 실질적인 혜택을 운에 근거하여 누구에게는 주고 누구에게는 주지 않는 시스템이 명백히 비윤리적인 것도 아니다. 국가가 발행하는 복권을 생각해보자. 복권을 사는 사람들 중에는 도박중독자도 있고 가난한 사람들이 무리하면서까지 돈을 쏟아부으니, 그런 복권은 부당하다고 주장할 수도 있다. 하지만 몸에 해롭고 중독으로 이어질 수 있으며, 적어도 좋다고는 할 수 없는 흡연이나 과도한 음주도 너그럽게 허용하지 않는가. 게다가 가난한 사람들이 자기 이익을 위해 돈을 쓰겠다는데 정부가 막는다면 억압적인 간섭으로 비칠 수도 있다. 어쨌든 국가 발행 복권이 최소한으로 정당하고 공정하게 관리되며, 모든 시민이 자신의 선택대로 자유롭게 참여할 수 있다고 가정해보자. 복권 당첨자가 특권을 누렸다고 말할 수 있으려면, 그가 능력이나 기술이 아닌 운 덕분에 아무런 노력 없이 상당한 혜택을 받고, 그런 혜택을 허용하고 부여하는 시스템이 있어야 한다. 하지만 당첨에는 아무 문제도 없었다. 당첨은 부당한 일이 아니었다. 복권 당첨자는 비난이 아닌 부러움의 대상이 된다.

'특권'이라는 말이 성립하려면 뭔가가 더해져야 한다. 혜택을 분배하는 시스템이 부패했거나 부정하다는 사실을 더하면 특권의 의미가 좀 더 쉽게 와닿을 수도 있겠다. 예를 들어 신으로부터 왕권을 부여받은 전제군주를 자처하며 72년간 군림한 루이 14세를 생각해보라. 그는 '짐이 곧 국가다'라고 선언했고, 프랑스의 부는 소수의 세습 귀족에게 집중되었다. 프랑스 혁명 이전의 구체제하에서는 무역 독점권과 종교의 자유를 허용하는 것도, 유력한 고문관을 임명하는 것도 오로지 왕의 뜻으로 결정되었다. 국민들의 인생행로와 안녕은 한 남자의 변덕스러운 결정과, 그나 그의 측근들과의 우연한 관계에 달려 있었다. 18세기 프랑스 사람들의 운명은 상황적 운에 크게 좌우되었고, 운은 후원과 연줄에 근거한 아주 불공정한 방식으로 분배되었다.

이것이야말로 특권에 관한 가장 그럴듯한 설명이 아닐까. 노력이나 능력 없이 얻은 이득이나 혜택이 불공정하고 체계적이고 차별적으로 분배되는 것. 놀랍게도 특권에 대한 최선의, 그리고 가장 관대한 해석에 따르면 특권을 누리는 데에는 아무런 문제도 없다. 오히려 특권의 결핍이 나쁘다. 그 이유는 다음과 같다. 누구나 존중받고 존엄성을 지킬 자격이 있지만 편협한 시스템 때문에 일부 집단만 그런 대우를 받는다고 가정해보자. 그렇다고 해서 '특권층'의 일원이 그런 좋은 대우를 받을 자격이 없다고 말할 수는 없다. 가설상 모든 이들이 그런 대우를 누릴 자격이 있고, 일부만 누리고 있다. 학자 루이스 고든은 모든 이들이 의식주와 안전성, 교육을 통한 자기 개선, 긍정적인 자아감을 바란다고 지적한다. 우리 모두는 이런 것들을 기본적인 인권으로서 욕망하며, 또 누릴 자격이 있다. 그러므로 그것들을 소유하는 건 부당한 일이 아니다. 이는 곧 특권은 부당하지 않으며, 특권의 결핍이 부당하다는 의미이다. 고든의 논리에 따르면 우리는 남에게 훔친 물건의 소유가 아닌 운의 측면에서 특권을 이해해야 한다. 백인이 특권층인 이유는 흑인에게서 부당하게 훔친 혜택이나 이득을 누리고 있어서가 아니라(고든의 논리가 옳다면, 백인과 흑인 모두 그런 혜택을 누려야 한다) 행운을 타고났기 때문이다.[34]

특권층은 백인에게 일방적으로 유리한 인종차별적 사회에서 백인으로 태어나고, 여성을 희생시켜 남성에게 이득을 주는 성차별적 사회에서 남성으로 태어난 행운아들이다. 특권층은 운이 좋다. 그들은 일반적인 도덕적 의미에서 좋은 대우를 받을 자격이 있을지도 모르지만, 물론 남들보다 특별한 자격을 갖추고 있는 건 아니다. 비특권층은 운이 없고, 도덕적 피해와 희생을 치른다. 그들은 인종차별적 사회에서 흑인으로 태어나고, 성차별적 사회에서 여성으로 태어나고, 동성애를 혐오하는 문화에서 동성애자로 태어나고, 수니파 사회에서 시아파 가정에 태어나고, 반유대주의 문화에서 유대인으로 태어난 불운아들이다. 특권은 상황적 행운, 특권의 결핍은 상황적 불운과 다름없다. 중요한 점은 특권에 관한 논쟁 전체가 전적으로 운의 개념에 의존하고 있다는 것이다.

또한 특권에 관한 이 모든 통찰 뒤에는 운 평등주의를 향한 본능이 숨어 있다. 공정한 사회라면 운이 어느 정도 골고루 분배되리라. 앞서 보았듯이, 그 결론에 이르려면 운의 역할을 밝히는 것만으로는 부족하다. 평등 자체가 운의 문제일 수 있으며, 그렇다면 운을 제거할 경우 불평등이 늘어날 것이다. 특권이라는 개념이 도덕적 운에 기대어 있을지도 모르지만, 그것은 불안정한 기반이다.

지금까지는 이전 장들의 내용과는 별개로 도덕적 운을 논의했다. 이제 곧 보겠지만, 도덕적 운을 일반적인 운 이론의 더 넓은 맥락 속에 두면 훨씬 더 많은 난제가 생겨난다. 그것도 하필이면 형이상학에서 도덕적 운의 타당성 문제가 예기치 않게 발생한다.

본질은 기원에서 비롯한다

아리스토텔레스는 사상의 역사에서 가장 위대한 사상가이다. 해부학에서부터 동물학까지, 미학에서부터 신학까지 고대에 연구할 수 있는 모든 주제에 중요한 공헌을 했다. 시, 물리학, 철학, 심리학, 정치에도 진지한 관심을 갖고 있었다. 여러 분야에 박식했던 그는 논리학을 발명하고, 경험과학을 개척했으며, 남극 대륙Antarctica의 이름을 지었다. 형식논리학에 대한 그의 이해는 2,300년 동안 능가할 자가 없었으며, 그가 수립한 덕 윤리의 공식은 여전히 최고라 할 만하다.

그의 관심사 중 하나는 한 사물의 본질적인 속성과 그저 우발적인 속성을 구분하는 것이었다. 예를 들어 부엌은 본질적으로 식사를 준비하는 방이다. 식사를 준비하지 않는 방은 침실일 수도 있고 거실일 수도 있고 욕실일 수도 있지만, 분명 부엌은 아니다. 아리스토텔레스는 부엌이 우발적 속성도 지니고 있다고 생각했다. '무작위성'으로서의 우발성이 아니라 쉽게 변한다는 의미에서의 우발성을 말한다. 부엌은 특정한 색깔로 정해져 있지 않고 이런저런 색깔을 띨 수 있다. 새로운 주방 기구를 들여도 부엌은 여전히 부엌이다. 아일랜드 식탁을 놓고 조명을 새로 달아도 부엌은 여전히 부엌이다. 하지만 맨 벽만 남겨두고 침대와 옷장을 집어넣고는, 그래도 그곳이 부엌이라고 주장할 수는 없다. 건물 자체를 무너뜨리면 부엌도 사라질 수밖에 없다. 부엌의 일부 속성은 그 실재에 꼭 필요한 본질적인 부분이라, 그 속성들을 잃으면 부엌도 살아남지 못한다. 다른 속성들은 순식간에 나타났다 사라질 수 있는 부차적이고 '우발적인' 성질들이다.

중세 시대에 토마스 아퀴나스는 이렇듯 본질적인 속성과 우발적인 속성을 구분하는 아리스토텔레스의 방식으로 기독교의 미스터리를 설명할 수 있으리라 생각했다. 그 미스터리는 바로 성변화聖變化였다. 성체성사에서 사제는 신도들에게 그리스도의 몸과 피로 변하는 빵과 포도주를 준다. 신도는 죽은 신을 먹는 것이다. 신식神食*은 선사 시대부터 흔하게 이루어진 의식이었다. 신석기시대의 숭배자들은 죽음으로써 공동체를 굶주림으로부터 구하고 봄에 다시 태어날 풍요/수확의 신을 상징하는 수확 곡물을 먹었다. 그 후 중세에 불렸던

---

* 신과의 교류를 위해, 또는 신으로부터 힘을 얻기 위해 동물 또는 다른 형태의 성찬의 일부분을 먹는 일.

영국 민요 「존 발리콘John Barleycorn」에서는 보리의 낟알이 의인화된다. 존 발리콘은 묻히고 살해당하고 구타당하고 분쇄된 뒤 위스키로 다시 태어나고, 결국엔 그를 괴롭혔던 자들을 이긴다. 현대의 개신교도들은 성찬식의 빵과 포도주를 예수의 몸과 피를 상징하는 음식으로만 해석하지만, 아퀴나스는 실제적인 변화를 믿었다. 하지만 어떻게 포도주가 피로 변할 수 있단 말인가? 무슨 원리로? 아퀴나스는 소모된 물질의 본질적 속성은 처음부터 끝까지 남아 있고, 변하는 것은 우발적 속성이라고 생각했다. 신도들은 의식에서 한 가지를 먹고 마시지만, 그 물질들의 부차적이고 우발적인 특징이 포도주를 피로, 빵을 살로 변화시키는 기적이 일어난다.

한 사물의 본질적 속성과 우발적 속성이 항상 명백하게 구분되는 건 아니다. 사실은 명백한 경우가 드물다. 물은 본질적으로 H_2O의 속성을 갖고 있다. 축축하고 마실 수 있으며 세척에 용이한 것은 많지만, H_2O가 아니면 물이 아니다. 이를 이해하는 데까지 오랜 시간이 걸렸다. 무엇보다도 먼저 화학을 발명해야 했다. 마찬가지로 원자물리학이 발전하기 전까지는 79개의 양성자라는 금의 본질적 속성을 알지 못했다. 금의 형태는 우발적 속성이다. 동전이나 반지, 금괴의 형태를 띨 수도 있지만, 원자구조를 유지하는 한 여전히 금이다. 양성자가 79개보다 많거나 적으면 금이 아니다. 논쟁의 여지가 있는 성질들도 있다. 고래가 포유류 동물인 것은 본질적 속성일까, 아니면 린네식 생물 분류 체계라는 관습에 따라 정해진 우발적 속성일까? 여기서 더 깊이 파고들 필요는 없다.

운의 문제에서 중요한 것은 미국의 논리학자 솔 크립키가 제일 먼저 제기한 주장이다. 즉 한 사물의 기원이 본질적 속성이라는 것이다. 벚나무 책장은 그 시작이 강철일 수 없다. 그랬다면 완전히 다른 책장이 되었을 것이다. 엘리자베스 여왕은 다른 정자와 난자의 산물일 수 없다. 특정 생식세포들의 결합으로 그녀가 이 세상에 존재하게 되었다. 슈퍼맨이 토머스와 마사 웨인의 아들일 수 없듯이, 배트맨은 조엘과 라라의 아들일 수 없다. 부모와 자녀의 관계는 본질적 속성이므로, 다른 부모를 가졌다면 어떤 인생을 살았을까 하는 상상은 불가능한 꿈에 불과하다. 다른 어머니와 아버지에게서 태어난 아이는 분명 다른 사람이다. 마찬가지로 흑인 아이는 백인 부모에게서 태어날 수 없고, XY염색체의 남자아이는 XX염색체의 여자아이로 태어날 수 없다.

이런 기원 본질주의로는 태생적인 도덕적 운과 상황적인 도덕적 운을 제대로 이해하기가 힘들다. 우리가 운에 관한 확률 이론이나 양상 이론을 받아들인다면, 도덕적 운은 애당초 재고할 가치도 없는 개념이다. 도덕적 운의 전형적인 사례들 중 대부분은 알고 보면 아예 운의 영역이 아니며, 나머지 사례들은 기껏해야 우연의 일치일 뿐이다. 우선 확률 이론을 생각해보자. 확률 이론에 따르면 발생 확률이 아주 낮고 당사자에게 중요한 사건일 때, 그리고 오직 그런 경우에만 그 사건을 불운이라 말할 수 있다. 그러므로 우리가 겪는 사건들은 행운도 불운도 아닐 가능성이 아주 크다. 그저 예정된 인생행로인 것이다. 흰 피부를 선호하는 인종차별적인 사회에서 흑인으로 태어나거나, 남성에게 유리한 성차별적인 사회에서 여성으로 태어나거나, 동성애자 혐오가 만연한 사회에서 동성애자로 태어나는 사람들은 사회적 복권에 낙첨되었다고 말할 수 있다(사회적 특권이 실재하며 도덕적 불운의 예시라고 생각하는 이들이 강조하는 점이다).[35] 확률 이론과 양상 이론의 관점에서 보자면, 이 사례들은 전혀 운의 영역이 아니며, 따라서 불운도 도덕적 불운도 아니다.

구체적으로, 프레더릭 더글러스를 예로 들어보자. 그의 감동적인 자서전에는 미국 남부에서 노예로 살면서 몰래 글을 배우고, 결국 노예 신분에서 탈출하여 노예제 폐지론자와 유명한 연설가가 되기까지의 인생사가 담겨 있다. 그의 인생에서 일어난 끔찍한 사건들이 불운이라 할 수 있다면, 더글러스는 유전적 혹은 사회적 복권에 당첨되지 못한 것이다. 자, 다음 중 발생 확률이 낮은 사건은?

A. 더글러스는 흑인 부모에게서 태어났다.
B. 더글러스는 1818년에 노예제도가 시행되고 있던 주에서 태어났다.
C. 1818년의 메릴랜드 주 탤벗 카운티는 인종차별이 심한 사회였다.
D. 더글러스는 인종차별적인 사회에서 차별을 겪었다.
E. 더글러스의 성격과 인간관계, 사회에서의 입지가 점진적으로 발전한 것은 차별을 당한 경험 때문이었다.
F. 더글러스의 행복과 장래성은 인종차별주의 때문에 훼손되거나 줄어들었다.

기원의 본질성을 감안하면 'A'는 형이상학적으로 필연적이다. 신이 주사위를 굴려서 더글러스의 부모를 고른 것이 아니다. 더글

러스는 실제 부모가 아닌 다른 사람들에게서 태어날 수 없었다. 'A'
는 확률 100퍼센트의 사건이다. 'B'의 확률 역시 100퍼센트에 가깝
다. 자녀가 어떤 사회에 태어날지 부모가 선택할 수 있는 경우는 극
히 드물며, 더글러스의 부모는 선택권이 전혀 없었다. 그는 노예제
사회에 태어났고, 자신의 아버지가 누구인지 몰랐으며, 어린 나이에
어머니와 헤어졌다. 'C' 또한 가능성이 크다는 데 합리적 의심의 여
지가 없다. 그곳에는 노예 소유주와 농장이 많았고, 연방 및 주의 법
으로 노예제가 합법이었으며, 흑인은 언제나 열등한 존재로 여겨졌
다. 그의 자서전을 대충 훑어보기만 해도 'D', 'E', 'F'가 노예의 삶에
필연적인 결과였다는 사실을 알 수 있으며, 더글러스는 그가 견뎌야
했던 궁핍과 채찍질을 자세히 묘사한다. 이렇듯 더글러스가 겪은 끔
찍한 사건들 중 발생 확률이 낮은 것은 하나도 없다. 확률 이론의 주
장에 따르면 운이 개입되는 것은 발생 확률이 낮은 사건이므로, 더
글러스는 결코 불운의 희생자가 아니었다.

양상 이론에서도 거의 똑같은 논리가 적용된다. 양상 이론에서
는 가까운 가능 세계에서 발생하지 못하는 사건이 운의 영역에 속한
다. 즉 실제 세계에 약간의 변화만 있었어도 그 사건은 발생하지 않
았을 것이다. 양상적으로 취약한 사건은 운이 개입된 사건이며, 양
상적으로 견고한 사건은 운의 문제가 아니다. 더글러스가 실제 부모
에게서 태어난 사건은 형이상적으로 필연적이기 때문에 양상적으
로 최대한 견고한 명제이다. 마찬가지로 더글러스가 실제로 살았던
사회와 다른 곳에서 태어나는 건 현실과 상당히 다른 세계에서 가능
한 일이다. 그가 태어나기 전에 부모가 다른 나라로 떠나는 건 너무

도 큰 변화 없이는 불가능하므로 상상이 불가능할 정도다. 1818년의 메릴랜드 주가 인종을 차별하지 않거나, 흑인 노예가 그 차별로 인한 고통을 겪지 않는 세계는 우리 세계로부터 멀리 떨어져 있다. 'A'부터 'F'까지 더글러스의 삶에 관한 모든 사실은 양상적으로 견고하다. 그의 세계가 많이 달랐더라도 여전히 그 사실들은 유효했을 것이다. 이는 곧 이 사실들 중 운과 관련된 건 하나도 없다는 뜻이다. 도덕적 운은 확률 이론과도, 양상 이론과도 잘 맞지 않는다.

확률 이론과 양상 이론에 따르면 더글러스는 불운의 희생자가 아니었다. 운은 전혀 개입되지 않았다. 물론 노예제는 잘못된 제도이고, 인종차별적인 사회는 바뀌어야 하며, 더글러스는 부당하게 고통받았다고 주장할 수 있지만 이 모든 것은 운 평등주의에 근거한 주장은 아니다. 특권이라는 개념은 도덕적 운에 기반을 두고 있으므로, 그는 도덕적으로 비특권층도 아니었다.

같은 논리에 따라, 유전자 복권에 당첨되지 못한 사람들도 불운아가 아니다. 적어도 확률 이론과 양상 이론의 관점에서는 그렇다. 정신분열증을 일으키는 유전자를 갖고 태어나 사춘기에 그 병에 걸린 후 예상대로 고통스러운 인생을 살았던 젤다 피츠제럴드를 생각해보자. 그녀가 정신분열증 환자가 된 건 가능성 낮은 일이었을까? 그렇지 않다. 그녀가 타고난 유전자를 생각하면 그 병에 걸릴 확률이 아주 높았다. 그녀가 그런 유전자를 갖고 태어난 건 가능성 낮은 일이었을까? 어느 특정 아이가 정신분열증을 가지고 태어날 확률은 희박하다. 전체 인구에서 그 병이 나타나는 경우가 드물기 때문이다. 비행기 추락 사고가 드물기 때문에, 어느 특정 승객이 추락 사고로 죽을 확률이 낮은 것과 같은 이치이다. 하지만 추락하는 비행기에 타고 있는 승객이라면 사망 확률은 아주 높아진다. 이와 비슷하게, 본질적으로 그런 유전자를 타고난 피츠제럴드라면 정신분열증에 걸릴 확률이 아주 높다. 그리고 정신분열증이 그녀의 삶에 부정적인 영향을 끼칠 확률 또한 아주 높다.

양상 이론으로 따져봐도 마찬가지다. 피츠제럴드의 유전암호가 달랐다면 그 사람은 피츠제럴드가 아닌 다른 사람이었을 거라는 데 동의한다면, 그녀가 존재하는 모든 세계에서 피츠제럴드는 유감스럽게도 정신분열증을 일으키는 유전자를 갖고 있을 것이다. 그런 유전자를 갖고 있는 한, 어느 시점에 피츠제럴드가 정신분열증에 걸리는 건 양상적으로 견고한 사건이다. 멀리 떨어진 세계에서만 그녀는 병에 걸리지 않는다. 피츠제럴드가 정신분열증에 걸리지 않으려면 현실 세계의 많은 것이 변해야 한다. 피츠제럴드가 정신분열증으로 힘겹게 살아간 현실과는 상당히 다른 세계여야 할 것이다. 피츠제럴드에 관한 모든 유의미한 사실은 양상적으로 견고하다. 양상 이론에 따르면 그녀는 불운의 희생자가 아니다. 그녀에게 운은 큰 문제가 되지 않는다.

이번 장에서는 운과 도덕성이 어색한 조합처럼 보여도 서로 뒤섞인다는 사실을 증명하려 애썼다. 운의 결과로 일어나는 일에 대해서도 우리에게 도덕적 책임이 있는 것처럼 보이고, 포르투나는 상황적 운과 태생적 운으로 우리 삶의 씨실과 날실을 짜낸다. 운 평등주의와 특혜 같은 좀 더 정치적인 개념을 뒷받침해주는 건 바로 이런 사유이다. 이런 개념은 아주 설득력 있어 보이지만, 운의 실제 결과를 고려하기 시작하면 흐트러지기 시작한다. 앞서 보았듯이, 확률 이론이나 양상 이론 중 하나라도 받아들이면 도덕적 운은 존재하지 않는다. 따라서 이제는 하나만 남았다. 통제 이론.

프레더릭 더글러스의 출생과 성장은 그의 통제를 벗어난 것이었다. 노예로 태어난 그는 살면서 그의 뜻대로 할 수 있는 일이 거의 없었다. 마찬가지로 젤다 피츠제럴드는 정신분열증 환자가 될 것이냐 말 것이냐를 스스로 정할 수 없었다. 그런 의미에서 둘 다 불운을 겪었다고 말할 수 있다. 하지만 속 편하게 통제 이론에 안착하기 전에, 바로 앞 장에서 발견했던 몇몇 문제를 잊어서는 안 된다. 특히 통제 이론의 심각한 문제는 결국에 확률 이론이나 양상 이론으로 변해버릴 위험이 크다는 것이다. '당신은 어떤 결과를 통제할 수 있다'라는 말이 '당신은 그 결과를 초래할 확률이 높다' 혹은 '그 결과를 초래하려고 시도한다면 실패하기는 어려울 것이다'라는 뜻이라면, 통제 이론은 다른 두 이론과 다를 것이 없다. 녹슬고 있는 자동차에 새로 페인트칠을 하고, 시체에 전염병 예방 마스크를 씌우는 거나 마찬가지다. 이는 도덕적 운의 존재 여부에 불리한 소식이며, 우리 삶에서 무작위적이거나 예기치 않게 일어나는 사건의 의미를 이해하기가 더욱 어려워진다.

지금까지 우리는 앞선 장에서 논의했던 운의 이론들 안에서 운과 도덕성의 관계를 검토했고, 그 결과 운과 도덕성이 심리학적으로나 철학적으로나 이해하기 어려운 다양한 방식으로 뒤얽혀 있다는 사실을 발견했다. 운의 이론들은 별로 큰 도움이 되지 못했다. 세 이론 중 두 가지는 도덕적 운에 적용되지도 않으며, 세 번째 이론은 나머지 이론들의 변형에 불과한 것처럼 보인다. 하지만 이 모든 것을 잊자. 통제 이론의 개념적 타당성을 찾을 수 있고, 그것이 도덕적 운의 만병통치약이 될 수 있을 거라고 가정해보자. 축제를 벌이기 전에, 다른 영역에서 운의 교묘한 책략을 이해하려 할 때 통제 이론이 유효하게 작동하는지 검토해보는 것이 좋겠다.[36] 만약 작동하지 않는다면, 운은 복잡하지만 단 하나의 명료한 의미를 가진 현상이라는 개념에 타격이 된다. 지구에서만 유효한 중력이론이 다른 곳에서는 무용지물이듯이 말이다. 다음 장에서는 운이 우리의 발견과 지식 자체에 어떤 영향을 미치는지 살펴볼 것이다.

·5·
지식과 우연한 발견

우리의 조언과 숙고에도 분명 우연과 요행이 인간적인 분별과 뒤섞여 있을
것이다. 우리의 지혜가 할 수 있는 일이란 그리 대단치 않다. 예리하고 빠르고
뛰어날수록 오히려 더 약해져 스스로를 불신하게 되는 경향이 있다.

_미셸 드 몽테뉴, 『수상록』(1580년)

우리가 무언가를 아는 것은 언제나 자연의 호의 덕분이다.

_루트비히 비트겐슈타인, 『확실성에 관하여』

우리는 세상에 도움이 되길 원한다. 적어도 더 나쁘게 만들고
싶어 하지는 않는다. 도덕적 행위는 일종의 개인적 성취로, 우리는
성격상 혹은 노력을 기울여 그런 일을 한다. 이미 보았듯이, 도덕적
운은 갖가지 방식으로 끼어들어 허용 가능한 행위를 악행으로 만들
어버리고 고결한 목적을 끔찍한 실수로 바꾸어놓는다. 우리의 기질
과 상황을 마음대로 주무르는 포르투나의 대단한 위력 때문에 우리
스스로의 능력으로 이루어낸 것이 무엇인지 구분해내기란 여간 어
려운 일이 아니다. 우리는 선함을 추구하지만 진실 또한 추구하며,
우리 자신의 능력을 발휘하여 이 목적들 중 하나라도 이루려는 큰
뜻을 품는다. 운이 도덕성뿐만 아니라 우리의 지식에도 대혼란을 일
으킨다는 사실은 전혀 놀랍지 않다. 복잡하게 꼬여 있는 결과와 상
황, 능력, 그리고 운의 타래를 잘 풀어서 진실을 찾아보자.

메논을 찾아서

2003년에 개봉된 디즈니·픽사의 애니메이션 영화 「니모를 찾아서」에서 니모는 오스트레일리아의 거대한 산호초에 살고 있는 흰동가리로, 그를 과잉보호하는 아버지 말린의 품을 떠난다. 말린의 걱정대로, 니모는 스쿠버다이버들에게 잡혀서 한 치과의사의 수족관에 갇히는 신세가 된다. 이 영화의 줄거리는 아버지가 니모를 찾아 집으로 데려가는 과정을 담고 있다. 아들을 찾는 여정에서 말린이 제일 먼저 만나는 동맹군은 블루탱이라는 어종의 도리이다.

도리가 등장하는 코믹한 장면은 영화의 긴장감을 풀어주는 역할을 한다. 단기기억상실증에 걸린 도리는 대화의 맥락을 자꾸 잊어버리고 이 화제에서 저 화제로 획획 넘어간다. 도리는 유쾌하고 낙천적이지만, 탐정으로서는 큰 쓸모가 없어 보인다. 다이버들이 니모를 잡은 후 그들 중 한 명이 실수로 잠수 마스크를 보트 밖의 깊은 물속으로 떨어뜨리고 만다. 그 마스크 안에는 다이버의 주소가 적혀 있었다. 이후의 한 장면에서 도리가 마스크 안의 주소를 본다. '시드니 월러비 가 42번지.' 니모의 행방에 대한 유일한 진짜 단서다.

놀랍게도 도리는 그 주소를 잊지 않고 말린에게 알려주고, 이야기는 계속 진행된다. 끊임없는 혼란 상태에서 살아가는 도리는 영화의 결말 부분에서, 치과의사의 수족관에서 탈출하여 바다로 돌아온 니모를 만났을 때 그 만남의 의미를 인지하지 못한다. 오로지 니모를 찾기 위해 그 힘든 여정을 겪었는데도 말이다. 도리는 가장 미덥지 못한 증인으로서 툭하면 일을 망치고, 구멍 난 기억을 메우기 위해 이런저런 해명을 늘어놓는다. 어쩌다 정신을 똑바로 차릴 때도 있지만, 그건 우연이다. 캄캄하던 머릿속이 무작위적인 신경 연결로 밝아지는 것이다. 도리나 말린이나, 도리가 하는 말을 믿을 이유가 없다. 도리는 '시드니 월러비 가 42번지'라고 제대로 기억했지만, 끊임없는 건망증과 실수를 생각하면 그 사실을 정말로 알고 있다고 생각하기 어렵다. 마찬가지로 다큐멘터리 영화 「의식의 죄수Prisoner of Consciousness」에서 영국의 기억상실증 환자로 많은 연구의 대상이 된 클라이브 웨어링은 다양한 사진을 보고 그 피사체를 맞히라는 요청을 받았다. 그는 자신의 모교인 케임브리지 대학을 제대로 알아보았지만, 엘리자베스 2세 여왕을 자신의 합창단 단원으로 착각했다 (웨어링은 지휘자였다). 어쩌다 한 번씩 정답을 맞힌 건 우연에 불과한 것 같다.[1]

도리는 주소를 제대로 기억했고, 도리와 말린은 성공적으로 시드니까지 니모를 추적했다. 그러니, 그들이 어디로 가고 있는지 도리가 알건 모르건 무슨 상관인가? 어쨌든 그들은 목적지를 제대로 찾아갔다. 어떤 사실을 제대로 아는 것이 우연히 그것을 맞히는 것보다 반드시 더 가치 있다고 할 수 있을까? 플라톤은 대화편 『메논』에서 바로 이 질문을 던진다. 소크라테스는 한 나그네가 낯선 이에게 라리사(아테네에서 300킬로미터 넘게 떨어진 도시)로 가는 길을 묻는 상황을 상상한다. 그 낯선 이가 라리사로 가는 길을 아는 편이 좋을까, 아니면 그곳으로 가는 방법을 요행수로 알아맞히는 편이 좋을까? 소크라테스의 대화 상대인 메논은 길을 아는 편이 더 낫다고 답한다. 알고 있다면 항상 옳을 테지만, 요행수로는 가끔 틀릴 수도 있기 때문이다.

소크라테스는 요행수도 지식만큼이나 항상 옳다고 지적한다. 진실을 갖고 있다면, 설령 그것이 추측에 의한 것이라도 진실을 갖고 있다는 사실은 변하지 않는다. 요행수라고 해서 자주 틀리는 건 아니며, 실제로 정답을 아는 것과 같은 빈도로 옳다. 도리는 자신이 옳은지 모르면서도 시드니로 가는 길을 정확하게 이끌었다. 도리가 뭔가를 놓치고 있다고 말할 수 있을까? 소크라테스는 조각가 다이달로스가 만든 조각상은 꼭 살아 있는 듯해서 사슬로 묶어놓지 않으면 일어나서 걸어가버릴 것만 같았다고 말한다. 그러면서 아마도 지식은 그런 것이리라 암시한다. 지식을 가진 자가 진실을 얽매어 달아나지 못하게 한다는 것이다. 진실이 일어나 걸어가버리면 진실을 가져봐야 별로 쓸모가 없다.

올바른 추측은 진실을 찾는 데 더할 나위 없이 신뢰할 만한 방법이지만, 전반적으로는 추측을 신뢰할 수 없다. 지식에 의지하듯 추측에 의지할 수는 없다. 고물이라 할 만큼 너무나도 오래된 플라스틱 커피메이커를 가지고 있다고 가정해보자.[2] 그래도 자바 커피를 너무 마시고 싶어서 한 잔을 내린다. 고물 기계는 탈탈거리면서도 용케 완벽한 커피 한 잔을 만들어낸다. 이탈리아의 토리노에 있는 카페의 바리스타가 만들어준 커피만큼이나 맛이 좋다. 분명 엄청난 요행인데, 다음번에 그 기계를 사용하면 커피향의 석유가 나올 확률이 높다. 지금의 이 커피가 좋은 기계로 만든 커피보다 나쁠까? 전혀 그렇지 않다. 우리는 이 커피도 그에 못지않게 좋다고 생각한다. 하지만 그렇다고 해서 고물 기계에 의지할 수는 없다.

시드니를 찾아가는 길에 대한 도리의 추측이 그 길을 잘 아는 자의 지식보다 나쁠까? 이 경우엔 그렇지 않다. 그러나 실제로 길을 아는 자에게만큼 도리를 믿고 의지할 수는 없다. 무언가를 실제로 아는 건 공을 인정받을 만한 성취이지만, 운으로 얻은 진실은 그렇지 않다. 노력과 창의력으로 재산을 모으는 것과 재산을 물려받는 것의 차이와 같다. 어느 쪽이든 부자가 되겠지만, 전자의 경우에만 존경받을 자격이 있다. 요행수로 얻어걸린 진실보다 더 정확할 것 없는 지식을 갖고 있더라도, 알고 있는 자가 더 칭찬받을 만하다.

이번에는 도리가 주소를 제대로 알았지만, 앞으로 또 도리를 의지할 수는 없다. 지식을 가진 이들은 바로 이 점에서 유리하다. 그들은 신뢰할 만하다. 진실은 그렇게 쉽게 달아나지 못한다. 달리 말하자면, 지식이야말로 주장의 진정한 규준이다. 실제로 아는 것만 사실이라고 주장해야 한다는 뜻이다. 지식이 아닌 그저 직감이나 의혹을 갖고 있는 거라면, 섣불리 그에 따라 행동하거나 남들에게 믿으라고 말해서는 안 된다. 이는 실제 교육에도 적용된다. 방법을 모르면서 다른 사람에게 사슬톱을 어떻게 사용하는지 보여주겠다고 해서는 안 된다. 해부학 수업에서 낙제했다면 수술을 해서는 안 된다. 그리고 라리사가 어디에 있는지, 어떻게 가는지 모른다면 다른 사람에게 길을 알려줘서는 안 된다. 물론 도리가 '주장의 규준' 법칙을 지켰다면 '월러비 가 42번지'에 대해 입을 다물었을 테고, 「니모를 찾아서」는 짧고 재미없는 영화로 끝났을 것이다.

그래도 지식이 없는 것보다는 있는 편이 더 좋다고 가정해보자. 운으로 정답을 맞히는 것도 괜찮지만, 실제로 아는 것만큼 좋지는 않다. 그렇다면 지식이란 무엇인지, 지식과 요행수를 어떻게 구분할 수 있는지 이해하고 있어야 한다. 북아메리카의 독사인 산호뱀은 붉은색, 노란색, 검은색의 줄무늬를 갖고 있지만 무독성의 왕뱀도 순서만 다른 똑같은 색의 줄무늬를 갖고 있다. 두 뱀을 구분하는 건 아주 중요한 일이다. 지식의 가치를 확신한다고 해서, 그것을 발견하거나 더 유해한 지식과 구분하는 법을 알기란 쉽지 않다. 노란색, 붉은색, 정지! 산호뱀은 이렇게 교통신호를 연상하여 기억하면 되지만, 지식에 대해서는 이와 비슷한 방법도 없다. 지식의 괜찮은 기준을 찾아내려 하면, 운의 또 다른 문제와 정면충돌하게 된다.

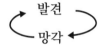

발견
망각

우리 인간은 기억에 서툴다. 방콕의 황금 불상 사원을 생각해보라. 중세에 태국에서 순금 불상이 하나 만들어졌다.[3] 단순한 순금 조각상이 아니라 3미터 높이에 5,500킬로그램이나 되었다. 말하자면, 역사상 가장 귀중한 작품 중 하나로서 사용된 금의 가격만 2억 5,000만 달러에 이른다. 18세기에 태국이 버마(오늘날의 미얀마)의 침입을 받았을 때, 태국의 왕은 침입자들의 관심을 끌지 않도록 불상을 회반죽으로 뒤덮어버렸다. 엄청나게 무거운 조각상을 훔쳐가고 싶지는 않을 거라는 예측에서였다. 이 전략이 너무 잘 먹혔는지 그후 200년간 모두가 거대한 금덩어리의 존재를 까맣게 잊었고, 불상은 양철 창고에 방치되었다. 1950년대에 태국은 수백 년 된 회반죽

불상을 다 쓰러져가는 헛간보다는 나은 곳에 모셔야 한다는 결정을 내리고, 현지 사원 근처에 새로운 공간을 마련하기로 했다. 불상을 옮기는 일을 맡은 인부들은 당연히 그 무게를 과소평가했고, 그들이 불상을 들어올리려 하자 밧줄이 끊어져버렸다. 불상이 떨어지면서 그것을 덮고 있던 회반죽이 깨지고, 그 밑의 빛나는 금이 모습을 드러냈다.

우리는 정말 대단한 발견을 기록하는 일에도 지독하게 서툴다. 신세계가 그 좋은 예이다. 2만 년 전, 동아시아의 용감무쌍한 탐험가들은 베링 육교를 건너 지금의 알래스카로 들어간 후 흩어져버렸고, 그들이 완전히 새로운 대륙을 발견했다는 소식을 고국의 누구에게도 전하지 않았다. 그로부터 1만 9,000년 후, 그린란드와 뉴펀들랜드 섬으로 향하던 북유럽의 선원들이 그 거대한 땅의 존재를 알아챘다. 바이킹은 현지인들과 마주쳤고, 아이러니하게도 그들에게 '스트렐링기(야만인)'라는 별명을 붙였다. 두 무리는 만나자마자 서로를 수상하게 여겼고, 분위기가 살벌해졌다. 북유럽인들은 얻는 것 없이 고생만 하게 되리라고 판단한 뒤 다시 고국으로 향했다. 이렇게 해서 레이프 에이릭손, 토르핀 카를세프니, 붉은 머리 에리크는 전설 속으로 사라지고 만다. 그로부터 또 500년이 지난 후 콜럼버스가 등장해 발견의 새로운 물결을 일으킨다.

뜻밖의 대륙이나 황금 불상 같은 세계사와 관련된 일이 아니더라도, 운이 마치 사기꾼처럼 지식을 방해하는 사례가 눈에 띄고 방치되었다가 다시 발견되는 일이 반복되어왔다. 이런 일들이 대개 그렇듯, 제일 처음 이 문제를 제기한 사람은 플라톤이었다. 플라톤의 대화편 『테아이테토스』에서 아테네의 레슬링 도장에 나간 소크라테스는 뛰어난 지식으로 칭송받는 청년 테아이테토스를 소개받는다(외모는 별로였는지, 소크라테스의 보기 흉한 컵에 비유된다). 예상대로 소크라테스는 테아이테토스의 총명함을 시험하기 시작하며, '지식이란 무엇인가?'라는 질문을 던진다. 지식의 본질은 그 가치만큼이나 난해하다는 사실이 밝혀진다.

누구든 자신이 옳다고 생각한다. 진정한 신, 올바른 정치지도자, 최고의 스포츠 팀, 혹은 그보다 더 사소한 수많은 쟁점에 대해 사람들의 의견이 계속 일치한다면 문제는 하나도 발생하지 않을 것이다. 이견을 중재하는 방법 중 하나는 '인간은 만물의 척도이다'라는 프로타고라스의 신조로 돌아가 모두를 승자로 선언하는 고전적인 상대주의 전략을 취하는 것이다. 누군가의 쓰레기가 다른 이에게는 보물이다, 제 눈에 안경이다 등등. 소크라테스와 테아이테토스는 '인간은 만물의 척도이다'라는 말이 옳다면 이 명제 자체도 누군가에게는 진실이고 누군가에게는 거짓이 된다는 점을 지적한다. 소크라테스는 이를 '매우 절묘한 모순'이라 부른다.

상대주의를 악마와의 거래로 치부하고 거부한다면 사람들의 의견을 객관적인 참과 객관적인 거짓으로 구분하는 시각으로 되돌아가게 된다.[4] 괜찮기는 하지만, 제대로 알고 말하는 사람과 (플라톤의 표현에 따르면) 그저 무정란*을 낳고 있는 사람을 어떻게 구분할 수 있을까?

---

* 단순한 환상을 의미한다.

객관적으로 참인 의견은 지식이고 그 밖의 모든 것은 지식이 아니라고 단언하기 쉽다. 『걸리버 여행기』(1726년)에서 조너선 스위프트는 화성이 두 개의 위성을 갖고 있다고 추측했고, 이 추측은 사실로 밝혀졌다. 설령 스위프트 자신의 의견이었다 해도, 그는 화성이 두 개의 위성을 갖고 있다는 사실을 몰랐다. 1877년에 미국의 천문학자 에이사프 홀이 두 위성을 발견하기 전까지는 아무도 몰랐다. 스위프트의 믿음이 진실이었을지 몰라도, 요행수에 불과했다. 지식은 곧 참인 믿음이라는 개념은 틀리지 않았지만, 그것만으로는 부족하다. 어쩌다 진실로 판명된 믿음을 지식이라고 할 수는 없기 때문이다. 『테아이테토스』는 지식이란 참인 믿음과 이성의 결합이라고 말한다. 즉 믿음 뒤에는 논리, 증거, 설명, 타당성 같은 일종의 보증서가 있어야 한다는 것이다. 영악한 거짓말에 속아서 거짓인 무언가를 당당하게 믿을 수도 있다. 그리고 화성의 두 위성을 믿은 스위프트처럼 타당한 근거가 없는 진실을 믿을 수도 있다. 심지어는 홀로코스트를 부인하는 사람처럼 받아들이고 싶은 것만 믿을 때조차 정당화될 수도 있다. 하지만 최선은 진실, 믿음, 정당화, 이 세 가지 모두를 얻는 것이다. 그것이 바로 지식이며, 무정란을 낳는 자들과 현자를 구분하는 기준이다. 오랫동안 적어도 그렇게 보였다.

인식론의 레이프 에이릭손이라 할 수 있는 8세기의 티베트 승려 작가 다르모타라는 어떤 믿음을 참으로 판단하려면 증거를 통해 정당화해야 한다는 요건을 추가하더라도 운이라는 흰개미가 지식을 갉아먹는 것을 막을 수 없다고 말했다. 그는 타는 듯이 무더운 날 사막에서 물을 찾고 있는 상황을 상상한다. 저 멀리 물이 보여서 열심히 가보니 아까 본 건 신기루일 뿐이었다. 하지만 그곳의 어느 바위 밑에 숨겨져 있는 물을 발견하게 된다. 당신은 그 장소에 물이 있다는 사실에 대한 순수한 지식을 갖고 있었을까? 당신은 물을 보았고, 거기에 물이 있다고 믿었으며, 실제로 물이 있었다. 하지만 다르모타라에 따르면 그것은 진정으로 아는 것이 아니다. 바위 밑에 물이 있는 것은 그저 운이었다.[5]

14세기 후반, 논리학자 만투아의 피에트로는 똑같은 문제를 재발견했다. 그는 달리기 경주를 하는데 바로 옆에서 소크라테스가 뛰고 있다고 타당한 근거로 믿는 상황을 상상한다. 문제는, 고대 그리스의 모든 철학자가 서로 비슷하게 생겨서 소크라테스와 플라톤을 혼동했다는 것이다. 사실 당신 옆에서 달리고 있는 사람은 플라톤이다. 그런데 뜻밖의 결말은, 소크라테스가 달리고 있다는 당신의 믿음이 옳다는 것이다. 그는 로마에서 열린 완전히 다른 경주에서 달리고 있다. 당신은 소크라테스가 달리고 있다고 확고하게 믿고, 그 믿음에 대한 타당한 근거를 갖고 있으며, 소크라테스는 정말로 달리고 있지만, 당신은 그가 달리고 있다는 사실을 아는 것이 아니다. 어쩌다 우연히 그가 로마에서 달리고 있을 뿐이니까.[6]

고전 산스크리트어(다르모타라가 사용한 언어)는 거의 사라지다시피 했고, 만투아의 피에트로는 역사 속에 잊힌 인물이라 스탠퍼드 철학백과사전에 이름도 올라가 있지 않다. 그들의 사상이 기억되고 있다면, 그 분야에 가장 전문화된 학구적인 작가들 덕분이다. 운이 지식의 개념을 갉아먹는 문제는 20세기에 버트런드 러셀에 의해 재발견되었다. 하지만 태국인들이 황금 불상에 했던 것처럼, 러셀은 자신의 위대한 생각을 회반죽으로 뒤덮어버렸고 그 진정한 가치를 깨닫지 못했다. 러셀은 평소에 잘 작동해서 믿을 만한 시계로 시간을 확인하는 어떤 사람의 사례를 논한다. 그 사람의 이름을 도라라고 하자.[7] 그것은 시간을 알아내는 완벽한 방법처럼 보이고, 그 결과 도라는 지금의 시각이 3시라고 믿는다. 그리고 도라의 믿음은 옳다. 지금은 3시이다. 하지만 그녀는 시계의 배터리가 닳아서 바늘이 3시에 멈추었다는 사실을 모르고 있다. 속담에서 말하듯, 고장이 난 시계도 하루에 두 번은 맞으며, 도라는 운 좋게도 바로 그 시각에 시계를 본 것이다. 그녀는 3시라고 믿었고, 정말 3시였으며, 그녀에게는 그렇다고 생각할 만한 타당한 이유가 있었지만, 그래도 3시라는 사실을 그녀가 알았다고 말할 수는 없다.

다른 관심사도 많았던 러셀은 인식적 운의 문제를 더 이상 추적하지 않았다. 인식론의 콜럼버스가 된 주인공은 1963년의 에드먼드 게티어였다. 콜럼버스의 경우처럼, 지금까지 지속적으로 이어져온 것은 게티어의 발견이었다. 학술지 〈어낼러시스Analysis〉에 실린 게티어의 3페이지짜리 논문은 수천 번 인용되었으며, 게티어의 기나긴 경력 동안 유일하게 발표된 글이었다.[8] 게티어는 지식이 '정당화된 참인 믿음'이라는 정의에 대해 두 가지의 반증을 제시했다. 여기, 게티어식 사례를 하나 소개해보겠다.[9] 노갓이라는 동료가 있다고 상상해보자. 아주 타당한 이유들로 당신은 노갓이 포드를 한 대 가지고 있다고 믿는다. 그는 포드를 좋아하고, 포드에 관한 얘기를 하며, 당신은 그가 포드를 모는 모습을 본 적이 있다. 그래서 당신은 '포드를 소유한 사람이 우리 사무실에 있다'라고 믿는다. 당신은 모르고 있지만, 해빗이라는 또 다른 동료가 얼마 전에 신형 포드 포커스를 샀다. 당신이 모르고 있는 또 하나의 사실은 노갓의 포드 F-150이 체납으로 압류되었다는 것이다. 포드를 소유한 사람이 당신의 사무실에 있는 것은 참이고, 당신은 그렇게 믿고 있으며, 그렇게 믿을 만한 타당한 근거도 있다. 그렇지만 당신은 아는 것이 아니다. 당신의 믿음과 진실을 이어준 것은 그 타당한 근거가 아니었다. 그 연결을 만든 것은 운이었다.

게티어 문제는 믿을 만한 근거로 형성된 참인 믿음이 운에 의해 무너지고, 그 때문에 지식이 되지 못할 수도 있음을 보여준다. 지식을 갖고 싶어 하는 우리로서는 유감스러운 일이다. 『메논』이 주장하는 바와 같이, 그저 참인 믿음보다는 지식을 갖는 것이 더 나아 보인다. 정당화된 참인 믿음이 꼭 지식은 아니라니(그 모든 조건을 충족하고도 앎에 실패할 수 있다), 실망스럽기도 하다. 결국 우리는 지식의 본질을 파악하지 못했으며, 처음부터 다시 시작해야 한다.

게티어식의 난제는 불가피하다고 주장하는 사람들도 있고,[10] 지식에 '운과 관련 없음'이라는 조항만 추가하면 된다고 고집하는 사람들도 있다.[11] 덩컨 프리처드에 따르면 지식이 무엇이건 간에 '누군가의 믿음이 참이라는 건 운의 문제가 될 수 없다'.[12] 게티어 이후에 지식을 분석하려는 모든 시도는 프리처드의 문턱을 넘어야 했다. 인식론자들은 마치 마약견처럼 문제가 되는 운의 냄새가 조금이라도 풍기면 바로 맡아낸다. '운과 관련 없음' 조항을 붙이자는 아이디어는 괜찮아 보이지만, 운을 파악하기가 지식을 이해하는 것만큼이나 어렵다는 사실을 깨닫고 나면 상황은 달라진다. 소크라테스는 테아이테토스에게 이렇게 묻는다. '지식의 본질을 발견하는 것이 사소한 문제라고 생각하는가? 가장 난해한 문제 중 하나 아닌가?'[13] 이 책에서 지금껏 보았듯이, 운의 본질을 발견하는 것 역시 아주 어려운 과제다.

게티어 문제는 일종의 결과적 운이다. 앞선 장에서 우리는 외부 사건이 누군가의 행위에 끼어들어 그 도덕적 가치를 확 바꾸어놓을 수도 있음을 보았다. 도로에 쌓인 낙엽 위를 자동차로 지나가는 건 전혀 비난할 일이 아니다. 물론 그 밑에 아이들이 숨어 있지 않다면 말이다. 이 사실은 운전자가 통제할 수 없으며 운에 달려 있다. 전시에 적군에게 총을 쏘는 건 아무런 잘못도 아니다. 아군을 적군으로 착각하는 불운만 없다면 말이다. 게티어 문제도 이와 비슷하다. 도라는 3시라는 걸 알고 있다. 운이 끼어들어 그녀의 근거와 진실 사이의 연결을 끊어버리지만 않는다면 말이다. 당신은 사무실 안의 누군가가 포드를 소유하고 있다는 걸 알고 있다. 아니, 포르투나가 노갓과 해빗 사이에 예기치 못한 반전을 만들어내지 않았다면 그랬을 것이다. 어떤 사실을 믿는 건 아무런 잘못도 아니다. 끼어들어서 일을 망쳐놓은 건 운이다.

게티어 문제는 전문적인 학자들에게만 중요한 극단적인 경우, 학문적인 막다른 골목일까? 지식을 정당화된 참인 믿음으로 분석하는 것은 뉴턴 역학과 비슷하다. 진실에 아주 가까워 일상에서 완벽하게 써먹을 수 있다. 우리는 친구와 서로 다른 관성계에 있고, 따라서 '정오'가 서로 다르지만 굳이 상대성이론을 몰라도 아무런 문제 없이 친구와 점심 약속을 잡을 수 있다. 이런 차이는 너무 미세해서 문제가 되지 않는다. 훨씬 더 심각한 문제는, 운이 가끔 장난처럼 약간의 지식에 위협을 가하는 것을 넘어서 지식 자체를 폐기하는 대량 살상 무기가 될 수도 있다는 것이다. 그것은 바로 회의론의 위협이다.

에펠탑을 판 남자, 그리고 회의론의 위협

빅토르 루스티크(1890?~1947)는 다섯 가지의 언어를 구사할 줄 알고, 비싼 정장을 입고 다니며, 품위 있게 행동하는, 어느 모로 보나 점잖은 신사였다. 루스티크는 자신이 유럽의 '백작'이라고 떠벌리며, 오스트리아-헝가리 제국 출신의 부유한 이민자 행세를 하고 다녔다. 너무나 신비에 싸인 인물이라, 비밀 정보기관의 한 요원은 그를 '담배 연기처럼 붙잡기 어렵고, 어린 소녀의 꿈처럼 매력적인 사람'으로 묘사했다. 루스티크는 47개의 가명과 수십 개의 여권을 가지고 있었다. 그의 진짜 출신에 대해서는 알려진 바가 거의 없다. 2015년에 한 역사가는 루스티크의 정체를 추적하려 시도했지만, 그의 출생 증거조차 찾아내지 못했다. 한 가지 사실은 확실하다. 사기꾼에 서열이 있다면, 루스티크는 최상위 계급의 귀족이었다.

소매치기, 도둑질, 카드놀이 사기 같은 일반적인 기술을 완전히 터득한 루스티크는 큰물에서 놀기로 하고, 한 장인을 고용하여 위조 기계를 만들게 했다. 아니, 위조 기계의 위조품이었다. 루스티크는 대서양 횡단 정기선을 타고 다니며 부유한 오스트리아 청년인 척했다. 그의 사기 표적들이 그에게 어떻게 부를 쌓았느냐고 물으면,

루스티크는 아주 당당하게 '루마니아 돈 상자'를 보여주었다. 특수 제작된 삼나무 상자에 복잡한 놋쇠 기어와 롤러가 가득 들어차 있었다. 루스티크는 라듐을 이용하여 지폐를 복제하는 장치라고 설명했다. 루스티크는 그 자리에서 증명해 보였다. 100달러짜리 지폐 한 장을 상자에 넣고 '가공 화학약품'을 두어 방울 떨어뜨린 후 열두 시간 정도 지나서 크랭크를 돌렸다. 그러자 장치는 100달러짜리 지폐 두 장을 뱉어냈다. 한 장은 원래의 지폐, 다른 한 장은 복제된 지폐(세심하게도 사전에 일련번호를 원래 지폐와 똑같이 바꾸어놓았다)였다. 표적들은 혹 해서 항상 그 상자를 사려고 했다. 그러면 루스티크는 짐짓 망설이며 흥정을 벌이다가 목적지에 도착할 즈음 수만 달러에 합의했다. 그는 상자에 진짜 100달러짜리 지폐를 두어 장 넣어두어 얼마 동안은 진짜 돈이 나오도록 손을 써두었다. 그러면 표적이 그 사실을 알아채기 전에 도망칠 시간을 벌 수 있었다.

루스티크가 행한 가장 대담한 사기는 에펠탑을 판 것이다. 1920년대만 해도 에펠탑은 지금처럼 파리의 상징 같은 존재가 아니었다. 그 현대적인 디자인과 노출된 철조는 중세 분위기가 강한 도시에서 찬반 논란을 불러일으켰고 수리와 페인트칠, 전반적인 유지에 너무 많은 공금이 들었다. 루스티크는 그 탑을 헐값에 팔아치우기로 마음먹었다. 그는 '체신부'라는 기관명을 인쇄한 편지지를 준비하고, 파리의 주요 고철상 여섯 명에게 사적으로 만나자는 초대장을 직접 전달했다. 너무 큰 기밀이라 사무실은 곤란하다며, 콩코르드 광장에 있는 어느 호화 호텔에서의 만남을 제안했다. 루스티크는 정부가 에펠탑의 매각을 공표하기 전에 경쟁 입찰을 받기를 원한다고 말했다. 사실 그의 표적은 이미 정해져 있었다. 앙드레 푸아송이라는 졸부 고철상이었다.

그 만남 이후 루스티크는 푸아송을 따로 불러, 그의 쥐꼬리만한 봉급을 불평하면서 진가를 몰라주는 정부 밑에서 일하는 애환을 토로했다. 그 이야기에 푸아송은 걸려들었다. 이전에 품었던 약간의 의혹이 말끔히 사라졌다. 진짜 프랑스 장관이 아니라면 누가 이렇게 대놓고 뇌물을 바라겠는가? 호텔에서 몰래 만나자는 이유도 이제는 완전히 이해되었다. 푸아송은 그 자리에서 수표를 끊었다. 3,000킬로그램의 고철 값에 뇌물을 더한 금액이었다. 루스티크는 수표를 입금하고, 수많은 여권 중 하나를 꺼내어 빈으로 가는 첫 기차를 탔다. 푸아송은 너무 창피해서 경찰에 신고하지도 못했고, 어느 정도 시간이 흐른 후 루스티크는 파리로 돌아가 한 번 더 에펠탑을 팔아볼까 생각했다. 그리고 그 생각을 실행했다.

하지만 진짜 돈을 버는 데에는 돈이 들었다. 가짜 위조 기계에 만족하지 못한 루스티크는 진짜 위조지폐를 만들기 위해 전문가인 톰 쇼를 끌어들였다. 그들이 만든 100달러짜리 지폐는 은행 직원들의 꼼꼼한 검사도 통과할 만큼 완벽했고, 위조지폐가 대량으로 풀리자 미 연방정부는 미국 통화 체계의 신용도가 떨어질까 걱정하기에 이르렀다. 미국화폐협회는 루스티크와 쇼의 위조지폐를 그 시대의 '슈퍼노트'*로 묘사했다. 질투심 많은 여자친구가 루스티크를 FBI에 넘기면서 그의 인쇄기는 마침내 작동을 멈추었고, 그는 뉴욕 시

---

* 진짜 화폐와 다름없을 정도로 극히 정밀하게 만들어진 미화 100달러권의 위조지폐를 일컫는 말이다. 1989년 필리핀 마닐라의 은행에서 처음 발견되었다.

의 연방구치소에 구금되었다. 루스티크는 침대 시트를 찢어서 엮은 밧줄로 곧장 탈출했다.[14]

사기 치기에 성공하려면 그 일이 합법적이라는 그럴듯한 증거를 상대에게 제시해야 한다. 루스티크 백작이 루마니아 돈 상자를 팔러 다녔을 때, 표적들은 그 장치에서 나온 지폐가 가짜라고 믿었다. 하지만 루스티크는 그 상자가 정말로 지폐를 만든다고 믿을 만한 타당한 이유를 그들에게 제시했다. 그중 하나는 기계 자체에 대한 것으로, 상자는 돈을 만들어내도록 되어 있었고, 실제로 돈이 나왔다. 루스티크가 상자에 지폐 한 장과 마법의 약을 넣자 일련번호가 똑같은 100달러짜리 지폐가 한 장 더 나왔다. 어느 은행원이라도 진짜로 판명할 만큼 둘 다 아주 훌륭했다. 그리고 다른 한편으로 루스티크는 그 장치를 발명한 천재가 유럽 법을 피해 도주 중이라는 그럴듯한 이야기까지 지어냈다. 사기 공연에 꼭 필요한 설정이었다.

에펠탑의 경우, 루스티크는 탑을 둘러싼 아주 현실적인 논의에서부터 공식 기관명이 찍힌 편지지, 화려한 회의 장소, 뇌물을 요구하는 치밀한 전략까지 어떻게든 자신의 사기 행위에 설득력을 더하기 위해 갖은 노력을 기울였다. 사기의 표적이 된 사람들은 멍청한 자들이 아니었다. 그들은 증거를 검토하고 평가했으며, 그것을 근거로 루스티크의 말을 믿었다. 그리고 처참하게 틀리고 말았다.

증거에 주의를 기울이고 나름의 합리적인 추론으로 올바른 결정을 내리려 애써도 전혀 진실에 닿지 못하는 경우도 있다. 이는 전반적인 회의론이라는 더 광범위한 문제로 이어진다. 우리는 증거가 우리를 오도하지 않고 진실로 이어줄 거라고 어떻게 확신할 수 있을까? 우리의 지식을 어떻게 확신할 수 있는가의 문제가 아니다. 우리는 왜 추론과 지각으로 진실에 가까워질 수 있다고 생각할까?

진짜가 무엇인가에 대해 우리가 언제든 심각한 판단 착오를 일으킬 수 있다는 개념은 고대부터 골치 아픈 문제였다. 『테아이테토스』에서 플라톤은 꿈을 꾸고 있는 상태와 깨어 있는 상태를 확실히 구분하기 어렵다는 사실을 거론한다. 그 순간에는 각각이 설득력 있고 진짜처럼 느껴지기 때문이다. 거의 같은 시기에 약 8,000킬로미터 떨어진 곳에서는 중국의 현자인 장자가 이런 꿈을 꾸었노라 회상했다. 꿈속에서 '그는 날개를 퍼덕이며 이리저리 날아다니는 나비였다. 행복하게 마음 내키는 대로 움직였다. 그는 자신이 장자라는 걸 몰랐다. 갑자기 꿈에서 깨어난 그는 확실하고 틀림없는 장자였다. 그러나 그는 자신이 나비의 꿈을 꾼 장자인지, 아니면 장자의 꿈을 꾸는 나비인지 알 수 없었다'.

현대 철학의 아버지 르네 데카르트는 우리가 대규모의 사기에 당할 가능성을 우려했다.[15] 그는 '사악한 천재'에 관한 사고실험을 행했다. 사악한 천재는 끊임없이 우리를 속여 우리가 세상을 제대로 보지 못하고 계속 환상에 빠지도록 만든다. 루스티크 백작, 해리 후디니,* 메피스토펠레스**가 합쳐진 인물이라고나 할까. 그런 사악한 천재가 있다면, 우리는 그를 잡아낼 방법이 없다. 그 속임수를 절대 간파하지 못할 것이다.

루스티크의 사기에 당한 사람들은 루마니아 돈 상자에서 나온

---

* 헝가리계 미국인 마술사로, 특히 탈출 마술에 뛰어났다.
** 독일의 파우스트 전설에서 파우스트 박사와 계약을 맺어 그 혼을 손에 넣는 악마.

진짜 지폐가 가짜라고 믿었다. 그가 실제로 지폐를 위조하기 시작하자 사람들은 가짜 지폐를 진짜 지폐로 믿었다. 두 경우 모두 사람들은 감각의 증거(지폐의 생김새, 촉감, 냄새)와 세상에 대한 배경지식(100달러짜리 지폐가 존재하고, 돈은 일종의 인쇄 과정으로 만들어진다)으로 인해 설득당했다. 루스티크 백작으로부터 받는 돈은 진짜일 때도 있고 가짜일 때도 있으며, 그 차이를 분간할 수 없기 때문에 자신이 가진 증거가 지폐에 대한 참인 믿음으로 이어진다면 그건 순전히 행운일 것이다.

데카르트의 사악한 천재라는 개념은 증거와 현실 사이의 모든 연결을 끊어버린다. 우리의 경험을 설명하는 온갖 가설(약물, 꿈, 악마, 우리의 지각이 정확하게 만들어내는 정신 밖의 세계)이 있는데, 우리는 그중 어느 것이 정답인지 알 수 없다. 우리가 지각한 것들을 좀 더 자세히, 더 꼼꼼히 검토한다고 해서 도움이 되지는 않는다. 거울을 아무리 자세히 들여다본들 그 뒤편에 뭐가 있는지 알 수 없듯이 말이다. 설득력 있는 경험이야말로 성공적인 사기꾼들이 사용하는 방식이다. 그들의 수법은 너무도 빈틈이 없고, 그래서 우리는 운이 좋아야 거짓을 간파할 수 있다는 회의론에 빠지기 쉽다.

인식적 운은 기준에 대한 회의적 문제를 동반하기도 한다.[16] 당신이 루스티크 백작과 거래하고 있고, 방금 그에게서 받은 100달러짜리 지폐가 진짜라는 걸 확인하고 싶은 상황을 상상해보자. 물론 당신은 그의 말을 곧이곧대로 듣지 않을 것이다. 여기서 당신이 취할 수 있는 기본적인 방법은 두 가지이다. 첫째, 당신에게 이미 진짜 지폐가 몇 장 있다고 가정하는 것이다. 루스티크의 지폐와 당신의 진짜 지폐를 비교해서 얼마나 일치하는지 살핀다. 워터마크, 은선,

올바른 종류의 종이, 올바른 질감 등을 가지고 있나? 이렇듯 진짜 지폐로 시작해서, 진짜와 가짜를 구분하는 확실한 방법을 찾아내려 노력한다. 이는 특정론적 접근법이다.

루스티크의 100달러짜리 지폐에 대해 판단을 내리는 또 다른 방법은 진짜 지폐와 가짜 지폐를 구분하는 탁월한 방법을 이미 알고 있다는 가정으로 시작하는 것이다. 은행원들이 사용하는 시험용 펜이 당신에게 있을지도 모른다. 그 펜에는 요오드 잉크가 들어 있어 복사지의 녹말 성분에 반응한다. 이제 이 방법을 적용하면 진짜 돈과 가짜 돈이 구분되기 시작할 것이다. 이는 방법론적 접근법이다.

특정론은 당신이 진짜라고 확신하는 100달러짜리 지폐가 이미 몇 장 있다고 가정한다. 이제부터의 과제는 가짜를 간파하는 방법을 찾는 것이다. 방법론은 반대 방향에서 시작한다. 당신은 효과적인 시험 방법을 알고 있으며, 그 방법을 실행하여 진짜 100달러짜리 지폐를 집어내기만 하면 된다. 여기에 약간의 문제가 있음을 알아챘을 것이다. 특정론은 당신이 이미 진짜 지폐와 가짜 지폐를 구분할 줄 안다고 가정하고 있다. 그러니 당신에게 진짜 지폐가 있다는 사실을 아는 것이다. 즉 특정론은 당신이 참과 거짓을 구분하는 확실한 방법을 안다는 전제하에서만 작동한다. 반면 방법론은 당신에게 이미 진짜 지폐의 견본이 몇 장 있다고 전제한다. 그래서 당신은 위조지폐를 식별하는 여러 방법 중에 가장 신뢰할 만한 시스템을 고를 수 있는 것이다. 이렇듯 특정론은 당신에게 이미 확실한 방법이 있는 경우에만 유효하다. 다시 말해 논리적으로 방법론이 특정론보다 먼저다. 반면에 방법론은 당신이 진짜라고 확신하는 지폐 견본이 이미 있는

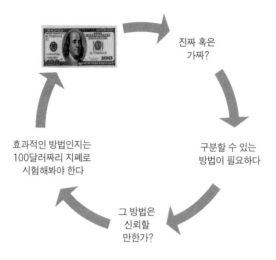

진짜 혹은
가짜?

구분할 수 있는
방법이 필요하다

그 방법은
신뢰할
만한가?

효과적인 방법인지는
100달러짜리 지폐로
시험해봐야 한다

그림 5-1 특정론과 방법론의 악순환.

경우에만 유효하다. 다시 말해 논리적으로 특정론이 방법론보다 먼
저다. '그림 5-1'이 보여주듯, 우리는 이런 악순환에 갇히게 된다.

돈에 관해서라면, 연방조폐국BEP이 돈을 만들면 문제가 해결된
다. 그곳은 지폐의 진위를 보증하는 독립적인 기관이다. 그러니까
우리가 특정론자가 되어, BEP의 인쇄기 끝에 서서, 우리 쪽으로 찍
혀 나오는 100달러짜리 지폐가 진짜라는 걸 확인할 수 있다는 뜻이
다. 재무부는 루스티크의 위조지폐가 너무 많이 유통되어 통화 체계
자체를 무너뜨릴까 우려했다. 가짜 돈이 진짜 돈에 독이 될 수도 있
었다. 우리의 과제는 진짜 돈과 가짜 돈을 분리하는 것이 아니라 참
인 믿음과 거짓된 믿음을 분리하는 것이다. 돈과 마찬가지로 거짓된
믿음이 참인 믿음에 독이 될 수 있기 때문에 거짓된 믿음을 가려내
어 폐기해야 한다.

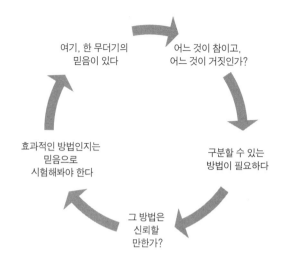

여기, 한 무더기의
믿음이 있다

어느 것이 참이고,
어느 것이 거짓인가?

효과적인 방법인지는
믿음으로
시험해봐야 한다

구분할 수 있는
방법이 필요하다

그 방법은
신뢰할
만한가?

그림 5-2 믿음의 악순환.

　　우리는 BEP가 돈을 찍어내듯 진실을 찍어낼 수 없으므로, 무엇
이 참인지 확인해주는 독립적인 보증인이 없다. 어떤 믿음을 제시받
든 우리는 그 진위를 물을 수 있다. 그 답을 찾으려면 참과 거짓을 구
분하는 방법이 있어야 할 것이다. 물론 우리는 정확한 결과를 낼 수
있는 신뢰할 만한 방법을 원한다. 이를테면 과학적인 방법을 시도
한다고 해보자. 항상 참과 거짓을 구분해내야 믿을 만한 방법이라고
할 수 있다. 과학적 방법이 옳은지 아닌지 확인하려면 우리는 무엇
이 참이고 무엇이 거짓인지 이미 알고 있어야 한다. 하지만 그것이
바로 우리의 출발점이었던 의문이 아니던가!

　　'그림 5-2'가 보여주듯, 우리는 다시 악순환에 갇히고 말았다.
이번에는 출구가 전혀 없다. 만약 방법론을 택한다면, 우리가 선택
한 방법이 신뢰할 만하며 일관적으로 참과 거짓을 구분할 수 있다고

무작정 추측하는 셈이다. 그 방법이 제대로 먹혔다면 요행일 것이다. 반면 특정론을 택한다면, 우리가 참인 믿음의 일부를 이미 손에 쥐고 있다는 근거 없는 가정을 단정 짓는 꼴이다. 참인 믿음을 가려내는 확실한 방법이 우리에게는 없기 때문에, 거짓이 아닌 참인 믿음으로 시작하게 된다면 그것 역시 순전히 운일 것이다. 지식의 기준 문제와 고전적인 데카르트적 회의주의, 둘 다 운에 관한 전쟁이 벌어지고 있는 전장이라고 할 수 있다.

급진적 회의론은 과격한 형태의 결과적 운을 주장한다. 게티어식 사례에서 보았듯이, 증거를 보고 어떤 사실을 추론해내도 운이 개입해서 그 지식을 진짜 지식이 아닌 다른 것으로 바꾸어버린다. 회의론적 논증에 따르면 우리의 모든 추론과, 심지어는 추정상의 증거도 그저 우연히 우리를 진실로 인도해줄 것이다. 만약 우리가 특정론자라면, 추론을 시작하기 위해 가능한 모든 믿음이 들어 있는 주머니에서 한 움큼 집었을 때 그것이 전부 참이라면 운 좋게 경품에 당첨된 거나 다를 바 없다. 만약 우리가 방법론자라도 마찬가지다. 주머니에 믿음이 아닌 추론 방법이 들어 있을 뿐이다. 어느 쪽이든 우리는 결코 성공을 확신할 수 없다. 급진적 회의론은 증거와 현실 사이의 모든 관계를 끊어버린다. 마을의 거리 표지판을 뒤죽박죽 섞어놓아 관광객이 길을 헤매게 만들어버리는 반달족처럼 말이다. 그런 경우 목적지에 제대로 도착하는 건 오로지 운 때문이다. 하지만 우리의 잘못은 아니다. 우리는 지식을 얻기 위해 최선을 다하고, 그래도 아무런 잘못 없이 실패하고 만다.

회의론 문제는 여기서 제쳐두자. 상황적 운 역시 지식과 연관되어 있다. 적절한 추론과 주의 깊은 관찰로 지식이 산출되더라도, 우리가 그것을 획득할 위치에 있는 건 그저 행운일지도 모른다. 운에 따라 누군가는 유대인이 되고 누군가는 나치가 되며, 누군가는 좋은 유전자를 타고나고 누군가는 나쁜 유전자를 타고난다. 그런 식으로 운은 우리 삶의 좋고 나쁨뿐만 아니라 우리의 도덕적 인격까지 결정한다. 무언가에 관한 진실이 우리가 고려할 만한 가치가 있다고 생각하는 범위 안에 있다면, 그것 역시 운이다. 성공적인 삶만큼이나 지식 탐구의 능력에도 운이 많이 개입되는 듯하다.

지식과 관련된 상황적 운의 국지적 사례는 쉽게 찾을 수 있다.[17] 몇 년 전, 전쟁으로 피폐해진 가자의 동물원에서 딱 한 마리 있던 얼룩말이 죽었다. 가자에 대부분의 물자를 공급하는 밀수업자들을 통해 새로운 얼룩말을 데려오려면 3만 달러가 들 텐데, 동물들을 겨우 먹여 살리고 있는 동물원으로서는 감당하기 힘든 액수였다. 그래서 동물원 측이 내린 결정은 가짜 얼룩말을 만드는 것이었다. 사육사들은 평범한 당나귀를 데려다가 털을 짧게 깎고, 인간용 염모제로 얼룩말 줄무늬를 그려 넣었다. 이 '현지 생산된' 얼룩말은 큰 성공을 거두어, 진짜 얼룩말을 한 번도 본 적이 없는 학생들과 상당수의 어른을 속였지만, 동물원장은 몇몇 예리한 대학생이 속임수를 간파해냈다고 인정했다.[18]

가자의 '얼룩말'이 진짜 얼룩말 무리에 입양되었다고 가정해보자. 얼룩말 줄무늬의 진화적 이점은 착시효과를 일으킨다는 것이다. 얼룩말 무리가 몰려다니면 어른거리는 줄무늬 덩어리로밖에 보이지 않기 때문에 포식자가 표적을 정하기 힘들어진다. 특정한 한 마리가 눈에 띄지 않는다. 이제 우리가 사진을 찍으러 사파리 여행을 갔다가, 초원에서 풀을 뜯고 있는 얼룩말들을 목격한다고 상상해보자. 그 무리에는 색칠된 당나귀도 끼여 있다. 우리는 진짜 얼룩말 한 마리를 가리키며 진짜라고 제대로 식별해낸다. 그렇다면 우리는 우리가 얼룩말을 보고 있음을 아는 것인가? 우리는 아프리카에서 진짜 얼룩말 한 마리를 유심히 보고 그것이 얼룩말이라고 믿는다. 확실히 '안다'라고 말할 수 있을 것 같다. 하지만 우리는 까딱하면 틀릴 수도 있었다. 줄무늬 때문에 혼동하는 사자처럼, 색칠된 당나귀를 가리키며 얼룩말이라고 불렀을지도 모른다. 그렇지 않은 것은 순전히 운이었고, 운으로 진실을 얻는 것은 아는 것과 다르다.[19]

이 경우에 우리의 지식을 무너뜨리는 건 상황적 운이다. 그 망할 당나귀만 아니었다면, 그 얼룩말을 알아본 건 지식이었어야 하며 지식이었을 것이다. 하지만 상황들이 공모하여 우리를 방해했다. 색칠된 당나귀가 도처에 널려 있는 건 아니다. 게티어 문제처럼, 진정한 지식으로 가는 길에 부딪히는 이례적인 과속방지턱에 불과할지도 모른다. 하지만 유감스럽게도 상황적 운의 문제가 더욱 심각하게 지식을 위협할 때도 있다.

오버턴 창문

모든 개념을 신중하게 검토해야 한다고 생각하는 사람은 없다. 모든 주장을 논박하거나 평가해야 한다고 생각하는 사람도 없다. 우리는 다른 사람들이 저마다 목숨과 명예를 걸고 진심으로 지키려 애쓰는 광대한 범위의 믿음을 죄책감 없이 쉽게 묵살해버린다. 이러한 태도는 더할 나위 없이 합리적이며 불가피하기도 하다. 의사들은 굳이 차크라나 기氣를 검사하지 않는다. 마르크스주의자들은 소작농을 가난으로부터 구해낼 수 있는 가장 도덕적이고 효율적인 수단은 자본주의라는 주장을 실현 가능한 이야기로 진지하게 받아들이지 않는다. 생물학자들은 창조설을 짜증나는 이웃집 개가 짖는 소리쯤으로 치부한다. 그 개는 자기가 가치 있는 말을 하고 있다고 확신하고 있을지 몰라도 말이다. 이론은 지각과 비슷하다. 우리는 소화하기 힘들 정도로 터무니없이 복잡한 혼란에 압도되어 휘청거리고, 논리 정연한 이해를 위해서는 힘겨운 판별 과정을 거쳐야 한다.

우리는 무엇에 주목하고 무엇을 무시할지 결정할 때 추론에 근거하지 않는다. 주목하는 대상에 대해서만 추론하기 때문이다. 샘 해리스나 리처드 도킨스가 최근의 교황 칙서를 본다고 가정해보자. 그냥 묵살해버린다 해도 그것을 읽고, 고려하고, 거부할 만큼 이미 진지하게 받아들인 셈이다. 다시 말해 그들은 칙서를 무시하기는커녕 이미 이성적으로 관여했다. 우리가 무언가에 주의를 기울이면 그것은 추론의 영역 안에 들어온다. 어떤 개념을 고찰하거나 무시하는 것의 근거가 추론이 아니라면, 그 사이의 경계를 어떻게 정할 수 있을까? 이것이 문제다. 더 골치 아픈 문제가 있다. 너무 터무니없어서 진지하게 받아들이기 어려운 개념의 범주에 진실이 속해 있다면?

미시간에 있는 자유주의 성향의 두뇌 집단인 매키낵 공공정책 센터에서 변호사로 일하고 있던 조지프 P. 오버턴은 합리적으로 고

완전한 국가주의/정부 통제

상상할 수도 없다
급진적이다
수용 가능하다
합리적이다
대중적이다
정책
대중적이다
합리적이다
수용 가능하다

급진적이다
상상할 수도 없다

완전한 자유/무정부 상태

표 5-1 오버턴 창문.

려되는 견해들의 범위를 규정하는 유용한 방법을 개발했다. 정치 영역의 담론 범주는 주로 우파적인 견해에서부터 주로 좌파적인 견해에까지 이르지만, 극단주의적 시각은 그 범주의 밖에 있으며 고려할 가치가 없다. 마치 스파이 스릴러 소설의 제목처럼 들리지만, 오버턴의 제안은 '오버턴 창문The Overton Window'으로 불리게 되었다. '표 5-1'이 보여주듯, 오버턴이 원래 기준으로 삼았던 것은 정부 통제의 정도라는 정치적 차원이었다.

오버턴의 원안은 정부 통제/무정부 상태를 기준으로 세웠지만, 다른 영역의 문제도 오버턴 창문을 사용하여 적합한 견해들의 범위를 파악할 수 있다. 오버턴 창문 안에 들어가면 사회적으로 용인되는 견해들이다. 그 경계선 너머에는 터무니없고 별나고 분별없는 견

상상할 수도 없다	동성애자들을 강제로 결혼시킨다
급진적이다	동성애를 사회적으로나 법적으로 장려한다
수용 가능하다	동성애를 완전히 정상적이고 평범한 것으로 간주한다
합리적이다	동성 결혼을 허용한다
대중적이다	동성 간의 사실혼을 허용한다
정책	동성애적 행동은 거의 합법적이고 용인되지만, 동성 커플을 위한 보호 장치는 없다
대중적이다	동성애는 괴상하고 비정상적이며, 정신병일 가능성도 있다
합리적이다	동성애적 행동은 구식 규정에 따르면 사실상 불법이지만 대부분 용인된다
수용 가능하다	동성애적 행동은 불법이며 가끔 고발당한다
급진적이다	동성애적 행동은 엄한 처벌이나 강제 심리치료와 약물 치료를 받는다
상상할 수도 없다	동성애자들을 즉결 처형한다

표 5-2 동성애에 대한 전통적인 오버턴 창문.

해들이 있다. 이런 식으로 동류 집단 내에서 고려할 만한 가치가 있는 믿음의 범주가 정해진다. 범주의 맨 꼭대기에 있는 사람들은 맨 밑바닥에 있는 사람들을 경멸할 것이고, 그 반대도 마찬가지다. 그러나 서로를 어느 정도 논쟁 상대로 인정한다. 르네상스 시대의 항해 지도처럼, 경계 너머에는 괴물들이 있다.[20]

동성애에 관한 공적 논쟁은 오버턴 창문의 좋은 사례이다. 최근까지 서양에서 동성애에 대한 견해는 '표 5-2'의 회색 부분과 비슷했다. 정책상으로는 동성애적 행동이 합법적이고 용인되었지만, 동성 커플을 위한 법적·사회적 보호 장치는 전혀 없었다. 즉 공동으로 세금을 신고하거나 별거 수당을 받을 수 없었고 병원 면회, 자녀 입양, 양육권 등 여러 문제가 아주 복잡했다. 동성애에 관한 견해의 양극단에는 동성애를 완전히 정상적인 것으로 인정하고 용인해야 한

상상할 수도 없다	동성애자들을 강제로 결혼시킨다
급진적이다	동성애를 사회적으로나 법적으로 장려한다
대중적이다	동성애를 완전히 정상적이고 평범한 것으로 간주한다
정책	동성 결혼을 허용한다
대중적이다	동성 간의 사실혼을 허용한다
합리적이다	동성애적 행동은 거의 합법적이고 용인되지만, 동성 커플을 위한 보호 장치는 없다
수용 가능하다	동성애는 괴상하고 비정상적이며, 정신병일 가능성도 있다
급진적이다	동성애적 행동은 구식 규정에 따르면 사실상 불법이지만 대부분 용인된다
급진적이다	동성애적 행동은 불법이며 가끔 고발당한다
상상할 수도 없다	동성애적 행동은 엄한 처벌이나 강제 심리치료와 약물 치료를 받는다
상상할 수도 없다	동성애자들을 즉결 처형한다

표 5-3 동성애에 대한 현재의 오버턴 창문.

다는 아주 진보적인 시각과, 법을 강경하게 집행하지 않더라도 동성
애를 불법화해야 한다는 아주 보수적인 시각이 있었다. 그 중간에
있는 사람들, 그러니까 동성끼리의 사실혼을 지지하는 사람들과, 동
성애는 정신병일 수도 있고 일종의 기괴한 변이라고 생각하는 사람
들은 동성애자의 권리를 논하고 싶다면 서로를 진지하게 대해야 했
다. 동성애를 장려하자거나 동성애자를 처벌하고 강제 치료를 받게
하자는 견해는 비주류 극단주의자들만의 주장이었다.

얼마 전까지만 해도 오버턴 창문은 더 낮았다. 1950년대에 영
국 정부가 위대한 논리학자이자 암호학자인 앨런 튜링의 동성애를
'치료'하기 위해 그에게 강제로 향정신성 약물 치료를 시행했던 일을
떠올려보라. 그 결정은 튜링을 자살로 내몰았다. 이제 서양의 오버턴
창문은 더 높아져서, 동성 결혼은 합리적이거나 대중적일 뿐만 아니

상상할 수도 없다	아티초크 먹는 것을 법적으로 금지한다
급진적이다	아티초크는 두리안이나 아이슬란드의 삭힌 상어처럼 특이한 향토 음식일 뿐이다
합리적이다	조금 괴상한 아티초크를 좋아하는 건 이상하다
대중적이다	아티초크는 괜찮은 음식이다
정책	아티초크는 맛있다
대중적이다	아티초크는 심각하게 과소평가되고 있으며, 모든 사람이 더 많이 먹어야 한다
합리적이다	아티초크는 역사상 최고의 채소이다
급진적이다	아티초크는 모든 요리에 들어가야 한다
상상할 수도 없다	아티초크를 우리의 주식으로 삼아야 한다

표 5-4 아티초크에 대한 오버턴 창문.

라 정책이 되었다. 튜링에게 벌어진 일은 이제 전쟁 영웅에 대한 끔찍한 범죄로 여겨진다. 예멘, 사우디아라비아, 이란, 소말리아 등지에서는 여전히 창문이 너무 낮아 동성애자는 사형에 처해진다.[21]

'표 5-3'의 회색 영역은 서양의 현재 경향에 좀 더 가깝다. 세부 내용이나 정확한 경계에 대해서는 이론이 있을 수 있지만 '표 5-2'보다 '표 5-3'이 현재 정세를 더 잘 대변하고 있는 것은 틀림없다.

오버턴 창문이 진보의 정도를 나타내는 도표라고 생각하는 사람이 나오기 전에, 그 의혹을 풀어줄 만한 재미있는 사례('표 5-4')를 하나 들어보겠다.

아티초크 재배자 연합의 목표는 창문을 더 낮게 내려서, 아티초크 먹는 것을 이상하다고 생각하는 사람을 급진주의자로 보이게끔 하는 것이다. 동성애든 아티초크든, 창문을 움직이기 위한 홍보와 마케팅의 요점은 합리적인 부분을 대중적인 부분으로, 수용 가능한 부분을 급진적인 부분으로, 급진적인 부분을 수용 가능한 부분으로 바꾸는 것이다. 오버턴 창문을 움직이는 것은 증거에 입각한 추론과 크게 상관없는 복잡한 사회학적 힘이다.

오버턴의 관심사는 공공정책과 민심 파악이었지만, 오버턴 창문은 한 개인이 이성적으로 수용할 수 있는 범위를 이해하는 도구로도 유용하게 사용할 수 있다. 힌두교의 브라만은 텍사스 목장주의 바비큐에 대한 열정을 고려조차 하지 않을 것이다. 논박은커녕 생각할 가치도 없는 개념인 것이다. 알몸으로 자전거 타기 축제에 열성적인 사람이라면, 단추가 너무 세속적이고 화려하다는 아미시파의 견해를 진지하게 고려하지 않을 것이다. 우리는 자신만의 오버턴 창문으로 정해진 경계를 벗어난 개념은 무시한다. 철저히. 괴짜들과 극단주의자들의 신념을 진지하게 생각하는 데 시간을 허비하고 싶어 하는 사람은 아무도 없다.

문제는, 가끔(어쩌면 드물게) 괴짜들이 옳을 때도 있다는 것이다. 비상식적이라는 이유로 무시했던 의견이 진실로 밝혀지기도 한다. 세계 대공황이 최고조에 이르렀던 1934년, 월트 디즈니는 150만 달러짜리 장편 만화를 제작하기 위해 자신의 집을 저당 잡혔다. 만화를 짧고 재미있는 오락거리 이상으로 생각하는 사람이 없던 시절에 디즈니는 평균적인 영화 관객이 받는 연봉의 1,000배 가까운 돈을 한 편의 만화에 쏟아붓고 있었다. 그의 아내 릴리언과 그의 동업자이자 형제인 로이 디즈니를 비롯한 모든 이들이 그를 말렸고, 할리우드 영화계는 그의 계획을 '디즈니의 바보짓'이라 부르며 조롱했다. 하지만 디즈니의 생각이 옳았다. 「백설 공주와 일곱 난쟁이」는 현재의 화폐가치로 10억 달러 가까운 수익을 달성했고, 월트 디즈니는 오스카상을 받았으며, 미국영화연구소는 그 작품을 역사상 최고의 애니메이션으로 선정했다.

한 가지 긍정적인 결과는, 좁혀지지 않는 이견을 오버턴 창문으로 설명할 수 있을지도 모른다는 것이다. 누군가의 의견이 내 창문 밖에 있다면 나는 관여하기를 거부하고, 남들도 똑같은 이유로 내 의견을 거부한다. 창문이 좁다면, 즉 수용 가능한 의견의 범위가 아주 작다면 재빠른 양극화가 일어난다. '아티초크가 이상하다고? 이 멍청하고 무식하고 간사한 촌놈 같으니라고.' '잠깐, 모든 사람이 아티코츠를 더 먹어야 한다고? 지옥의 심장에서 널 찌르고, 내 마지막 증오의 숨을 너에게 뱉겠다.' 사소한 이견도 전쟁으로 번질 수 있다. 물론 이제 와서 돌이켜보면, 16세기 기독교 신학 간의 사소한 교리 차이 때문에 수십 년간 전쟁을 벌이며 사람들을 화형시킬 필요까지는 없었다는 사실을 쉽게 이해할 수 있다. 동시대의 정치 논쟁에서 똑같은 사회적 힘과 구조적 유사성을 인지하기란 훨씬 더 힘들다.

창문을 조금 더 넓게 열면 도움이 될 것이다. 그러면 양측이 아티초크와 관련된 의견을 더 넓게 수용하고, 그럼으로써 합의점을 찾거나 서로를 납득시킬 수 있을지도 모른다. 하지만 앞뒤 가리지 않고 모든 의견을 합리적으로 고려할 수는 없다. 인지 비용의 문제가 있다. 모든 것을 철저히 생각할 만한 시간이나 지력을 가진 사람은 아무도 없다. 국회도서관에 있는 모든 책을 읽는다고 생각해보라. 최선책은 최대한 열린 마음을 갖는 것이다. 그래도 우리는 자신의 오버턴 창문 밖에 있는 좋은 의견과 참인 명제를 여전히 고려 대상에서 제외하며, 비싼 수작업을 통한 장편 애니메이션 제작 같은 급진적 제안을 묵살할 것이다. 어쩔 수 없다. 현실 감각이 전혀 없는 사람으로부터 나온 듯한 별난 의견까지 하나하나 진지하게 검토할 수는 없는 노릇이다.

오버턴 창문의 개방성, 폐쇄성, 혹은 그것이 인식론적 가능성의 공간에서 차지하는 전반적인 위치는 대개 상황적 운으로 결정된다. 예를 들어 부모와 자녀의 종교적·정치적·과학적 신념 사이에는 밀접한 상관관계가 있기 때문에, 설명이 필요한 건 동조가 아니라 변절이다. 부모가 보수주의자라면 자녀 역시 보수주의자일 확률이 높고, 부모가 진보주의자라면 자녀 역시 진보주의자일 확률이 높다. 사우디아라비아에서 태어나 자란 사람이 이슬람교도가 되는 건 우연의 일치라고 할 수 없다. 독자적인 이유로 그런 종교관을 갖게 된 것이 아니다. 수니파와 시아파 간의 분열은 논쟁의 가치가 있지만, 무신론은 창틀 밖으로 저 멀리 벗어나 있다. 어떤 의견을 급진적이거나, 심지어는 상상할 수도 없는 것으로 치부하느냐는 상당 부분 상황에 의해 결정되기 때문에, 자신의 오버턴 창문 안에 진실이 있다면 그건 순전히 행운이다.

물리학자 막스 플랑크의 발언은 이 문제를 다른 시각으로 볼 수 있게 해준다. '새로운 과학적 진실이 승리를 거두는 것은 적들을 납득시키고 이해시켜서가 아니다. 적들이 죽고, 새로운 진실에 익숙한 새로운 세대가 자라나는 덕분이다.'[22] 간결하게 말하자면, '과학은 장례식이 열릴 때마다 한 걸음씩 진보한다'. 에테르는 그 마지막 옹호자가 죽어서 땅에 묻히고 나서야 상대성이론에 완전히 패배했다. 합리적이기만 할 것 같은 과학계에서조차 오버턴 창문은 증거만으로 움직이지 않는다. 예전에 급진적이었던 것을 합리적인 것으로 움직이는 사회학적 힘이 작용한다.

오버턴 창문은 지식의 문제에 상황적 운이 개입하는 경우가 흔하다는 사실을 보여준다. 지식을 갖는 것을 가치 있는 일로 보느냐, 내게 속한 지식만 진정한 앎으로 보느냐에 따라 이런 유의 운이 골치 아플 수도 아닐 수도 있다. 사회화의 결과로 운 좋게 참인 믿음을 손에 넣었다 해서 칭찬을 받을 자격은 없다. 상속받은 재산에 대해 칭찬받을 수 없듯이 말이다.[23]

우연한 발견

인식적 특권은 여러 면에서 도덕적 특권과 비슷하다. 도덕적 특권이란 부당하고 차별적인 분배 시스템으로 인해 분에 넘치는 이득이나 특혜를 노력 없이 얻는다는 개념이다. 도덕적 특권을 갖는다고 해서 문제될 것이 없듯이, 인식적 특권을 갖는 것도 문제가 되지 않는다. 우연히도 적절한 때 적절한 장소에 있거나, 자신의 오버턴 창문 안에 진실이 있는 환경 속에 사는 것이 무슨 잘못인가. 문제는 그런 특권을 누리지 못할 때 벌어진다. 운이 나쁜 사람은 자신이 급진적이거나 상상할 수도 없다고 생각하는 견해들의 범주 안에 진실이 있어서 진실을 얻을 기회를 놓치고 만다.

보편적 교육은 상황적 운이 나빠 진실에 접근하지 못하는 확률을 줄여줄 것이다. 차별 금지법이 도덕적 비특권 계층을 줄이는 것을 목표로 삼듯이, 평등 교육의 목표는 인식적 비특권 계층을 줄이는 것이다. 어느 나라든 공립학교에 대해 터져 나오는 공통된 불만이 있다. 교육의 질이 균등하지 못해서, 좋은 학교에 다니는 행운아들이 열등한 학교에 다니는 아이들을 계속 앞지를 수밖에 없다는 것이다. 전체적으로 보면, 아이들의 교육 수준은 개개인의 결단과 주도력보다 어느 학교에 걸리느냐 하는 운에 걸려 있다. 누구나 생각할 수 있는 해결책은 모든 학교를 좋은 학교로 만드는 것이다. 그러면 모든 이가 평균 이상인 워비건 호수*의 꿈이 실현되지 않을까. 모든 학교를 평균 이상으로 만드는 건 수학적으로 불가능하지만, 평균을 높이고 표준편차를 줄이는 방법을 찾을 수 있을지도 모른다. 최악의 학교와 최고의 학교 사이에 존재하는 간극을 좁히는 것이다. 인구 밀도, 경제력, 모국어, 민족적 배경, 종교적·정치적 관점이 다양한 대규모 사회에서는 그리 쉬운 일이 아니다. 그래도 어쨌든 그 일을 성공시켰다고 가정해보자.

포르투나는 그리 호락호락하지 않다. 우리가 아무리 교육을 많이 받아도, 그 교육의 질이 아무리 좋아도, 아무리 열심히 공부해도 운은 어떻게든 끼어들 방법을 찾아내는 것 같다. 더 나은 교육으로 상황적 불운을 제거할 수 있다면, 최고의 교육을 받은 사람은 거기에서 완전히 해방되어야 할 것이다. 학자나 과학자처럼 인식적 특권

---

* 미국의 풍자작가 개리슨 케일러Garrison Keillor가 쓴 라디오 드라마 「프레리 홈 컴패니언A Prairie Home Companion」의 배경인 가상의 마을. 그곳의 모든 주민은 자신이 평균 이상이라고 믿는다.

을 누리는 이들이 운에 휘둘리는 일은 절대 없어야 한다. 하지만 현실은 그렇지 않다.

〈네이처〉 1953년 5월 30일 호에는 생명체의 청사진을 암호화하는 대형 분자인 DNA의 이중나선 구조를 최초로 정확히 설명한 제임스 왓슨과 프랜시스 크릭의 논문이 실렸다. 그들은 그 구조적 안정성과 변이 가능성, 자기 복제 가능성을 설명했다. 노벨상을 받은 생물학자 피터 메더워 경은 '이 발견이 20세기의 가장 위대한 업적이라는 사실을 모르는 둔한 자와는 논쟁을 벌일 가치도 없다'라고 말했다. 1951년에 제임스 왓슨은 미국을 떠나 영국 케임브리지 대학의 박사 후 연구원으로 근무했다. 1953년까지도 그는 세계적인 유명 인사가 되리라 기대할 만큼 딱히 눈에 띄는 학자는 아니었다. 그런데 무슨 일이 있었을까?

물론 왓슨의 성공에는 근면함과 영리함이 크게 작용했지만, 상황적 운의 역할도 무시할 수 없었다. 우선 왓슨이 과학자의 길을 선택한 것 자체가 운이었다. 메더워에 따르면 '영국이라면 왓슨의 조숙함과 천재성을 지닌 학생의 진로는 문학계로 정해졌을 것이다'. 이뿐 아니라 왓슨이 어떤 성과를 내기도 전에 과학자들의 특권층 그룹에 들어가, 발표되기 전의 최첨단 연구를 접할 수 있었던 것도 운이었다. 가장 중요한 사실은, 뛰어난 프랜시스 크릭과 운 좋게도 친구가 되고 공동연구까지 할 수 있었다는 것이다. 왓슨과 크릭은 마치 존 레논과 폴 매카트니 같았다. 그들의 창의적 통찰은 각자 혼자서는 불가능했을 공동의 성과물이었다.[24]

왓슨은 운이 좋았을지 모르지만, 이런 행운은 성공의 배경 조건이었다. 왓슨과 크릭의 발견은 운으로 인한 것이 아니었다. 두 사람은 DNA의 비밀을 밝히기 위해 열심히 노력했으며, 경쟁자의 아이디어가 불발로 끝나 그들을 추월하지 못하자 안도했다. 전통적인 비유를 사용하자면, 인간의 지식이 진보하는 과정은 마치 성당을 한 채 짓는 것과 비슷하다. 소수의 건축가가 예배실이나 종루를 설계하면 수많은 과학적 인부가 블록을 자르고 쌓는다. 생물학, 화학, 생리학의 성소는 제각기 다른 설계에 따라 지어지지만, 인간 삶에의 응용이라는 목적은 같다. 과학의 역사란 고딕 양식의 건물 아래에 묻혀 있는 로마네스크 양식의 예배당을 발굴해내는 고고학과 다름없다. 그 누구도 성당을 운으로 짓지 않으며, 지식의 강력한 신전을 수호해주는 이는 포르투나가 아니라 지혜의 신 아테나이다. 왓슨과 크릭이 그 신전의 건축에 공헌한 것은 개인적으로 다행한 일이었지만, 그들의 과학적 공헌 자체는 운이 아니었다.

지식의 성채는 아무리 그 어마어마한 규모로 위풍당당함을 자랑한다 해도,[25] 예기치 않은 우연한 발견이 없다면 튼튼하게 다져질 수 없다.

1302년, 페르시아 시인 아불 하산 야민 우드딘 쿠스라우는 1주일 동안 매일 다른 이야기를 들려주는 일곱 공주에 관한 시 「여덟 개의 천국Hasht-Bihisht」을 썼다. 그중 한 이야기는 아버지의 명령을 받고 외국으로 떠난 세렌딥(고대에 페르시아가 스리랑카를 부르던 이름)의 세 왕자에 대한 것이었다. 관찰력이 매우 예리한 그 왕자들은 한쪽 길가의 풀은 뜯겨 있지만, 반대편 길가의 더 푸르고 더 맛있어 보이는 풀은 그대로 남아 있다는 사실을 알아챘다. 그리고 낙타 이빨만 한 크기로 짓이겨진 풀 덩어리들, 세 개의 발굽 자국, 그리고 질질 끌린 듯한 또 다른 발굽 자국이 보였다. 길 왼편에서는 개미들이 버터를 포식하고, 오른편에서는 파리들이 꿀을 뒤덮고 있었다. 왕자들은 이와 비슷한 광경을 여럿 목격한다.

왕자들은 딱히 낙타와 관련된 무언가를 찾고 있었던 건 아니지만, 낙타 한 마리를 잃어버린 어느 상인과 마주치자 이렇게 말한다. "아, 이빨이 하나 없고 몸통의 한쪽에는 꿀을, 다른 쪽에는 버터를 짊어진 외눈박이에 절름발이 낙타 말이오? 임신한 여인이 타고 있겠지? 그 낙타 말이오? 못 봤소." 당연히 그들은 도둑으로 몰렸다. 호레이스 월폴과 볼테르를 비롯한 여러 작가가 세 왕자 이야기를 들려주거나 개작했으며, 면밀한 관찰력과 추리력을 가진 이 왕자들은 에드거 앨런 포의 오귀스트 뒤팽이나 아서 코넌 도일의 셜록 홈스가 탄생하는 데 크게 일조한다.

우연한 발견은 우리가 주의를 기울이거나 무언가를 찾고 있다가 예상치 못한 것과 마주칠 때 일어난다. 콜럼버스는 인도로 가는 새로운 길을 모색하다가 새로운 대륙을 발견했다. 웨일스의 정원사 마이크 스미스는 첼시 꽃 박람회에 출품할 기발한 꽃을 개발하려다가 우연히 세상에서 가장 매운 고추를 탄생시켰다.[26] 우연히 일어난 과학적 발견을 열거하자면 아주 긴 목록이 완성된다.[27] 그중 가장 유명한 사례는 알렉산더 플레밍의 페니실린 발견일 것이다.

플레밍은 부스럼이나 인후염 식중독 등 다양한 병을 일으킬 수 있는 포도상구균을 연구하는 세균학자였다. 그는 그리 깔끔한 연구자는 아니었다. 1928년 8월, 그는 뚜껑을 덮지 않고 씻지도 않은 페트리 접시를 실험실 여기저기에 둔 채 휴가를 떠나버렸다. 그러고는 9월 3일에 돌아왔더니, 일부 접시에 곰팡이가 피어 있었다. 자세히 검사해보니 곰팡이 얼룩이 있는 곳에는 포도상구균 집락이 보이지 않았다. 보아하니 곰팡이가 무언가(플레밍은 '곰팡이액'이라고 불렀다)를 분비하고, 그것이 포도상구균을 죽이고 있는 것 같았다. 운 좋게도 그의 지저분한 실험실은 페니킬리움 노타툼(푸른곰팡이의 일종)의 포자들이 떠다니다 정착하기에 딱 좋은 환경이었던 것이다.

물론 플레밍은 10년 넘게 페니실린 같은 것을 찾고 있었고, 페트리 접시에서 보이는 것이 무엇인지 이해할 수 있는 감각도 있었다. 따라서 순전히 운이었다고 말할 수는 없을 것이다. 잃어버린 열쇠를 찾아 집 안을 샅샅이 뒤지다가 소파 방석 밑에서 발견하는 것은 운이 아니다. 어쨌든 열쇠를 찾고 있었으니 말이다. 반면 메더워가 말하듯, 대부분의 항생제는 '치명적인 독성을 지니고 있다. 세균과 더 고등한 유기체가 공유하는 대사 과정을 방해함으로써 세균의 성장을 막기 때문이다. 페니실린은 세균 특유의 합성 과정, 즉 세균 세포벽이라는 독특한 구조적 요소의 합성을 방해하기 때문에 비교적 무해하다'.[28] 딱 맞는 종류의 곰팡이액이 지저분한 페트리 접시에서 자란 건 플레밍에게 행운이었다.

이렇듯 사회의 지식층이 지식의 진보와 과학에 헌신하다가 상황적 운으로 우연히 진실을 손에 넣게 되는 경우가 많다. 지식인들의 성취조차 운에 심하게 감염된다면 어떤 항생제로 그 감염을 치료할 수 있을까? 이런 이야기들이 전해지는 방식에 따라 우리의 시각이 결정될지도 모른다. 플레밍 같은 사람은 무지의 혼돈과 싸운 영웅적인 과학자일까, 아니면 어쩌다 우연히 위대한 발견과 마주친 운 좋은 게으름뱅이일까? 다음 장에서는 서사 프레이밍, 즉 이야기들이 전해지는 방식의 문제를 좀 더 자세히 다룰 것이다.

인식적 운과 통제 이론

여러 형태를 띠고 나타나는 인식적 운은 확실히 지식에 대한 현실적이고 실재하는 위협처럼 보인다. 이 장에서 지금까지는 인식적인 부분을 중점적으로 검토해왔다. 이제 운에 관한 부분으로 넘어가보자. 여기서 작용하는 운의 개념은 뭘까? 이 책에서 우리가 살펴본 운에 관한 이론은 확률 이론, 양상 이론, 통제 이론이다. 제3장에서 그 이론들에 내재한 심각한 문제들을 보았다. 그 문제들은 옆으로 제쳐두고, 어떤 이론이 인식적 운의 개념을 포착할 수 있을까에 초점을 맞춰보자. 제4장에서는 양상 이론과 확률 이론이 도덕적 운에 유효하지 않다는 사실을 증명해 보였다. 우리가 통제 이론마저 버린다면, 도덕적 운은 아예 존재하지 않는 것이 되어버린다. 사실 통제 이론을 받아들이더라도 그런 위험을 감수해야 한다. 운에 관한 다른 관념과 통합되어버릴 수도 있기 때문이다. 하지만 논의를 진행하기 위해 통제 이론이 독자적으로 기능할 수 있다고 가정해보자.

통제 이론에 따르면 우리의 통제 밖에서 발생하는 사건만 운이다. 이런 통제 이론을 이용해 인식적 운을 설명할 수 있을까? 그렇지 않다. 뜻밖의 이유로. 통제 이론은 지식에 관한 모든 것을 운의 문제로 만들어버린다. 지식에 관하여 우리가 통제할 수 있는 것은 거의 없다. 믿음을 예로 들어보자. 당신은 창밖을 내다보고, 그 결과 따뜻하고 화창한 날이라고 믿는다. 그렇다면 당신의 자발적인 판단으로 그 믿음이 형성되었는가? 대신에 눈이 내리는 어두컴컴한 날이라고 믿기로 결정할 수 있었을까? 어느 질문이든 긍정의 답이 나올 것 같지는 않다. 주로 믿음은 우리가 마주치는 것에 의해 우리 안에 유발된다. 따뜻하고 화창한 날을 직접 지각하면 자발적인 선택 없이 그런 믿음이 만들어진다. 그 증거를 뒤엎는 건, 불가능하지는 않더라도 어렵다.

우리는 어떤 행동을 취할지 심사숙고할 수 있지만, 무엇을 믿을지에 대해 심사숙고하고 그 결과를 믿기는 어렵다. 유명한 파스칼의 도박Pascal's Wager 이론은 이 문제를 부분적으로 다루고 있다. 『팡세』에서 파스칼은 신의 존재를 믿는 것이 합리적이라고 주장한다. 그의 논리를 따라가보자. 신의 존재 유무에 대한 가능성은 두 가지뿐이다. 신이 존재하거나 존재하지 않거나. 신은 없지만 실수로 그의 존재를 믿는다면, 그 잘못으로 인해 잃는 것은 아무것도 없다. 신의 존재를 제대로 부정한다면, 그로부터 얻는 것 또한 아무것도 없다. 반면 신이 있다고 가정해보자. 그럴 경우 신의 존재를 (올바르게) 믿는다면 큰 이득을 얻을 것이고, 신의 존재를 부정하는 실수를 저지른다면 큰 손해를 볼 것이다. 이 논리에 따라 파스칼은 신의 존재를 믿기로 결정할 만한 이론적 근거가 충분하며, 그것이 우리에게도 가장 큰 이익이 된다고 결론짓는다.

논증의 끝에 파스칼은 누군가가 그의 이론을 읽고 다음과 같은 맥락의 반응을 보이면 어쩌나 고민한다. "블레즈, 대단한 논증입니다. 신을 믿어야겠다고 완벽하게 설득당했어요. 그러면 잃을 건 하나도 없고 모든 걸 얻게 되니까요. 문제는 내가 그럴 수가 없다는 겁니다. 돈 가방을 주겠다는 당신의 약속 때문에 당신이 헐크라는 걸 믿으려고 애쓰는 거나 마찬가지잖아요. 하지만 난 그럴 수 없어요. 그러니까 당신이 헐크라고 생각한다고 거짓말을 할 수는 있겠지만, 진심으로 믿지는 않을 겁니다. 돈은 제쳐두고, 당신이 헐크라는 건 너무 말이 안 돼서 믿을 수가 없어요."

파스칼은 이를 심각한 문제로 여긴다. 우리는 우리의 믿음을 자발적으로 통제할 수 없다. 파스칼은 교묘한 추론 끝에 놀라운 해결책을 제시한다. 기독교도와 자주 어울리고, 미사에 참석하고, 성수를 조금 지녀라. 믿음을 시작하기 위해 모든 사람이 한 행동이다. 그러면 당신도 정신을 차릴 수 있으리라. 파스칼은 우리가 기껏해야 간접적으로나 믿음을 통제할 수 있다고 생각한다.

하지만 파스칼이 제안한 간접적 통제도 쉽지 않은 일이다. 빌 윌슨이 1935년에 알코올중독자 갱생회Alcoholics Anonymous를 만든 것은 자신의 음주 문제를 혼자서는 극복할 수 없다는 사실을 깨달았기 때문이었다. 빌 윌슨은 알코올중독을 '사형 선고'라고 불렀지만, 의지 하나로는 음주를 멈출 수가 없었다. 술을 끊고 싶어 하는 다른 중독자들과 협력한 후에야 그들의 금주를 도와줄 상호 지원 체계를 찾을 수 있었다. 중독, 오래된 습관, 강력한 1차적 욕구를 극복하기란 유난히 어려우며, 실패할 확률이 높다. 욕구와 마찬가지로 믿음을 바꾸는 데는 많은 노력이 필요하며, 어쩌면 아예 불가능할지도 모른다. 뭔가를 믿겠다는 의지만으로는 성공하기 어렵다. 『거울 나라의 앨리스』에서 붉은 여왕은 불가능한 여섯 가지를 아침 식사 전에 믿을 수 있다고 단언해 앨리스를 놀라게 한다. 불가능한 일을 믿다니, 우스꽝스럽다. 하지만 붉은 여왕은 백성들을 지배하듯 자기 믿음도 통제할 수 있을까. 그렇게 믿는 건 어리석은 짓일 것이다. 그래서 이 장면에 부조리한 유머 감각이 더해진다.

　　지금 우리는 우리의 통제 범위 밖에서 벌어지는 사건을 운이라 가정하고 있다. 따라서 우리가 믿음을 통제할 수 없는 한, 어쩌다 일이 잘 풀려 우리의 믿음이 사실로 밝혀진다면 행운이고, 거짓으로 밝혀진다면 불운이 된다. 우리가 통제할 수 없는 믿음은 운의 영향을 받는다. 믿음은 지식의 필수적인 구성 요소이므로, 지식 또한 운이 큰 부분을 차지한다. 믿음은 지식의 일부이지만, 진리 역시 그렇다. 믿음을 거의 통제할 수 없다면, 진리는 아예 통제할 수 없다. 오늘은 따뜻하고 화창한 날이다, 캐나다는 멕시코의 북쪽에 있다, 우주의 나이는 한 달 이상이다…… 이런 객관적인 사실들은 항상 유효하다. 우리가 뭘 하든 이 사실들은 여전히 참일 것이다. 우리의 뜻대로 바꿀 수 있는 건 전혀 없다. 주관적인 사실들도 거의 마찬가지다. 당신이 맥주보다 와인을 좋아하고, 「스타워즈」보다 「스타트렉」을 좋아하는 것은 참일 수 있지만, 당신은 그런 참인 사실들을 직접적으로 통제할 수 없다. 앞서 보았듯이, 우리가 기대할 수 있는 최선은 기껏해야 간접적이고 제한된 통제뿐이다. 우리의 믿음도, 진리도 우리가 통제할 수 없다. 이제 지식에 남은 건 믿음과 진리 간의 적절한 연관성뿐이다. 우리는 그 연관성을 통제할 수 있을까?

우리 모두는 참인 믿음을 지식으로 격상시키는 나름의 비결을 갖고 있다. 어떤 인식론자들은 믿음을 얻기 위해 사용한 수단이 신뢰할 만한 것이어야 한다는 요건을 붙여야 한다고 생각한다. 믿음은 신뢰할 만한 방법에 의해 정당화된다. 신뢰할 수 있는 방식으로 형성된 참인 믿음이 바로 지식이다. 물론 자신의 방법이 얼마나 신뢰할 만한지, 과학적인지 마구잡이식인지 전혀 감이 잡히지 않을 수도 있다. 다음과 같이 주장하는 인식론자들도 있다. 쉽게 틀릴 리 없는 것이 지식이다. 다시 말해 양상적으로 안정된 참인 믿음이 지식이다. 예를 들어 창밖으로 따뜻하고 화창한 날씨가 보인다면, 그것을 잘못 이해해서 지독한 겨울 날씨라고 욕하기는 어렵다. 하지만 여기서도 마찬가지의 문제가 발생한다. 우리의 믿음이 양상적으로 안전한지 아닌지 전혀 감지하지 못할 수도 있다.

앞의 두 가지는 우리가 막연히 '정당화'라고 불러왔던 것에 대한 것이다. 세 번째 주장은, 믿음을 가진 자로서의 도덕적인 인격이 우리와 진리를 연결해줄 때 참인 믿음이 지식으로 전환된다는 것이다. 지식은 능력으로 성취하는 것이다. 야구공을 치거나, 넘어지지 않고 롤러스케이트를 타는 것처럼 말이다. 칸트는 옳은 일을 우발적으로 할 수는 없다고 생각했다. 선의에서 비롯되어야 하기 때문이다. 지식 역시 마찬가지일지도 모른다. 뛰어난 기술의 결과라면, 지식 획득은 우발적으로 이루어질 수 없다. 하지만 여기서도 우리가 순수한 인식적 인격만 지니고 진실을 인식하는 존재인가 아닌가의 문제가 남는다.

이 모든 비결은 한 가지의 공통점을 가지고 있다. 실제로 존재하는지도 알 수 없는, 믿음과 진실 간의 연관성을 상정하고 있다는 것이다. 이것이 바로 맹점이다. 우리가 의식할 수도 없는 어떤 연관성을 어떻게 의미 있게 통제할 수 있겠는가. 결론을 말하자면, 우리의 믿음이 참인지 거짓인지, 혹은 우리가 그런 믿음을 가지고 있는지조차 마음대로 통제할 수 없듯이, 믿음의 정당화도 우리 뜻대로 되는 것이 아니다. 팔다리를 마음대로 움직이지 못하는 사람이 자신의 몸을 통제하지 못하듯, 지식의 구성 요소를 마음대로 제어하지 못하는 우리는 지식 자체도 통제할 수 없다.

운은 지식에 대해 온갖 문제를 일으킨다. 왜 지식이 요행수보다 나은지 증명하기란 쉬운 일이 아니다. 게티어 문제와 급진적 회의론 같은 결과적 운의 문제들, 그리고 오버턴 창문과 과학계의 우연한 발견과 관련된 상황적 운의 문제들이 걸림돌이 된다. 그리 낙관적이지는 않지만, 아직 희망은 있다. 이 혼란스러운 상황에 통제 이론을 던져 넣는 건 수류탄을 던지는 거나 마찬가지다. 지식은 본질적으로 운의 영역에 들어가버린다. 운의 파편이 너무 많이 박혀버려 구제가 불가능해진다. 지금까지의 이야기를 요약하자면 이렇다. 도덕적 운은 실재하는 것처럼 느껴진다. 그러나 확률 이론이나 양상 이론을 적용하면 도덕적 운은 존재하지 않는 것이 된다. 따라서 도덕적 운을 지키려면 통제 이론을 받아들여야 한다.[29] 하지만 인식론에서 통제 이론을 사용하면 지식에 관한 모든 것이 순수한 운이 되고, 지식은 존재하지 않게 되어버린다. 이렇게 우리는 이럴 수도 저럴 수도 없는 사면초가의 상황에 빠지고 만다.

분할과 정복

여기서 우리가 취할 수 있는 명백한 수는 두 가지 종류의 운이 있다고 주장하는 것이다. 우리가 통제할 수 없는 상황과 관련된 운, 그리고 양상적으로 취약하거나 발생 확률이 낮은 사건과 관련된 운.[30] 하지만 언어는 교묘하며 불안정하다. 같은 단어가 다른 의미로 쓰이는 경우도 있고, 다른 말이 같은 의미를 띠기도 한다. '미안합니다'와 '사과합니다'는 같은 의미이다. 로마의 신 야누스처럼 정반대의 방향을 바라보고 있는 두 얼굴과 같다. '미치다'라는 단어는 '정신이상'과 '열정'이라는 서로 다른 의미를 품고 있다.

하지만 성급하게 중의성을 고집해서는 안 된다. 명약관화한 일을 피하려는 구실에 불과한 경우가 많기 때문이다.[31] 빌 클린턴 대통령은 바로 그런 시도를 하다가 탄핵 위기까지 맞았다. 모니카 르윈스키와의 불륜 사실에 대해 허위 증언을 했다는 이유로 의회에서 그를 고발했다. 클린턴의 변호사는 '(르윈스키와) 클린턴 대통령 사이에 어떤 방식이나 형태의 성관계도 없다'라고 증언했다. 클린턴은 선서를 한 뒤, 변호사의 진술이 사실이냐는 단도직입적인 질문을 받았다. 그의 악명 높은 답변은 이랬다. "'없다'라는 단어의 의미가 무엇이냐에 달려 있다."

클린턴은 곧장 큰 조롱을 당했지만, 사실 요점을 제대로 짚었다. '(바로 지금이나 아주 최근에) 르윈스키와 클린턴 사이에는 성관계가 없다'라는 말과 '(역사상 어느 시점에도) 그들 사이에는 성관계가 없다'라는 말은 다르다. '하늘이 흐리다'와 '직각삼각형에서

빗변의 제곱은 나머지 두 변의 제곱의 합과 같다'가 서로 다르듯이. 피타고라스의 정리는 어느 때나 참이지만, '하늘이 흐리다'라는 명제는 지금 당장 참이더라도 항상 그런 건 아니다. 하지만 '없다'라는 말의 시제성과 무시제성 간의 차이를 강조하려던 클린턴의 시도는 천박한 회피로 간주되었다. 그가 셔츠 칼라에 립스틱을 묻힌 채 집으로 돌아가서 힐러리에게 똑같은 주장을 시도한다고 상상해보자.

"빌, 당신 바람피우고 있어?"

빌은 자기 다리를 내려다보고 바지가 입혀져 있자 이렇게 답한다. "아니."

반면 중의성을 호소하는 것이 옳은 방법일 때도 있다. 1907년, 하버드 대학의 철학자이자 심리학자인 윌리엄 제임스는 '실용주의란 무엇인가'라는 주제로 강의를 할 때 중의성을 통해 논쟁을 해결하는 아주 친근한 사례로 시작했다.

몇 년 전 산에 캠핑을 갔는데, 혼자 산책을 하고 돌아갔더니 모든 사람이 열띤 형이상학적 논쟁을 벌이고 있더군요. 논쟁의 대상은 다람쥐였습니다. 나무줄기의 한쪽에 살아 있는 다람쥐 한 마리가 붙어 있다고 가정합니다. 반대편에는 사람이 한 명 서 있고요. 이 사람은 얼른 나무를 돌아서 다람쥐를 보려고 하지만, 그가 아무리 빨리 움직여도 다람쥐 역시 똑같이 빠른 속도로 반대 방향으로 움직입니다. 그래서 다람쥐와 사람 사이에는 항상 나무가 있고, 사람은 절대 다람쥐를 보지 못하죠. 그 결과 다음과 같은 형이상학적 문제가 발생합니다. 이 사람은 다람쥐를 돌고 있는가, 아닌가? 그는 분명 나무를 돌고 있고, 다람쥐는 나무 위에서 움직이고 있습니다. 하지만 그가 다람쥐를 돌고 있는 걸까요? (……)

나는 이렇게 답했습니다. "어느 쪽이 옳은가는 다람쥐를 '돈다'라는 말의 실제 의미에 달려 있다. 다람쥐의 북쪽에서 동쪽으로, 남쪽으로, 서쪽으로 움직인 다음 다시 다람쥐의 북쪽으로 간다는 의미라면, 분명 그 사람은 다람쥐를 돌고 있는 것이다. 연속적인 위치를 점하고 있으니까. 하지만 처음엔 다람쥐의 앞에 있다가 오른쪽, 뒤쪽, 왼쪽을 거쳐 마지막에 다시 앞으로 돌아온다는 의미라면, 이 사람은 다람쥐를 돌고 있는 것이 아니다. 다람쥐도 계속 움직이기 때문에, 항상 배를 사람에게 향하고 등은 반대쪽으로 돌리고 있으니까. 이렇게 구분하면 더 논쟁을 벌일 이유가 없다. '돈다'라는 동사를 어떻게 해석하느냐에 따라 옳을 수도 틀릴 수도 있다."[32]

제임스가 '돈다'라는 말의 의미를 두 가지로 구분하자 더 이상의 논쟁은 필요 없어졌다. 제임스는 '끝없이 이어질지도 모르는 형이상학적 논쟁을 해결하는' 실용주의적 접근법의 한 사례로 다람쥐 이야기를 제시했다. 하지만 이 방식은 제임스가 기대한 만병통치약이 되지 못했다. 다람쥐 사례에서조차, 캠핑에 참여한 모든 이들이 제임스의 답안에 만족한 것은 아니었다. "열성적인 논객 한두 명은 내 해법이 교묘한 회피라며 비판했다. 어려운 용어로 어물쩍 넘기며 궤변을 늘어놓지 말고, 단순하고 평이한 말로 답해달라고 했다."

단순하고 평이한 말이 무엇인지 사전에서 찾을 수 있다면 얼마나 좋겠는가. 안타깝게도 사전은 사전 편찬자들이 발견한 단어 사용법을 전할 뿐, 그 사용법은 세상의 이치를 발견하는 데 큰 도움이 되지 않는다. 사전이 해결책이라면, 뉴턴이나 아인슈타인도 '중력'이라는 단어를 찾아보고 많은 수고를 덜 수 있었을 것이다. 'dictionary.com'에서 '살인'의 정의를 찾아보면 이렇게 나온다. '한 인간이 다른 인간을 불법적이고 의도적으로 죽이는 행위.' 홀로코스트는 의도적인 학살이었지만, 제3제국에서는 불법이 아니었다. 사전의 정의를 따르면 나치는 유대인들을 살해하지 않은 것이 된다. 이렇게 잘못된 결과가 나오는 걸 보면, 사전은 현실의 많은 부분을 제대로 얘기해주지 못하는 듯하다. 중력, 살인, 혹은 운의 진정한 본질을 알려고 사전에 의지해서는 안 된다는 뜻이다.

좀 더 체계적인 접근법이 필요하다. '운'이 중의적이라고 생각할 만한 타당한 이론적 근거가 있을까? 우리가 시도해볼 수 있는 한 가지는 중의성에 대한 의미론적 검사를 실시하여 '운'이 통과하는지를 보는 것이다. 일반적으로 인정되는 검사는 딱히 없지만, 가장 널리 사용되는 것은 모순 검사이다.[33] 그 논리는 다음과 같다. 자기 모순처럼 보이는 문장들이 실제로는 그렇지 않은 경우가 있다. 그 문장에서 한 단어가 두 번, 하지만 서로 다른 의미로 사용되고 있다는 사실을 깨닫는 순간 모순성이 사라져버리는 것이다. 여기, 몇 가지 사례가 있다.

1. This ball is not a ball.

2. Fido is a dog but not a dog.

3. Amber rented an apartment but did not rent an apartment.

4. Bruce Lee hit the man with a stick, but did not hit the man with a stick.

5. The barber shaves 20 times a day and yet always has a beard.

6. The man saw his wife drunk, but not drunk.

이 문장들은 표면적으로, 구문론적으로 모순된다. 하지만 몇몇 단어가 중의적으로 사용되었다는 사실을 깨닫는 순간, 문장들은 참이 되어버린다. 1번 문장에서 'ball'은 '무도회'와 '공'이라는 두 가지의 의미로 쓰인다. 따라서 '무도회는 공이 아니다'라는 뜻이 된다. 2번 문장의 'dog'는 각각 '개'와 '수캐'를 의미한다. 파이도는 기다란 주둥이와 예민한 후각, 오므려지지 않는 발톱을 가지고 있고, 멍멍 짖거나 으르렁거리거나 낑낑거리는 소리를 내며, 반려동물로 혹은 사냥, 가축 몰이, 경비 등의 실용적인 목적으로 키우는, 길들여진 육식성 동물이지만(옥스퍼드 영어 사전), 수컷이 아니다. 3번 문장에서 'rent'는 '세를 놓다'라는 뜻과 '빌리다'라는 뜻을 동시에 지니고 있다. 따라서 '앰버는 아파트를 세놓고, 아파트를 빌리지 않았다', 즉 '앰버는 집주인이지 세입자가 아니다'라는 의미가 된다. 4번 문장은 '브루스 리는 막대기를 가진 남자를 때렸지만, 막대기로 남자를 때리지 않았다'라는 뜻이다. 즉 브루스 리는 막대기를 휘두르는 남자를 주먹으로 때렸다. '이발사는 하루에 스무 번 면도를 하지만 그래도 항상 콧수염이 나 있다'라는 5번 문장의 이발사는 초자연적으로

털이 많은 것이 아니라 자신이 아닌 다른 사람들의 수염을 깎아줄 뿐이다. 6번 문장은 멀쩡한 정신의 남자가 술 취한 아내를 보았다는 뜻이다. 이 모든 문장은 모순 검사를 통과했다. 즉 모두 중의적인 부분을 가지고 있다는 뜻이다.

이 외에도 언어에는 기묘한 점이 참 많다. 모호성을 예로 들어보자. 뚜렷한 경계가 없는 모호한 용어들이 있다. 이를테면 '아주머니'라는 단어가 그러하다. 이모일 수도 있고, 고모일 수도 있으며, 숙모일 수도 있다. '보라색'은 또 어떠한가. 빨강과 파랑을 섞은 색이지만, 그 정확한 중간 지점이 정해져 있지 않다. '중년'도 마찬가지다. 정확히 어느 시점부터 청춘이 끝나고 중년이 시작되는지, 혹은 언제부터 중년이 끝나고 노년이 시작되는지 알 수 없다. 영화배우 밥 호프는 다음 날 아침에 몸 상태가 더 좋아질 거라는 믿음이 아직 있다면 중년이고, 익지 않은 바나나를 그만 사면 노년이라는 재담을 남겼다. 이 말이 맞을지도 모르지만, 정확하지는 않다.

모호한 단어들은 역시나 모순 검사를 통과하지 못한다.

7. Your aunt is not your aunt(네 아주머니는 네 아주머니가 아니다).

8. That purple shirt is not purple(그 보라색 셔츠는 보라색이 아니다).

9. A middle-aged man is not yet middle-aged(중년 남자는 아직 중년이 아니다).

이 문장들은 표면적으로만 모순된 게 아니라 깊고도 완전한 모순을 안고 있다. 그 모호성을 해결할 길이 없다. 그렇다면 '운'은 어떠할까? 모순 검사를 순조롭게 통과할 수 있을까? 그렇지는 않다. 아주머니, 보라색, 중년 쪽과 더 비슷해 보인다.

10. Megan is lucky(메건은 운이 좋다).
11. Megan is lucky but not lucky(메건은 운이 좋지만 운이 안 좋다).

'운'은 모호하다. 메건이 운이 좋냐 나쁘냐는 그 경계가 애매하고, 해석에 따라 달라질 수 있다. 예를 들어 메건이 실수로 카페 테이블에 지갑을 놓아둔 채 주차장에 있는 차까지 갔다가 지갑을 깜빡하고 온 사실을 깨닫는다고 가정해보자. 그리고 5분 후 카페에 도착해서 무사히 지갑을 되찾는다. 지갑을 되찾은 건 행운이었을까? 확실히 말하기 어렵다.[34] 하지만 모순 검사의 결과는 확실하다. '운이 좋다'라는 말을 아무리 정밀하게 만들어도, '메건은 운이 좋고 운이 안 좋다'라는 표현은 여전히 이치에 맞지 않는다.

우리는 여러 방식으로 운이 좋을 수 있다. 그렇다면 '운'은 중의적일까? 『삼총사』에서 다르타냥은 포르토스에게 한 사람이 모든 특권을 누릴 수는 없다고 말한다. "이런 말도 있잖아요. 사랑에 운이 좋으면, 카드에는 운이 나쁘다고. 그대는 사랑 운이 너무 좋아서 카드 운은 좋을 수가 없어요." 메건도 포르토스처럼 사랑에는 운이 좋고 카드에는 운이 안 좋을 수 있으며, 그런 의미에서 운이 좋기도 하고 나쁘기도 하다. 겉으로 보이는 모순은 그저 피상적일 뿐, 어쩌면 '운'은 정말 중의적일지도 모른다.

하지만 속단은 금물이다. 앞선 사례가 실제로 보여주는 건 맥락의 필요성이다. '루크가 이겼다'라는 말이 중의적이지 않듯, '사랑에는 운이 좋고 카드에는 운이 나쁘다'라는 말도 운의 중의성을 보여주지 않는다. 루크가 (테니스 경기에서) 이겼다는 건 참일 수 있지만, 루크가 (포커에서) 이겼다는 건 거짓일 수 있다. 이 사례들에서 '이겼다'도, '운이 좋다'도 중의적이지 않다. 그저 불특정할 뿐이며, 이 또한 언어의 기묘한 점들 중 하나다. 예를 들어 '당신은 지하철에 탄 키 큰 축구선수였고, 우리는 시선이 마주쳤다' 같은 서술은 불특정할지 몰라도 중의적이지는 않다. 유일무이한 어느 한 사람을 묘사하고 있다. 마찬가지로 직접적이고 단순한 문장이라도 무언의 가정이 숨어 있으면 애매할 수 있다. '경찰이 오고 있다'는 중의적이지 않지만 상황에 따라 주장이 될 수도, 경고가 될 수도, 안도감의 표현이 될 수도 있다.

대체로 운은 중의적이지 않다. 오히려 의미가 명료한 편이다. 도덕적 운과 인식적 운에서 말하는 운은 서로 다르지 않다. 단 한 종류의 운이 있을 뿐이다. 안타깝게도 이러한 결론으로 인해 우리는 다시 자가당착에 빠지게 된다. 골치 아픈 문제는, 실재하는 듯한 도덕적 운을 설명해주는 동시에 지식의 가능성을 허용하는 운의 개념이 없다는 것이다. 이쯤 되면 운이 흡사 중세의 연금술처럼 보이기 시작한다. 우리가 세상을 이해하는 방식으로는 여기까지가 한계이니, 새로운 방식으로 눈을 돌리면 르네상스가 찾아올지도 모른다. 운의 심리학은 애초에 우리가 운에 끌리는 이유를 설명해줄 것이다.

6

운의 비합리적 편향

물론 난 믿지 않습니다.
하지만 우리가 믿거나 말거나 말편자는 행운을 가져다주거든요.
_ 닐스 보어(물리학자), '왜 문에 말편자를 걸어놓았느냐'는 질문을 받고[1]

인생이 잘 풀리지 않는 건 우리의 탓일까, 아니면 불운 때문일까? 성공한다면, 행운이 아닌 실력이 기여한 바는 어느 정도일까? 인생의 모든 측면이 행운과 불운으로 가득 차 있지만, 운의 실체를 밝히려는 지금까지의 모든 시도는 완전히 실패로 돌아가거나, 아니면 오히려 더 많은 의문을 낳기만 했다. 분명 운을 합리적이고 직관적으로 이해할 수 있는 방법이 있을 것이다. 우리가 어떤 사건을 운이라고 생각할 때와 그렇지 않을 때의 심리를 연구하면 운을 파악하는 데 도움이 될지도 모른다. 사회과학으로 분석할 수 있는 논리적인 개념들이 있을 수도 있다. 물론 우리가 어떤 사건을 행운 혹은 불운으로 판단하는 방식이 일관성 없거나 편향되어 있거나 비합리적이라면 문제는 훨씬 더 심각해질 것이다. 운의 생존에 마지막 치명타가 될 것이다.

프레이밍

1940년대에 우주의 기원이라는 개념은 이단까지는 아니더라도 대개 급진적인 생각으로 여겨졌다. 우주가 팽창하고 있다는 관찰 사실과 일반상대성이론은 그런 기원을 암시하고 있었지만, 여전히 추측에 근거한 이론화처럼 보였다. 그 생각을 진지하게 받아들인 사람들 중에는 미국의 물리학자인 조지 가모프, 랠프 앨퍼, 로버트 허먼도 있었다. 1948년에 발표한 논문에서 그들은 빅뱅이 우주의 도처에 균일하게 잔열을 남겼을 거라고 주장하며, 그 온도를 5K*로 계산했다.[2] '우주배경복사'라고 불리는 이 잔광은 순전히 이론적 예측이었을 뿐, 그것을 감지해낼 기술은 없었다. 빅뱅 이론을 인정하는 사람도 거의 없던 시기였기 때문에, 우주배경복사에 대한 이런 추측을 믿는 이들은 가모프와 앨퍼, 허먼뿐이었고 그들은 무시당했다.

이제 1960년대로 건너뛰어보자. 아노 펜지어스와 로버트 윌슨은 AT&T의 벨 연구소에서 일하고 있었다. 그곳은 오늘날의 X(이전의 구글 X)와 비슷한 사설 연구 조직으로, 언젠가는 성과를 올릴지도 모르는 색다른 기초과학에 몰두했다. 펜지어스와 윌슨은 뉴저지 주 크로퍼드 힐에 방치되다시피 한 전파망원경을 이용해 천체의 전파원을 연구하기로 했다. 이들은 본격적으로 시작하기 전에 망원경의 특성을 파악하고, 특히 소음 문제를 검토해야 했다. 준항성이나 멀리 떨어진 은하계처럼 원거리에서 오는 신호는 너무 약해서, 냉장고

---

* 켈빈 온도를 나타내는 기호. 절대온도 측정 단위로, 영하 273.15도를 기준으로 한다. 5K는 약 영하 268.15도이다.

처럼 윙윙거리거나 드라이브스루 스피커처럼 지직거리는 망원경의 잡음에 묻혀버릴 수도 있었다. 크로퍼드 힐의 망원경은 최첨단의 6미터짜리 혼 안테나horn antenna*였기 때문에, 펜지어스와 윌슨은 잡음 문제를 신경 쓰지 않아도 될 거라고 예상했다.

그 예상은 빗나갔다. 낮은 잡음이 계속 끼어들었다. 측정에 영향을 미칠 만큼 심각한 수준은 아니었으므로, 대부분의 전파천문학자라면 무시하고 연구를 진행했을 것이다. 하지만 펜지어스와 윌슨은 그 기묘하고 희미한 신호의 정체를 알아내기로 마음먹었다. 우선 망원경을 최대한 비어 있는 우주 공간으로 돌렸다. 그래도 문제는 여전했다. 뉴욕 시로 돌려보았다. 여전히 잡음이 들렸다. 아침, 정오, 밤, 여름, 가을, 봄…… 결과는 마찬가지였다. 그들은 망원경을 분해하여 잘못된 배선이나 전자기기의 결함, 접촉 불량이 있는지 살펴보았다. 하지만 아무런 성과도 없었다. 그들은 1년 동안 동료들과 그 문제를 의논하고, 모든 가능성을 고려한 끝에 마침내 결론을 내렸다. 잡음은 모든 곳에 있었고, 그것은 우주 탄생의 신호였다. 전파천문학 연구 중에 잡음 신호를 들은 다른 연구자들은 도구의 사소한 결점으로 치부하고 그냥 넘어가버렸다. 그들은 수수께끼를 풀고자 하는 순수한 결단력과 끈질김이 부족했기에, 펜지어스와 윌슨과 달리 우주배경복사를 발견하지 못했다.[3] 빅뱅을 믿지 않던 사람들도 결국엔 설득당했다. 우주배경복사는 이론으로 예측된 후 관찰에 의해 확증되었다. 우리의 우주는 폭발과 함께 시작되었다. 이 엄청난

* 가운데가 비어 있는 금속관의 선단을 나팔 모양으로 만들어 공간으로 전파가 방사될 수 있도록 한 일종의 개구면 안테나.

발견으로 펜지어스와 윌슨은 1978년 노벨 물리학상을 받았다.

앞서 말했듯, 펜지어스와 윌슨은 이상 현상과 마주쳤을 때 수단과 방법을 가리지 않고 그 진상을 밝히기 위해 노력한 투지 넘치는 과학자였다. 그들이 위대한 발견과 명성을 손에 거머쥘 수 있었던 것은 절대 포기하지 않는 집요함과 세세한 부분을 놓치지 않는 세심함, 그리고 치열한 실험 정신 덕분이었다. 정말 그랬을까? 〈크랙트Cracked〉지에 실린 한 유머 작가의 글은 그들의 이야기를 다르게 들려준다.

어쩌다 보니 명성과 영예를 얻은 두 과학자 아노 펜지어스와 로버트 우드로 윌슨을 만나보자.

1960년대 이전에 과학자들은 우주가 어떻게 창조되었는지 전혀 몰랐다. 빅뱅 이론을 주장하는 이들도 있었고, '그냥 어쩌다 그렇게 된 거야'라며 훨씬 덜 과학적인 입장을 취한 이들도 있었다. 그러나 몇몇 빅뱅 지지자는 증거를 찾을 수 있다는 걸 깨달았다. 우주가 정말 마이클 베이의 영화에 나올 법한 거대한 폭발로 태어났다면, 폭발 후 에너지의 흔적이 우주 공간 여기저기에 남아 있을 터였다. 이 우주학자들은 빅뱅의 흔적이 초단파 복사의 형태일 것이며, 5K의 온도로 우주 전역에 균일하게 퍼져 있으리라 예측했다. 안타깝게도 그 흔적을 찾아낸 사람은 아무도 없었다.

그리고 세월이 흘러 1964년, 윌슨과 펜지어스는 뉴저지 주의 AT&T 벨 연구소에서 새로운 안테나로 작업하고 있었다. 그들이 고감도 안테나를 하늘로 돌리자 여기저기서 희미하고 기묘한 전파 신호가 감지되었다. 이 총명한 물리학자들의 첫 추측은? 비둘기 똥의 간섭이라는 것이었다.

안테나 안에 쌓인 비둘기 똥을 치우고 비둘기가 눈에 보이는 족족 총을 쏘아 쫓아버린 후에도 잡음은 여전했다. 두 과학자는 뉴욕 시, 군대, 그리고 추정상의 외계인들로부터의 전파 간섭을 배제했다. 그러던 어느 날, 그들보다 더 뛰어난 물리학자들이 이론적으로 예측했던 초단파 복사에 대해 듣게 되었다. 로버트 디키라는 과학자가 그것을 찾아내기 위한 실험을 막 설계하려 하고 있었다. 펜지어스에게서 전화를 받은 그는 동료들에게 말했다. "이봐, 우리가 추월당했어." 과학자에게는 '젠장!'과 같은 욕이다.

기이할 정도로 운이 좋았던 연구 덕분에 펜지어스와 윌슨은 1978년 노벨 물리학상을 받았다.[4]

양쪽 이야기 모두 정확한 사실을 담고 있다. 하지만 두 번째 이야기에서 펜지어스와 윌슨은 갈팡질팡하다가 우연히 위대한 발견을 이루어낸 과학자들로 유머러스하게 묘사된다. 그들은 우주배경복사를 찾고 있던 것이 아니었고, 찾았을 땐 그 정체를 몰랐다. 그렇다면 어느 쪽일까? 펜지어스와 윌슨은 영웅적인 실험주의자들일까, 아니면 한 쌍의 운 좋은 얼간이들일까? 답을 결정하는 것은 사실관계가 아니다. 그보다는 사실들이 배열되고 구조화되는 방식에 따라 해석이 달라진다. 우주배경복사가 발견된 후 10년 동안 심리학자들은 같은 정보를 다른 방식으로 제시하기만 해도 정반대의 결론으로 이어질 수 있는 이유를 파악하려 애썼다.

고전파 경제학은 행위자들이 합리적이고, 이기적이며, 일관성 있다고 가정한다.[5] 인간의 다양한 약점을 생각해보면, 우리의 상호작용이 모두 논리적으로 일관성 있다는 이 어리석은 경제학자들을 비웃고 싶어진다. 하지만 이 고전적인 가정은 그렇게 마구잡이로 나온 것이 아니다. 우선 사람들이 전반적으로 합리적이지 않다면 돈 펌프money pump, 즉 호구가 될 수도 있다. 예를 들어 로빈이 다음의 취향을 가지고 있다고 가정해보자.

A. 로빈은 케이크보다 파이를 더 좋아한다. 파이 한 조각을 얻을 수 있다면, 케이크 한 조각과 1달러를 줄 용의가 있다.
B. 로빈은 파이보다 아이스크림을 더 좋아한다. 아이스크림콘 하나를 얻을 수 있다면, 파이 한 조각과 1달러를 줄 용의가 있다.
C. 로빈은 아이스크림보다 케이크를 더 좋아한다. 케이크 한 조각을 얻을 수 있다면, 아이스크림콘 하나와 1달러를 줄 용의가 있다.

디저트 가게는 로빈이 정확히 원하는 바대로 해주면서 로빈의 전 재산을 신나게 거덜낼 수 있을 것이다. 대부분의 사람들이 로빈 같다면, 영악하고 욕심 많은 몇몇 경제학자는 표적들의 모든 취향을 끊임없이 만족시켜주면서 돈을 긁어모을 수 있을 것이다. 하지만 우리가 사람들을 돈 펌프로 바꿀 수 있는 경우는 거의 없으므로, 경제적 행위자들이 대체로 합리적이며, 우리 모두가 무의식적으로 따르는 어떤 행동 원칙(이행적인 선호 체계를 갖는다거나)이 있으리라는 추론이 가능하다. 적어도 논리적으로는 맞는 말이다. 안타깝게도 합리성에 대한 경제학의 멋진 가설은 인간 본성의 추악한 사실들에 난도질당했다. 아무리 잘난 인간이라도 우리의 짐작보다 훨씬 더 비합리적이다.

심리학자인 대니얼 카너먼과 아모스 트버스키는 우리의 잠재의식이 예상대로 비합리적인 의사 결정을 한다는 사실을 보여준 선두 주자였다. 그들은 1970년대부터 발표한 일련의 논문을 통해 우리가 타고나는 어림짐작 기술과 편향을 연구하여 행동경제학의 기초를 세웠다. 트버스키는 젊은 나이에 암으로 사망했지만, 카너먼은 그들의 공동 발견으로 노벨 경제학상(2002년)을 받았다.

그들이 발견한 편향 중 하나는 프레이밍framing이었다.

프레이밍 편향은 논리적으로 똑같은 상황이 어떤 방식으로 전달되느냐에 따라 사람들이 정반대의 반응을 보일 때 드러난다. 몇몇 고전적인 사례를 보자.[6]

- 95달러를 딸 확률이 10퍼센트, 5달러를 잃을 확률이 90퍼센트인 도박에 참여하겠습니까?
- 100달러에 당첨될 확률이 10퍼센트, 한 푼도 못 받을 확률이 90퍼센트인 복권을 사는 데 5달러를 지불하겠습니까?

두 번째 질문에 '네'라고 답하는 사람이 훨씬 더 많다. 하지만 사실상 똑같은 질문이다. 95달러를 벌거나 5달러를 잃을지도 모르는 불확실한 가능성을 받아들이겠느냐 하는 것이다. 게다가 양쪽의 승산도 똑같다. 왜일까? 두 번째 질문은 따는 돈에 관해서만 이야기할 뿐, 잃는 돈은 전혀 언급하지 않는다. 100달러를 딸 확률이 10퍼센트인 복권을 5달러에 산다. 확실히 좋게 들린다. 반면 5달러를 잃을 확률이 90퍼센트인 도박? 전혀 끌리지 않는다.

또 다른 실험에서 의사들은 폐암 치료법인 수술과 방사선치료의 결과에 대한 통계를 제시받았다. 단기적으로는 수술이 방사선치료보다 더 위험하지만, 5년 생존율은 수술이 더 높다. 실험 참여자 중 절반은 생존율을 들었고, 나머지 절반은 똑같은 정보를 사망률로 바꾸어 들었다. 수술의 단기 생존율은 다음과 같이 설명되었다.

- 1개월 생존율은 90퍼센트이다.
- 1개월 안에 사망할 확률은 10퍼센트이다.

후자(50퍼센트의 참여자가 방사선치료를 선호했다)보다 전자(84퍼센트의 참여자가 수술을 선호했다)의 경우 훨씬 더 많은 의사가 긍정적인 반응을 보였다. 정확히 똑같은 시나리오를 두고, 의학 전문가들이 오로지 표현법에 근거하여 아주 다른 치료법을 권고하고 있는 것이다.

카너먼과 트버스키의 사례를 하나 더 보자.

미국이 600명의 목숨을 앗아갈 것으로 예상되는 어떤 이례적인 아시아 질병의 발발에 대비하고 있다고 상상해보자. 질병 퇴치를 위한 두 가지의 프로그램이 제안되었고, 각 프로그램의 결과는 다음과 같이 추정된다.

[프레임 1]
- 프로그램 A를 채택한다면, 200명을 구할 수 있을 것이다.
- 프로그램 B를 채택한다면, 600명을 구할 수 있을 확률이 1/3, 한

명도 구하지 못할 확률이 2/3이다.

[프레임 2]

- 프로그램 A*를 채택한다면, 400명이 죽을 것이다.
- 프로그램 B*를 채택한다면, 아무도 죽지 않을 확률이 1/3, 600명 이 죽을 확률이 2/3이다.

프로그램 A와 A*, 그리고 B와 B*는 사실상 똑같은 결과를 낸다. 첫 번째 프레임을 제시하자 대다수가 프로그램 A를 선택했다. 도박 보다는 200명을 구할 수 있다는 확실성을 선호한 것이다(그러나 A와 B 의 예상 효과는 똑같았다). 좋은 결과(200명을 구할 수 있다!)가 있으면 의사 결 정자는 군이 위험을 껴안는 대신 확실한 결과를 택한다. 하지만 두 번째 프레임에서는 대다수가 B*를 선택했다. 결과가 나쁘면(400명 사 망) 사람들은 위험을 감수하고 도박을 각오한다. 여기서도 언어만 교 묘히 다를 뿐 확률, 위험성, 결과 등의 변수는 똑같다.

인간의 뇌는 나쁜 소식을 정말 싫어한다. 사망률, 손실, 죽음 같 은 부정적인 용어가 보이면 무의식적으로 피하고 싶어진다. 반대로 좋은 소식은 항상 환영받는다. 우리의 잠재적 지각은 승리, 생존, 성 공과 관련된 행동을 선호한다. 긍정적인 버전과 부정적인 버전이 사 실상 똑같다 해도 상관없다. 유감스럽게도 인간은 믿기지 않을 정도 로 통계와 확률에 서툴다. 베이즈 정리에 통달한 수학경시대회 참가 자라 하더라도 팬케이크 문제(제3장 참고) 같은 까다로운 문제는 잘 풀 지 못한다. 우리의 잠재의식은 통계에 젬병이며 노력조차 하지 않는다. 그저 상황의 프레임을 보고 거기에 따라 판단할 뿐이다. 의식의 어두운 곳에서 엄청난 위력을 발휘하는 이 잠재의식을 극복하려면 의식적인 노력과 추론이 필요하다.

왜 프레이밍이 중요할까? 첫째, 암 치료 사례의 의사들처럼 우리도 프레이밍에 따라 신념과 판단이 일관성 없이 흔들릴 수 있다. 냉정하게 평가한 증거를 근거로 행동이나 태도를 취하지 않을 것이다. 문제의 핵심을 간파하지 못하고 표면적인 이득에만 집중할 것이다. 더 골치 아픈 점은, 데이터가 제시되는 방식에 우리의 결정이 휘둘린다는 사실을 깨닫지 못하면 잘못된 생각에 쉽게 속고 조종당할 수 있다는 것이다. 예를 들어 1970년대에 신용카드가 일상적으로 사용되기 시작했을 때 일부 소매업자는 현금 대신 카드를 사용하는 소비자에게 추가 요금을 부과하려 했다. 신용카드 회사는 일반적으로 판매 한 건당 약 1퍼센트를 청구하는데, 상인들은 그 비용을 부담하길 원치 않았다. 카드 회사들은 할증금이 붙으면 카드 사용자가 줄어들리라는 걸 알았기 때문에 당연히 그 생각에 반대했다. 그 안건은 결국 의회에 상정되었고, 신용카드 사용에 대한 추가 수수료를 금지하는 법이 통과되었다. 하지만 소매업자들이 현금을 쓰는 소비자에게 할인을 제안하는 것은 허용되었다. 할증금과 할인은 다른 프레임에 끼워졌을 뿐 사실상 똑같은 것이었지만, 모두가 그 결과에 만족했다.[7]

이렇듯 똑같은 정보를 살짝만 바꾸어 설명해도 프레이밍 효과가 쉽게 발생한다. 우리가 인지적 편향에 이토록 쉽게 빠진다면, 상세하고 설득력 있는 서사에 심어진 정보에는 얼마나 큰 영향을 받겠는가. 펜지어스와 윌슨은 서로 다른 해석을 담은 몇 단락의 글에 따라 지적인 영웅이 되기도 하고 운 좋은 얼간이가 되기도 한다. 똑같은 사실, 다른 프레이밍. 펜지어스와 윌슨이 서사 프레이밍 때문에 행운아로 보인다면, 행운으로 여겨지는 다른 많은 일들도 마찬가지일 것이다. 어쩌면 '운'이란 그저 이야기를 하는 하나의 방식에 불과할지도 모른다.

행운? 불운?

타라 쿠퍼는 복권의 여섯 개 번호 중 다섯 개를 맞혔다. 1등 당첨에 그토록 가까웠다니, 정말 큰 행운이지 않은가. 하지만 번호 하나 때문에 1등에 당첨되지 못했다고 생각해보자. 아깝게 상금을 놓치다니, 불운도 이런 불운이 없다. 분명 똑같은 사건이다. 분명 똑같은 사건에 대해 행운과 불운을 동시에 겪을 수는 없다. 그렇다면 어느 쪽이 옳을까? 정답이 있을까? 이 역시 프레이밍의 문제일 것이다.

운에 관한 이야기에서 말만 살짝 바꾸면 어떻게 될까? '표 6-1'을 보자.

'표 6-1'의 왼쪽과 오른쪽은 정확히 똑같은 상황이다. 다만 심리적으로 다르게 포장되어 있을 뿐이다. 포장이 살짝만 바뀌었는데도 피실험자들에게 이 사연들을 제시했더니 프레이밍에 따라 아주 다른 반응을 보였다. 연구 참여자들은 사연들을 읽은 다음, 주인공이 얼마나 운이 좋은지 판단해야 했다. 예를 들어 첫 번째 사연에

표 6-1 운과 프레이밍.

	긍정적 프레이밍	부정적 프레이밍
타라 쿠퍼/복권	"여섯 개 번호 중에 다섯 개를 맞췄어! 1등에 이렇게 가까웠던 적이 없었는데! 믿기지가 않아." 쿠퍼는 놀라서 탄성을 질렀다. 제과점에서 일하는 타라 쿠퍼는 아침 커피와 베이글을 먹으러 단골 카페에 잠시 들렀다. 근무를 시작하러 가기 전에 복권을 사기로 했다. "평소에 복권을 잘 안 사는데 오늘따라 왜 그랬는지 모르겠어." 일이 끝난 후 그녀는 인터넷으로 당첨 번호를 확인했다. "하느님 맙소사! 이런 심정이었지."	"번호 하나 때문에 1등을 놓치다니! 구질구질한 내 인생이야." 쿠퍼는 놀라서 탄성을 질렀다. 제과점에서 일하는 타라 쿠퍼는 아침 커피와 베이글을 먹으러 단골 카페에 잠시 들렀다. 근무를 시작하러 가기 전에 복권을 사기로 했다. "평소에 복권을 잘 안 사는데 오늘따라 왜 그랬는지 모르겠어." 일이 끝난 후 그녀는 인터넷으로 당첨 번호를 확인했다. "하느님 맙소사! 이런 심정이었지."
마크 자바디/농구	"자유투 성공률이 50퍼센트였어! 초보자치고는 나쁘지 않잖아?" 마크는 씩 웃으며 말했다. 그도 자기 반에서 키가 제일 크지만, 전에는 농구공을 잡아본 적도 없었다. "그래, 난 팀 스포츠보다 더 맞는 것 같아"라고 그는 말했다. 하지만 축구 경기를 하려던 친구들이 선수가 한 명 모자라자 마크에게 같이 뛰자고 설득했다.	"그래, 자유투를 절반이나 실패했어. 별로지?" 마크는 얼굴을 찡그리며 말했다. 그도 자기 반에서 키가 제일 크지만, 전에는 농구공을 잡아본 적도 없었다. "하지만 난 팀 스포츠보다 혼자 뛰는 쪽이 더 맞는 것 같아"라고 그는 말했다. 하지만 축구 경기를 하려던 친구들이 선수가 한 명 모자라자 혼자 뛰는 쪽이 더 맞는 것 같다고 그는 말했다.
거울 폭풍	시장이 보고했다. "주민들 중 절반은 정전을 피했습니다. 훨씬 더 심할 수도 있었는데, 최악의 상황은 면했습니다." 지난 주말 대형 폭풍이 휩쓸고 지나갔던 그 지역은 눈과 얼음으로 뒤덮였다. 아침 통근 도로는 미끄러웠고, 얼어붙은 나무들이 쓰러지면서 전기선을 끊어놓았다. 기상청은 올 겨울 이 도시가 폭풍의 타격을 가장 심하게 받을 거라고 예측했었다.	시장이 보고했다. "주민들 중 절반이 정전을 당했습니다. 이보다 더 나쁠 순 없어요. 최악의 상황입니다." 지난 주말 대형 폭풍이 휩쓸고 지나간 뒤 그 지역은 눈과 얼음으로 뒤덮였다. 아침 통근 도로는 미끄러웠고, 얼어붙은 나무들이 쓰러지면서 전기선을 끊어놓았다. 기상청은 올겨울 이 도시가 폭풍의 타격을 가장 심하게 받을 거라고 예측했었다.
비키 망가노/볼링	어쨌든 볼링 게임에서 비키 망가노는 엎힌 번 연속 스트라이크로 개인 최고 득점인 298점을 올렸다. 팀 동료들이 그녀에게 피자와 맥주를 사주며 축하해주었다. 그녀는 신나게 말했다. "스트라이크가 안 될 수가 없었어! 완전히 무아지경에 빠졌더라니까." 한 동료가 농담을 던졌다. "나도 그런 지경에 좀 빠져봤으면 좋겠네."	어쨌든 볼링 게임에서 비키 망가노는 마지막 프레임에서 핀 두 개를 놓치는 바람에 퍼펙트게임(300점)을 달성하지 못했다. 팀 동료들은 그녀에게 피자와 맥주를 사주며 그녀를 위로했다. 그녀는 실망스럽게 말했다. "그걸 놓치다니. 완전히 무아지경에 빠져 있었는데." 한 동료가 말했다. "나한테도 그런 일이 일어나지 않으면 좋겠네."

긍정적 프레이밍	부정적 프레이밍
데릭 워싱턴/트럭 타이어 사고	
"끔찍한 상처 하나 없더군! 수호천사가 날 도와준 게 틀림없어! 친구들이 나더러 오늘 밤에 꼭 복권을 사라고 했다." 교통사고에서 살아남은 데릭 워싱턴이 말했다. 그가 고속도로를 달리고 있을 때, 화물차에서 빠진 타이어 하나가 반대편 차선에서 이쪽으로 굴러왔다. 70킬로그램짜리의 거대한 타이어가 그의 캠리 지붕을 통조림처럼 뭉개버리고 전면 유리를 산산이 부수었다.	"죽을 뻔했다! 그냥 좋긴하고 있었는데, 회생한 사고 때문에 차가 완전히 망가져버렸다." 사고 피해자 데릭 워싱턴이 말했다. 그가 고속도로를 달리고 있을 때, 화물차에서 빠진 타이어 하나가 반대편 차선에서 이쪽으로 굴러왔다. 70킬로그램짜리의 거대한 타이어가 그의 캠리 지붕을 통조림처럼 뭉개버리고 전면 유리를 산산이 부수었다.
미셸 사이먼스/토네이도	
미셸 사이먼스가 말했다. "내 건물 중 절반은 아무 일도 없었던 것처럼 멀쩡하다. 지붕널 하나 빠지지 않았고, 까람을 일 수가 없다. 이상하게도 토네이도가 그냥 이리저리 춤을 추는 것 같았다." 사이먼스는 5대째 오클라호마 주에 살고 있는 거주민으로, 그녀가 소유한 임대 부동산 여러 채가 시속 350킬로미터의 강풍을 정통으로 맞았다. 어제의 F4급 토네이도 이후 오클라호마 주 중남부는 주 중심부에 비상사태를 선언했다.	미셸 사이먼스가 말했다. "내 건물 중 절반이 완전히 무너졌다. 산산조각 난 골조와 배관만 조금 남았다. 까람을 일 수가 없다. 이상하게도 토네이도가 그냥 이리저리 춤을 추는 것 같았다." 사이먼스는 5대째 오클라호마 주에 살고 있는 거주민으로, 그녀가 소유한 임대 부동산 여러 채가 시속 350킬로미터의 강풍을 정통으로 맞았다. 어제의 F4급 토네이도 이후 오클라호마 주 중남부는 주 중심부에 비상사태를 선언했다.
제임스 골드버그/빙판 사고	
"차 뒷바퀴가 옆으로 미끄러지는 바람에 피자 가게로 걸어가는 남자를 칠 뻔했느니 마침 남자가 비켜섰다." 제임스 골드버그가 말했다. 특히 작은 도로에서는 방문을 조심하는 것이 좋다. 기온이 영하로 떨어지면 이즘비가 살짝 내려도 도로가 워낙 미끄러워진다. 내일은 날씨가 풀린다고 한다.	"도로를 달리다가 갑자기 만난 빙판에서 차가 미끄러지는 바람에 피자 가게로 걸어가는 남자를 칠 뻔했다. 아무 문제 없이 잘 달리다가 갑자기 사람을 칠 뻔했다니." 제임스 골드버그가 말했다. 특히 작은 도로에서는 방문을 조심하는 것이 좋다. 기온이 영하로 떨어지면 이즘비가 살짝 내려도 도로가 워낙 미끄러워진다. 내일은 날씨가 풀린다고 한다.
호세 라미레즈/야구	
"이번 시즌은 예감이 좋다. 어제 클리블랜드와의 시즌 첫 경기에서 4타수 2안타를 기록한 중간수 호세 라미레즈가 이렇게 말했다. "올해 첫 경기였다. 오프 시즌에 정말 열심히 훈련했다. 이유는 모르겠지만, 투수가 던지는 모든 공이 느리게 느껴졌다. 그냥 방침대에 오른 공을 치는 듯한 기분이었다. 믿을 수가 없다!"	"더 잘할 수 있었다. 어제 클리블랜드와의 시즌 첫 경기에서 4타수 2안타를 기록한 중간수 호세 라미레즈가 이렇게 말했다. "올해 첫 경기였다. 오프 시즌에 정말 열심히 훈련했다. 이유는 모르겠지만, 투수가 던지는 모든 공이 느리게 느껴졌다. 그냥 방침대에 오른 공을 치는 듯한 기분이었다. 믿을 수가 없다!"

는 다음과 같은 지시문을 받았다. '타라 쿠퍼는 불운했다, 약간 불운했다, 약간 운이 좋았다, 운이 좋았다. 이 중 하나를 골라 동그라미를 치시오.' 마크 자바디, 겨울 폭풍 등의 사례에 대해서도 비슷한 지시를 받았다. 긍정적 프레이밍과 부정적 프레이밍이 뒤섞여 있어서 모든 피실험자가 양쪽 모두를 조금씩 받았지만, 같은 사례에 대해 긍정적 버전과 부정적 버전을 모두 읽은 사람은 한 명도 없었다.

결과는 충격적이었다. 타라 쿠퍼가 복권 번호 여섯 개 중 다섯 개를 맞힌 사연에서, 거의 모든 피실험자는 그녀가 운이 좋았다고 생각했다. 하지만 그녀가 번호 여섯 개 중 하나를 놓쳤다는 부정적 프레이밍을 읽은 사람들은 대부분 그녀가 불운했다는 판단을 내렸다. 물론 똑같은 사건이었는데도 말이다. 나머지 일곱 개의 사연에서도 똑같은 패턴의 결과가 나왔다. 같은 사건을 다르게 묘사하자 운에 관한 의견도 극단적으로 달라졌다.[8] 전반적으로 사건을 긍정적으로 제시하면('표 6-1'의 왼쪽 칸) 피실험자들은 83퍼센트의 확률로 그 사건을 '운 좋은' 일로 간주했다. 통계적 유의확률 p-value이 0.001보다 작았다. 어떤 연구 결과가 무작위적 가능성에 기인하는 확률, 즉 유의확률이 0.05만 되어도 사회과학자들은 통계적으로 유의미한 결과로 간주한다. 운에 관한 프레이밍 효과는 극적이었다. 그 결과가 무작위일 확률이 1/1,000보다 작은 것이다.

이 데이터에는 다른 흥미로운 점들도 있었다. 마크 자바디의 농구, 비키 망가노의 볼링, 호세 라미레즈의 야구 같은 사례는 모두 기술이 필요한 활동과 관련되어 있다. 망가노의 완벽에 가까운 볼링 게임에는 상당한 실력이 필요했던 반면, 데릭 워싱턴이 기이한 트력 타이어 사고 때문에 죽을 뻔한 사건은 순전한 우연이었다. 제2장에서 보았듯이, 운에 관해 쓰는 작가들 대부분은 실력과 운을 대조시켜 설명하기를 좋아한다. 실력으로 인한 결과는 전혀 운의 문제가 아니므로 행운(혹은 불운)이 될 수 없거나,[9] 아니면 순전한 운과 순전한 실력 사이에 연속적인 스펙트럼이 있을 수도 있으므로 특정 사건에 대해 정확한 지점을 찾아내야 한다.[10] 어느 쪽이든 옳다면, 사람들이 실력과 관련된 사례(자바디, 망가노, 라미레즈)에 반응하는 방식과 순전히 우연한 사건(쿠퍼, 겨울 폭풍, 워싱턴, 사이먼스, 골드버그)에 반응하는 방식 사이에 눈에 띄는 차이가 있을 것이다. 실력과 관련된 사례는 순전히 우연한 사건에 비해 운과의 연관성이 떨어져 보일까? 아니, 전혀 그렇지 않다. 오히려 피실험자들은 순전히 우연한 사례보다 실력과 관련된 사례에 운의 요소가 조금 더 담겨 있다고 생각했다. 통계적으로 보면, 운에 관한 한 '실력 대 우연'은 그리 중요한 문제가 아니었다. 실력과 우연의 차이에 대한 인지보다 프레이밍 효과가 훨씬 더 크게 작용했다.

타라 쿠퍼의 복권 사례에서, 그녀는 복권에 당첨될 뻔했지만 아슬아슬하게 실패하고 만다. 데릭 워싱턴과 제임스 골드버그 역시 아슬아슬한 상황에 직면했다. 워싱턴은 화물차에서 타이어가 빠지는 희한한 사고 때문에 죽을 뻔했고, 골드버그는 빙판길에서 행인을 칠 뻔했다. '표 6-1'의 모든 사건에는 절반은 긍정적이고 절반은 부정적인 결과가 담겨 있다. 도시의 절반은 정전되고 절반은 그렇지 않았으며, 자유투의 절반은 성공하고 절반은 실패했다. 노르웨이의 심리학자 칼 타이겐은 2004년에 동남아시아의 쓰나미를 겨우

피한 85명의 노르웨이 관광객을 몇 달 후 인터뷰했다. 그들 모두 운이 좋았다고 생각했고, 불행했다거나 불운했다고 말하는 사람은 한 명도 없었다. 타이겐은 운이 재난과의 근접성을 내포한다는 결론을 내렸다. 사람들은 곤란한 상황으로부터 안전하게 떨어져 있었을 때보다 끔찍한 결과를 겨우 모면했을 때 운이 좋았다고 느낀다.[11] 다시 말해 아슬아슬한 상황을 겪었을 때 그 원인을 운으로 돌리는 경향이 있다는 것이다. 타이겐의 이런 생각이 옳다면, 피실험자들은 결과가 50 대 50인 사건보다 위기일발의 사건을 더 운의 문제로 간주할 것이다. 하지만 그렇지 않았다. 이번에도 가장 큰 영향을 미친 것은 프레이밍이었다. 결과가 50 대 50인 사건이든 위기일발의 사건이든 피실험자들이 운의 연관성을 인지하는 정도는 다르지 않았다.

한 사건을 설명할 때 표현을 교묘하게 바꾸면 사람들의 반응, 즉 그 사건을 행운으로 간주하느냐 불운으로 간주하느냐를 조종할 수 있다. 그런데 가끔은 알쏭달쏭한 상황도 있다. 설명을 전혀 바꾸지 않는데 똑같은 사건이 엄청난 행운이나 끔찍한 불운으로 보일 때가 있다. 최근의 연구들은 그 이유뿐만 아니라 우리가 알쏭달쏭한 사건을 해석하는 원리까지 밝혀냈다. 여기, 생각해볼 문제 몇 가지가 있다.

세상에서 가장 운 좋은(나쁜) 남자

미쓰비시 중공업의 유조선 설계 기사였던 야마구치 쓰토무는

1945년 여름에 일본 히로시마로 장기 출장을 떠났다. 8월 6일 폭격기 에놀라 게이가 '리틀보이Little Boy'라는 이름의 원자폭탄을 떨어뜨렸을 때 그의 출장은 갑작스레 끝나고 말았다. TNT(강력 폭약) 15킬로톤의 폭발력을 가진 그 폭탄이 3킬로미터도 떨어지지 않은 곳에서 터졌다. 야마구치는 즉사할 수 있는 거리 안에 있었지만, 화상과 일시적 실명, 고막 파열을 당했을 뿐 죽음은 모면했다. 그는 고향인 나가사키로 돌아갔고, 부상을 무시한 채 8월 9일에 출근했다. 야먀구치의 상관은 폭탄 하나가 도시 전체를 순식간에 파괴해버렸다는 황당무계한 이야기를 믿지 못했다. 그가 야마구치에게 헛소리하지 말라고 말하는 바로 그 순간, 원자폭탄 '팻맨Fat Man'이 나가사키에 떨어져 섬뜩한 새하얀 빛이 사무실을 가득 채웠다.[12] 야마구치는 이때도 살아남았고, 2010년 아흔세 살의 고령으로 사망할 때까지 살았다.

야마구치는 운이 좋았을까, 운이 나빴을까? 한편으로, 평범한 회사원이었던 그가 핵폭탄을 두 번 맞았다는 사실은 지독한 불운처럼 들린다. 반면 전쟁 역사상 가장 치명적이었던 두 번의 원폭 투하에서 살아남았고 장수까지 했으니, 기적적인 행운을 누린 것처럼 보인다. 야마구치 같은 사람들은 인터넷에 있는 '세계에서 가장 불운한 사람들'과 '세계에서 가장 운 좋은 사람들' 명단에 동시에 올라가 있다. 그들이 행운아인가 아닌가는 애매하다. 여느 신문에서도 비슷한 이야기를 발견할 수 있다. 끔찍한 비행기·자동차 사고에서 살아남은 사람들, 예상보다 더 오래 사는 난치병 환자들. 언제나 그들은 운이 엄청 좋은 사람으로 묘사된다. 당혹스럽게 느껴질 수도 있다. 정말 운이 좋은 사람이라면 애초에 암에 걸리거나 끔찍한 사고를 당하지 않았을 테니까 말이다. 행운인지 불운인지 단정 짓기 알쏭달쏭한 실화를 몇 가지 소개해보겠다.

로켓추진식 수류탄RPG은 폭약을 장착한 작은 로켓이다. 탱크 공격용으로 설계된 RPG는 좁은 표적에 5센티미터의 구멍을 뚫을 수 있으며, 편리하고 흔해빠진 무기가 되었다. 2006년에 이등병 채닝 모스는 RPG를 몸소 체험하게 되었다. 그가 아프가니스탄 동부에서 알파 부대와 함께 순찰을 하고 있을 때 그들의 호송대가 발포를 시작했다. 적군의 RPG 하나가 약한 재질의 픽업트럭 한 대를 폭파했고, 두 번째 수류탄이 지프차의 장갑용 강철판을 갈가리 찢어놓았으며, 세 번째 수류탄은 모스의 배에 박혔다. 모스는 목숨을 부지했지만, 그의 몸속에 있는 불발탄이 언제든 터질 수 있었다. 한 시사평론가는 이렇게 말했다. '모스는 미 육군 전체에서 가장 운 좋은 병사이거나, 아니면 가장 불운한 병사였다. 둘 중 어느 쪽인지 아무도 확신하지 못했다.' 부대장은 구급대를 요청했고, 블랙호크 헬기의 긴장한 승무원이 모스를 가장 가까운 의료 기지로 데려갔다. 의사들과 폭발물 처리 요원 한 명이 그의 몸에 박힌 RPG를 제거하고 모스의 상처를 꿰맨 다음 폭탄을 해체했다. 몇 차례의 수술을 받은 후 그는 가족에게로 돌아갔다.[13]

1999년, 오스트레일리아의 빌 모건은 교통사고를 당했다. 그리 심하게 다치지는 않았지만, 나중에 먹은 약이 극심한 알레르기 반응을 일으켜 심장이 멈추고 말았다. 14분 동안. 그 후 혼수상태에 빠졌다. 심각한 뇌손상을 예상한 의사들은 최상의 시나리오가 기껏해야 영구적인 식물인간 상태라며 그의 가족에게 생명 유지 장치의 제거를

권했다. 그로부터 2주 정도 지나서 모건이 뇌손상이나 장기적 문제 없이 아주 건강하게 혼수상태에서 깨어났을 땐 당연히 모두가 놀랐다.[14]

공사 현장 인부인 에두아르도 레이테는 브라질에서 일을 하다가, 건물 5층에서 떨어진 콘크리트 보강용 강철봉에 머리를 맞았다. 그 기다란 봉은 레이테의 단단한 모자를 뚫고 그의 뒤통수로 들어간 뒤 미간으로 빠져나왔다. 그는 머리에 봉이 꽂힌 채 병원으로 실려 갔지만 의식은 멀쩡했다. 다섯 시간 동안의 수술로 신경외과의들이 강철봉을 그의 뒤통수로 빼냈다. 나중에 의사들은 봉이 몇 센티미터만 비껴갔어도 레이테의 오른쪽 눈이 빠지고 몸의 한쪽이 마비되었을 거라는 사실을 알고는 깜짝 놀랐다. 그 후 레이테는 완전히 회복되었다.[15]

로이 설리번은 기네스북에 올라 있지만, 그의 기록을 따라올 사람은 많지 않을 것 같다. 기네스북에 따르면 그보다 더 많이 벼락을 맞은 사람은 전 세계에 한 명도 없다. 설리번은 셰넌도어 국립공원에서 40년간 산림감시원으로 일하면서 벼락을 일곱 번 맞았다. 이런 일이 일어날 확률은 $4.15/10^{32}$이다. 그의 별명이 '인간 피뢰침'인 것도 그리 놀랍지 않다. 벼락에 맞을 때마다 엄지발가락이 빠지거나, 눈썹이 타거나, 기절하거나, 머리에 불이 붙거나, 신발이 날아갔다. 얼마 후에는 아무도 그와 함께 숲속을 다니고 싶어 하지 않았다. 훗날 설리번은 벼락과 관계없는 원인으로 사망했다.[16]

이들 사례에서는 관점에 따라 운에 대한 평가가 달라진다. 프레이밍 효과는 없다. 레이테나 모건이 겪은 사건은 제시하는 방식에 따라 행운 또는 불운으로 보이는 것이 아니기 때문이다. 그들에게 벌어진 일에는 확실한 불운의 요소도 있었고 확실한 행운의 요소도 있었다. 하지만 전체적으로는 어떻게 생각해야 할까? 결국 모스는 미 육군에서 가장 운 좋은 병사였을까, 아니면 가장 불운한 병사였을까? 야마구치는 세계에서 가장 운 좋은 사람이었을까, 아니면 가장 불운한 사람이었을까? 설리번은 벼락을 일곱 번 맞고도 살아남은 행운아로 보일 수도 있고, 벼락을 일곱 번이나 맞은 불운한 사람으로 보일 수도 있다. 운에 관한 관점을 결정짓는 것은 개인의 성격이라는 사실이 밝혀진 바 있다.

다음에 나오는 문제를 풀어보자.

1. 불확실한 시기에도 대체로 최선의 상황을 기대한다.

    a. 매우 그렇다

    b. 조금 그렇다

    c. 보통이다

    d. 별로 그렇지 않다

    e. 전혀 그렇지 않다

2. 긴장을 풀기가 쉽다.

    a. 매우 그렇다

    b. 조금 그렇다

    c. 보통이다

    d. 별로 그렇지 않다

    e. 전혀 그렇지 않다

3. 머피의 법칙을 믿는다.

  a. 매우 그렇다

  b. 조금 그렇다

  c. 보통이다

  d. 별로 그렇지 않다

  e. 전혀 그렇지 않다

4. 미래에 관해 언제나 낙관적이다.

  a. 매우 그렇다

  b. 조금 그렇다

  c. 보통이다

  d. 별로 그렇지 않다

  e. 전혀 그렇지 않다

5. 친구들과 어울리는 것을 좋아한다.

  a. 매우 그렇다

  b. 조금 그렇다

  c. 보통이다

  d. 별로 그렇지 않다

  e. 전혀 그렇지 않다

6. 계속 바쁘게 지내는 것이 좋다.

  a. 매우 그렇다

b. 조금 그렇다

c. 보통이다

d. 별로 그렇지 않다

e. 전혀 그렇지 않다

7. 일이 내 생각대로 풀릴 거라는 기대는 거의 하지 않는다.

a. 매우 그렇다

b. 조금 그렇다

c. 보통이다

d. 별로 그렇지 않다

e. 전혀 그렇지 않다

8. 쉽게 화를 내지 않는다.

a. 매우 그렇다

b. 조금 그렇다

c. 보통이다

d. 별로 그렇지 않다

e. 전혀 그렇지 않다

9. 내게 좋은 일이 일어날 거라고 믿지 않는다.

a. 매우 그렇다

b. 조금 그렇다

c. 보통이다

d. 별로 그렇지 않다

e. 전혀 그렇지 않다

10. 나쁜 일보다 좋은 일이 더 많이 일어날 거라고 생각하는 편이다.

    a. 매우 그렇다

    b. 조금 그렇다

    c. 보통이다

    d. 별로 그렇지 않다

    e. 전혀 그렇지 않다

이는 심리학자들이 전반적인 낙관주의-비관주의를 측정하기 위해 개발한 삶의 지향성 검사(개정판)이다.[17] 2·5·6·8번은 응답자가 이 검사의 진짜 목적을 추측하고 인위적인 답을 하는 것을 방지하기 위해 집어넣은 '시선 돌리기용' 질문이다. 나머지 여섯 개의 질문이 낙관적이거나 비관적인 관점을 암시한다는 건 쉽게 알아챌 수 있다. 그 관점은 일시적인 감정이 아니다. 시간이 흐르면서 고정되고 일부는 유전되기도 한다.[18]

야마구치, 모스, 모건, 레이테, 설리번의 사례에 대한 낙관주의자와 비관주의자의 생각을 알아보는 연구가 진행되었다.[19] 연구 참여자들은 그들이 비관주의-낙관주의 스펙트럼의 어디에 위치하는지 알아보기 위한 삶의 지향성 검사(개정판)를 먼저 받았다. 그런 다음 야마구치를 비롯한 그 사람들이 불운할까, 조금 불운할까, 조금 운이 좋을까, 운이 좋을까 하는 질문을 받았다. 그 결과 낙관적인 사람일수록 사례들 속의 사람을 행운아로 판단할 가능성이 더 높았다. 마찬가지로 비관적인 사람일수록 사례들 속의 사람을 불운아로 판단할 가능성이 더 높았다. 즉 낙관적일수록 다른 사람들을 행운아로 생각하고, 비관적일수록 다른 사람들을 불운아로 보는 경향이 있다는 의미이다.

이 연구의 맹점 중 하나는 참여자들이 정보의 절반을 사실상 무시했을 가능성도 있다는 것이다. 낙관주의자는 사례의 부정적인 요소를 제쳐둔 채 오로지 좋은 측면에만 초점을 맞추고, 비관주의자는 나쁜 측면에만 초점을 맞추고 긍정적인 요소는 무시했을지도 모른다. 정말 그랬다면, 낙관주의자와 비관주의자는 상황 전체의 운을 평가하지 않고 서로 딴 얘기를 하고 있었다는 뜻이 된다. 이런 맹점을 보완한 후속 연구가 행해졌다. 이번에는 사례의 좋은 부분과 나쁜 부분을 나누어 연구 참여자들이 각각을 고려하게 했다. 예를 들어 다음과 같은 방식이었다.

- 오스트레일리아의 빌 모건은 운전을 하다가 트럭과 충돌하는 사고를 당했다. 그는 14분 넘게 심정지를 일으킨 후 12일 동안 혼수상태에 빠졌고, 그사이에 가족은 그의 생명 유지 장치를 뗐다. 빌 모건은 (운이 나빴다, 운이 조금 나빴다, 운이 조금 좋았다, 운이 좋았다).
- 지금 빌 모건은 건강하다. 빌 모건은 (운이 나빴다, 운이 조금 나빴다, 운이 조금 좋았다, 운이 좋았다).

거의 모든 연구 참여자는 좋은 측면(생존)을 행운으로, 나쁜 측면(사고)을 불운으로 인식했다. 낙관주의자와 비관주의자는 행운과 불운의 성립 요인에 대해서는 의견을 같이할 수 있다. 그러나 불운 요소들의 심각성에 대한 판단은 서로 달랐다. 낙관적인 사람보다 비관적인 사람이 불운의 요소를 더 심각하게 받아들이는 경향이 있었다. 다시 말해 낙관주의자는 삶의 잔혹하거나 비참한 부분을 전부 끔찍하게만 보지 않는다. 이는 첫 연구의 결과를 뒷받침하고 해명해주는 결과였다. 채닝 모스가 배에 수류탄을 맞은 건 불운한 사건이었다. 그가 그 모든 시련을 견디고 살아남은 건 행운이었다. 그러나 낙관주의자의 관점에서는 수류탄에 맞은 것이 그렇게 나쁜 일은 아니며, 따라서 수류탄에 맞고 살아남은 사건을 행운으로 보는 경향이 비관주의자보다 더 강했다. 비관주의자가 보기엔, 몸에 수류탄이 박힌 사건이 너무도 큰 불운이라 살아남은 행운을 깎아먹을 정도였다.

야마구치 쓰토무가 자신의 인생에 대해 직접 한 발언은 낙관주의와 비관주의 연구의 결과를 확증해준다. 〈타임스〉의 기자는 그와의 인터뷰를 다음과 같이 전했다.

야마구치 씨에게 미래를 낙관하느냐고 물었다. 그는 머뭇거리다가 이렇게 답했다. "미래에 대한 희망을 갖고 있습니다."

그 희망은 어디서 오는 것일까? "나는 사랑과 인간에 대한 믿음이 있어요." 그는 이렇게 말하고는 또 눈물을 흘렸다. "내가 원자폭탄을 증오하는 이유는 그것이 인간의 존엄성을 해치기 때문입니다. 원폭 투하의 여파를 찍은 사진들을 보십시오. 인간 개개인의 존엄성을 잊는 순간 우리는 지구의 파멸로 향하게 될 겁니다."

두 번의 원폭 투하를 겪고도 살아남았다는 건 무슨 의미일까? 이렇게 물었더니 그는 "기적이죠"라고 답했다.[20]

야마구치는 비관주의자가 되어 자신의 사연을 엄청난 비극이자 불행으로 볼 수도 있었을 것이다. 하지만 기나긴 세월이 지난 후에도 그는 여전히 미래를 낙관했으며, 자신의 인생을 기적, 행운으로 여겼다. 이 인터뷰를 읽고 있자면 자연스레 프리드리히 니체가 떠오른다. 그는 가난했고, 진가를 인정받지 못했으며, 만성적인 편두통, 불면증, 소화불량에 시달렸고, 죽기 전 수년 동안은 정신병까지 앓았다. 그럼에도 그의 자서전에 붙은 명구는 유쾌하기 그지없다. '어찌 내 인생에 감사하지 않을 수 있으랴?'[21] 마냥 긍정적인 낙관주의의 렌즈로 보면 세상은 행운으로 가득 차 있다.

스스로 움직이는 돌과 날아다니는 마녀들

만약 운이 사람이나 사건의 진짜 속성으로 실재한다면 야마구치, 모스, 모건, 레이테, 설리번이 정말 행운아인지 알려줄 수 있는 객관적인 사실이 있어야 한다. 물론 낙관주의자는 그들이 행운아라 말하고, 비관주의자는 그들이 불운했다고 주장한다. 어느 쪽이 맞을까? 누구의 말이 옳을까? 바로 이 지점에서 운에 관한 이론이 구원자가 되어야 한다. 당혹스러운 경험을 하거나 인지한 사실이 서로 모순될 때, 우리는 모든 문제를 해결해주고 세상을 정리해줄 이론적 설명을 원한다. 카약 노의 물에 잠긴 절반은 구부러져 보이고, 물 밖에 나와 있는 부분은 그렇지 않다. 평행으로 이어지는 기차선로는 점점 멀어져가면서 하나로 합쳐지는 것처럼 보인다. 적절한 이론이라면 첫째, 카약의 노는 구부러져 있지 않고 기차선로는 합쳐지지 않는다는 사실을 우리에게 말해주고 둘째, 모순된 직관을 경험하게 되는 이유를 설명해줄 수 있어야 한다. 이런 점에서 광학 이론은 불합격이다.

스스로 움직이는 돌의 미스터리를 생각해보자. 캘리포니아 주의 데스밸리Death Valley 국립공원에는 레이스트랙 플라야Racetrack Playa라는 말라붙은 호수 바닥이 있다. 기이할 정도로 평평해서, 바닥의 북쪽 끝이 거의 4.8킬로미터 떨어진 남쪽 끝보다 겨우 4센티미터 정도 더 높다. 레이스트랙 플라야의 사막지대에는 아무것도 자라지 않는다. 그리고 연평균 강수량이 80~100밀리미터밖에 되지 않기 때문에 거의 항상 말라비틀어지고 갈라진 진흙 상태로 남아 있다. 그 표면에는 수백 개의 큰 돌이 흩어져 있고, 그중 일부는 무게가 수십 킬로그램이나 된다. 레이스트랙 플라야는 완벽하게 평평하고, 완전히 메말라 있으며, 사람이 살지 않는 외딴곳이다. 하지만 이 돌들이 움직이며 수백 미터의 흔적을 남긴다. 장난을 암시하는 발자국이나 타이어 자국도 없다. 게다가 돌들의 움직임이 예측 불허해서 10년간 제자리에 가만히 있다가 갑자기 계곡 바닥을 따라 움직이기도 한다. 연구하기가 쉬운 현상은 아니다.

일부 연구자는 가끔 부는 허리케인급의 바람이 돌을 움직인다고 주장했다. 미끄러운 미세조류막이나 모래바람, 두툼한 빙판이 원인이라고 말하는 연구자도 있었다. 2011년에 몇몇 과학자가 10여 개의 돌에 동작 감지 GPS 송신기를 장착하고, 고해상도의 기상관측소를 설치했다. 어떤 결과를 얻을 때까지 오랜 시간이 걸릴 줄 알았지만, 겨우 2년 후 그들은 사건들의 희귀한 조합이 돌을 움직인다는 사실을 발견했다. 우선 겨울비가 조금 내려 호수 바닥을 물로 얕게 덮어야 한다. 둘째, 하룻밤 사이에 물이 얼어붙어서 창유리처럼 얇은 빙판이 만들어져야 한다. 그런 다음 햇빛에 녹은 얼음이 깨지고, 큼직한 얼음판이 떠다녀야 한다. 마지막으로, 이 아주 얇은 유빙들을 돌로 몰아갈 정도의 바람이 불어야 한다. 그러면 돌은 부드러운 진흙 위로 미끄러진다.[22] 어떤 돌은 16분이나 미끄러졌지만, 1초당 몇 센티미터씩 아주 서서히 움직였다. 필요조건이 모두 충족되는 경우가 드물기 때문에 돌은 거의 움직이지 않는다. 그럼 이제 미스터리가 풀렸을까? 그럴지도 모른다. 하지만 한 연구원은 이렇게 말했다. "덥기로 유명한 데스밸리에서조차 유빙이 바위를 움직이는 강력한 힘이라는 사실을 알았다. 하지만 정말 큰 바위가 그곳을 떠나는 건 보지 못했다. (……) 그것도 같은 원리로 작동할까?"[23]

레이스트랙 플라야의 스스로 움직이는 돌은 명백히 관찰할 수 있는 실제 현상이며, 문제는 그 원리를 설명하는 것이었다. 하지만 관찰만으로는 문제를 풀 수 없었다. 반쯤 녹은 얇은 얼음, 바람, 미끄러운 진흙, 이 요인들을 하나로 묶어주는 이론이 필요했다. 설명이 필요한 진짜 현상이랄 게 있는지 확실치 않은 경우들도 있다. 우리가 오랫동안 믿어온 사실이 세상의 다른 모든 진실과 상충하고, 이론적 설명이 도무지 먹혀들지 않을 때도 있다. 과학계에 그런 사례는 아주 많다. 이를테면 발광성 에테르, 자연 발생, 미아즈마설*이 그렇다. 여기서 우리의 숙제는 애초에 그런 것이 존재한다고 생각한 이유를 밝혀내는 것이다. 그런 일이 생기면, 오류 이론이 나온다. 원래 현상을 설명해주고, 우리가 왜 그동안 죽 잘못 이해하고 있었는지 말해줄 수 있는 이론.

한 가지 사례가 마녀들이다. 마술, 마법, 요술에 대한 믿음은 고대부터 시작되었지만 서양에서 생각하는 마녀의 개념은 중세에 만들어졌다. 중세의 그 유명한 종교재판 지침서인 『마녀의 철퇴Malleus Maleficarum』에 따르면 마녀는 대부분 여성이고 마법에 걸리는 사람은 주로 남성이었다.[24] 마녀는 사회에서 버림받은 매력 없는 여자로, 빗자루를 타고 날아다녔다. 이런 생각이 널리 퍼져 노르망디에서는 마녀를 스코바케스scobaces, 즉 '빗자루를 타는 여자'라고 불렀다.[25] 종교재판관 피에르 르 브루사르에 따르면 마녀는 딱 한 번 날 수 있다고 한다. '그들은 악마에게 받은 약을 나무 막대기에 바른다. (……) 그런 다음 막대기를 다리 사이에 끼운 채 마을과 숲, 강 위를 날아다닌다.' 그러면서 동성애, 난교, 수간獸姦 등 14세기에 생각할 수 있는 모든 신성모독적이고 색정적인 행위에 관여했다.[26] 한 마녀는 재판관에게 이렇게 자백했다. '그녀는 덩치 큰 숫염소를 발견하자 그에게 인사한 뒤 그의 욕정에 응해주었다. 숫염소는 그 보답으

---

* 대기 중에 존재하는 독기(미아즈마)에 의해 전염병이 일어난다는 가설.

로 그녀에게 온갖 종류의 신비한 마법과 독초를 알려주었고, 그녀는 마법 거는 법과 주문을 그에게서 배웠다.'[27] 『마녀의 철퇴』에는 마녀가 빗자루에 악마의 약을 바르면 '곧장 하늘로 떠올랐다'[28]라고 쓰여 있었다.

마녀들은 사리풀, 벨라도나, 맨드레이크 같은 가짓과 식물에 대해 잘 아는 약초의 대가로도 유명했다. 약초의 힘은 마법을 연상시켰기 때문에 퇴마사 지망자들은 퇴마 의식에 약초를 사용하면 어둠의 세계로 발을 들여놓게 될까 염려했다.[29] 르네상스 시대에 근대 과학이 발전하면서 마녀에 대한 회의론이 점차 나타나기 시작했다. 일부 의사는 마녀가 했다고 하는 그 모든 놀라운 일이 그들의 연고와 물약으로 초래된 환각에 불과할지도 모른다고 의심했다. 스페인의 한 의사는 고발당한 두 마법사의 집에서 발견된 향유로 실험을 했고, 그 결과 피실험자는 심한 인사불성 상태에 빠져 괴상한 꿈을 꾸었다.[30] 철학자 니콜라 말브랑슈는 와인을 많이 마신 후 암시를 받으면 '악마의 연회Witches' Sabbath'*를 생생하게 머릿속에 그릴 수 있다고 주장했다.[31] 당시에는 이런 의구심들이 잘 받아들여지지 않았지만, 결국엔 과학적 세계관이 마법의 세계를 가려버렸다.

당대의 많은 학자들은 다음의 개념들을 통합했다. 사회에서 소외된 외로운 여성들이 점막을 통해 쉽게 흡수되는 향정신성 물질을 빗자루에 바르고 그것을 다리 사이에 끼운다. 그러고는 곧장 성적 방종의 세계로 날아가버린다.[32] 다른 해석 도구가 없기에 이 여성들은

---

* 1년에 하룻밤 악마들이 연다고 하는 잔치.

자신의 경험을 교회를 통해 이해하고, 악마들이 그런 불경스러운 의식을 지시했다고 믿는다. 여기에 여성 혐오, 성적 내숭, 미신을 더하면, 이단자 화형auto-da-fé의 조건이 갖추어진다. 이렇듯 완벽하게 실증적이고 자연주의적인 설명이 있으면, 초자연적인 해명은 필요 없어진다.

마녀의 경우엔, 오류 이론이 있다. 마녀는 실재하는 존재가 아니라 계몽주의 시대 이전의 비현실적인 개념이었음이 드러났다. 오류 이론의 요점은 애초에 누군가 마녀라는 존재를 생각한 이유를 이해할 수 있도록 도와주는 것이다. 뭔가가 잘못되었다는 걸 인지하고 나면, 그 이유를 파악하는 쾌감도 훨씬 더 커진다. 여느 이론과 마찬가지로 마녀에 관한 오류 이론 역시 전체나 일부가 잘못되었을 수도 있다. 중요한 점은 그 이론의 내용은 무엇이고, 우리에게 그것이 왜 필요한지, 그리고 실재하는 것에 대한 이론과는 어떻게 다른지 이해하는 것이다. 레이스트랙 플라야의 스스로 움직이는 돌은 실재하며, 우리에게 필요한 건 그 원리를 설명해주는 이론이었다. 반면 중세식의 마녀는 실재하지 않으며, 우리에게 필요한 건 왜 우리가 마녀를 진짜로 생각했는지 그 이유를 이해시켜줄 오류 이론이었다.

그렇다면 운은 어느 쪽일까? 운을 바라보는 우리의 시각은 프레이밍 효과와 개인의 낙관적이거나 비관적인 성향에 영향을 받는다. 만약 운이 버젓한 현실이라면, 운에 관한 실증적 이론이 해답을 우리에게 알려줄 수 있어야 한다. 타라 쿠퍼나 채닝 모스가 겪은 일이 행운인지 불운인지. 그런 이론이 없다면, 그리고 개선된 새로운 이론이 나타날 기미도 전혀 보이지 않는다면 오류 이론을 생각할 때가 온 것이다.

　안타깝게도 이론에 기대를 거는 건 헛된 짓이다. 지금까지 나온 운에 관한 이론은 심리학 연구에서 제기된 문제를 해소해주지 못한다. 프레이밍 효과를 해결하려면 타라 쿠퍼가 정말 운이 좋은지, 아니면 정말 운이 나쁜지에 대한 논리적인 설명이 필요하다. 그러면 한 프레이밍을 허위로 처리하고, 다른 프레이밍이 우리를 진실로 인도해준다고 인정할 수 있을 것이다. 따라서 만약 쿠퍼가 정말 운이 좋은 거라면 '복권 당첨 번호 여섯 개 중 하나를 놓쳤다'는 불운보다는 '복권 당첨 번호 여섯 개 중 다섯 개를 맞혔다'는 행운을 보는 편이 진실에 더 가까운 관점이 된다.

　먼저 확률 이론을 살펴보자. 이 이론에 따르면 어떤 사건이 운과 관련되어 있느냐는 그 중요성과 발생 확률에 달려 있다. 쿠퍼가 복권 당첨 번호 여섯 개 중 다섯 개를 맞힌 것이 행운의 사건이 되려면 첫째, 그 사건이 긍정적인 의미로 그녀에게 중요성을 띠어야 하며 둘째, 발생 확률이 아주 낮아야 한다. 분명 그렇게 많은 숫자를 맞힌 건 그녀에게 중요한 일이었고, 또한 가능성이 아주, 아주 낮은 일이었다. 따라서 복권 당첨 번호 다섯 개를 맞힌 것은 쿠퍼에게 행운이었다. 문제는, 이와 똑같은 논리가 다른 프레이밍에도 그대로 적용된다는 것이다. 확률 이론에 따르면 그녀가 복권 당첨 번호 여섯 개 중 하나를 놓친 것이 불운의 사건이 되려면 첫째, 번호 하나를 놓친 것이 부정적인 의미로 그녀에게 중요성을 띠어야 하며 둘째, 여섯 개의 번호를 모두 맞힐 확률이 아주 낮아야 한다. 확실히 번호 하나를 놓친 것은 부정적인 의미로 그녀에게 중요한 일이었으며, 당첨 번호를 모두 맞힐 확률이 얼마나 낮은지는 우리 모두 알고 있는 사실이지 않은가. 따라서 여섯 개의 번호 중 하나를 놓친 것은 쿠퍼에게 불운이었다.

양상 이론으로도 똑같은 결과가 나온다. 현실에서 아주 작은 변화가 하나 일어났다면, 이를테면 복권 기계 안에서 공 하나가 20도 더 돌았다면 쿠퍼는 번호 다섯 개를 맞히지 못했을 것이다. 다시 말해 쿠퍼가 그 번호들을 맞힌 사건은 양상적으로 취약하다. 그러므로 번호 여섯 개 중 다섯 개나 맞힌 것은 행운이었다. 하지만 현실에서 아주 작은 변화가 하나 일어나서 그녀가 당첨 번호 여섯 개를 모두 맞혔을지도 모를 일이다. 그렇다면 아깝게 1등 당첨을 놓쳤으니, 그녀는 운이 나빴다. 이번에도 타라 쿠퍼는 똑같은 사건에 대해 행운과 불운 모두를 겪은 것이 되고 말았다.

통제 이론이라고 다를 바 없다. 쿠퍼가 당첨 번호 여섯 개 중 다섯 개를 맞힌 건 완전히 그녀의 통제를 벗어난 사건이었다. 그 번호들을 맞힌 것이 그녀에게 중요했다는 사실까지 더해지면, 그 사건은 그녀에게 행운이었다. 하지만 그녀가 분명히 원했을 1등 당첨 역시 그녀의 통제 밖에 있었다. 따라서 번호 하나를 놓친 것은 불운한 사건이었다. 타라 쿠퍼는 운 좋게도 번호 다섯 개를 맞힌 반면, 운 나쁘게도 하나를 놓쳤다.

정확히 똑같은 사건에 대해 행운과 불운을 동시에 겪을 수는 없다. 겨울 폭풍 사례에서 마을 주민들은 운이 좋은 동시에 나쁜 것이 아니었다. 행운과 불운은 빨간색과 파란색, 혹은 스카이다이빙과 수영처럼 정반대의 속성이다. 스카이다이빙과 수영을 동시에 할 수 없듯이, 똑같은 사건을 두고 행운이자 불운이라고 말할 수 없다. 적절한 이론이라면, 어떤 경우든 그것이 객관적인 행운인지 혹은 객관적인 불운인지 말해줄 수 있어야 한다. 나쁜 패를 연이어 받은 도박꾼에게 앞으로 좋은 카드를 받을 객관적 가능성을 알려주는 확률 이론처럼 말이다. 확률 이론이 그렇게 해주지 못한다면 우리는 여전히 도박사의 오류에 묶여 있을 것이다. 또 다른 예로, 윤리적 딜레마를 해결하기 위해 어떤 도덕 이론에 의지했더니 '배고픈 가족을 위해 빵을 훔쳐야 하고 훔쳐서는 안 된다'라는 결과가 나온다고 해보자. 해결책을 얻기는커녕 의문만 남는다. 이는 그 특정한 도덕 이론을 거부할 만한 이유가 된다. 마찬가지로 운이 관련된 것으로 추정되는 어떤 사례에 대해 일관되고 의미가 명료하며 객관적인 판단을 내려주는 이론이 없다면, 우리는 아무런 답도 얻을 수 없다.

확률 이론, 양상 이론, 통제 이론은 행운과 불운을 분석하는 데 적절하지 않을지도 모른다. 그보다는 어떤 사건의 유의미성을 따지는 것이 도움이 된다. 한 사건이 우연인지, 혹은 그 우연한 사건이 누군가에게 영향을 미치는지 아는 것만으로는 부족하다. 그 사건이 당사자에게 좋은 영향을 미치는지, 나쁜 영향을 미치는지 알아야 한다. 이를 위해서는 그 사건이 누구에게 유의미한지, 그리고 어떤 식으로 중요한지 고려해야 한다. 예를 들어 2006년 영화 「007 카지노 로얄」에서 제임스 본드는 엄청 큰 판돈이 걸린 홀덤 포커를 친다. 플레이어들 중 한 명은 테러 주동자인 르시프르이다. 마지막 판에 네 명의 플레이어가 남는다. 본드는 첫 두 장의 카드로 '7♠, 5♠'라는 안 좋은 패를 받는다. 이번 판에서 그가 이길 확률은 12.3퍼센트에 불과하다. 테이블에 둘러앉은 사람들 중 승산이 가장 낮다. 커뮤니티 카드*가 세 차례 깔리는 동안 본드의 승산은 점점 높아지고, 급기야 본드는 무적의 스트레이트 플러시(8♠, 7♠, 6♠, 5♠, 4♠)를 손에 넣게 된다. 1억 달러 이상의 돈이 걸린 이 게임에서 본드가 이긴 건 엄청난 행운이었다. 승산이 희박한 상황을 극복하고 악당을 이겼다. 물론 르시프르에게도 똑같이 운이 따랐다. 단, 불운이었다. 우리는 두 사람이 (카드 게임의 우연성에 휘둘렸을 뿐만 아니라) 행운이나 불운을 겪었다고 말할 수 있다. 둘 다에게 포커 게임은 중요했기 때문이다. 그리고 본드의 승리는 본드에게 긍정적 중요성을, 르시프르에게 부정적 중요성을 띠었기에 우리는 본드가 행운을, 르시프르가 불운을 겪었다고 인지한다.

안타깝게도 유의미성이라는 요인은 심리학 연구에서 행운과 불운을 구분하는 데 아무런 도움도 되지 못한다. 낙관주의-비관주의 실험을 생각해보라. 낙관주의자는 야마구치 쓰토무를 행운아로, 비관주의자는 불운아로 보았다. 두 번의 원폭 투하를 겪고도 살아남은 건 행운이며, 애초에 그런 일을 당한 건 불운이라는 데에는 양쪽 모두 동의했다. 사실관계에서는 아무런 논쟁도 없었다. 운이 그의 인생에 큰 영향을 미쳤고, 원폭 투하를 당한 것은 부정적인 일, 살아남은 것은 긍정적인 일이며, 그 사건이 야마구치에게 아주 중요한 의미를 지녔다는 데에는 아무런 이견이 없었다. 유의미성에 관한 한 비관주의자와 낙관주의자 간에 의견 차가 없었다. 그래도 여전히 낙

---

* 모든 플레이어가 공유하는 다섯 장의 카드.

관주의자는 야마구치를 행운아로, 비관주의자는 그를 불운아로 생각했다. 유의미성 조건으로는 어느 쪽이 옳은지 알 수 없다.

기계 도박

목격자 증언의 신뢰성, 사회적 압력으로도 뒤엎을 수 없는 명백한 사실에 대한 믿음, 작은 부추김으로는 잔학한 행위를 저지르지 않을 평범한 시민…… 한때는 존중받았던 개념이지만, 실험심리학은 이들 중 많은 것이 틀렸음을 증명해 보였다. 운 역시 같은 운명에 처해졌다. 운은 레이스트랙 플라야의 스스로 움직이는 돌보다는 마녀들과 비슷한 경우이다. 운을 성공적으로 실증해낸 이론도, 심지어는 그것을 찾을 수 있는 길도 전혀 없다. 운이라는 개념은 그 유효기간이 이미 오래전에 지났으며, 언제든 역사의 쓰레기더미 속으로 사라질 것처럼 보인다. 그럼에도 운에 대한 회의론이 옳다고 인정하기가 쉽지 않다. 운을 믿고 찾는 습관이 너무 깊이 뿌리박혀 있기 때문에, 운을 포기한다면 우리의 세계관에 지각변동이 일어나게 된다. 운에 대한 회의론을 거론하면 대부분의 사람들은 도박, 특히 순전히 우연에 좌우되는 게임에서 이기는 건 운이라고 주장한다. '모라나 주사위 놀이, 공기놀이'에서 이기는 것을 운의 전형적인 사례로 든 키케로의 말을 떠올려보라. 블랙잭이나 경마에는 기술이 필요하다고 주장할 수 있지만 룰렛, 슬롯머신, 비디오 포커 게임의 경우엔 어떠한가. 슬롯머신으로 돈을 따놓고 운의 존재를 부인하는 건 마치 하늘이 파랗다는 사실을 거부하는 거나 마찬가지다. 새뮤얼 존슨은 언젠가 자유 의지에 대해 '모든 이론은 거기에 반하지만, 모든 이들이 그것을 체험하고 있다'라고 말한 바 있다. 모든 이론은 운의 존재를 부정할지 몰라도 우리의 경험은 분명 그 존재를 긍정하고 있다. 슬롯머신에서 잭팟을 터뜨린 존슨 박사가 '이래서 내가 운에 관한 회의론을 안 믿는다니까'라고 선언하는 모습이 머릿속에 쉽게 그려진다.

가끔 가볍게 도박을 하는 사람에게는 그런 경험이 어마어마한 행운으로 느껴질 것이다. 비디오 포커 게임에서 아깝게 지거나 슬롯머신에서 아슬아슬하게 잭팟을 놓치면 불운으로 느껴지듯이 말이다. 사람들이 어쩌다 한 번 카드 게임을 하거나 카지노를 찾는 이유 중 하나는 큰 점수를 딸 때 아드레날린과 도파민이 마구 분출되는 짜릿함을 느낄 수 있기 때문이다. 그래서 도박중독자들은 그 짜릿함과 황홀감을 더 많이 원해서 마약중독자처럼 도박에 미친 거라고 순진하게 생각하기 쉽다. 혹은 사람들을 매료시키는 건 기계 도박의 무작위적이고 우연적인 요소일지도 모른다. 그런 우발성은 빤하고 따분한 일상에 자극이 되어준다. 운은 단조로운 생활에 흥을 곁들여주는 양념과도 같다.

그러나 연구 결과에 따르면 놀랍게도 도박중독자들이 경험하는 바는 우리의 예상과 전혀 다르다. 누가복음 6장에서 부유하고 잘 먹고 인기 많은 자들이 고통받고, 가난하고 굶주리고 비난받는 자들이 축복받아 하느님의 왕국을 물려받으리라는 예수의 포고만큼이나 완벽한 반전이다. 사회학자 나타샤 도 슐은 다음과 같이 쓴다. '기계 도박꾼들이 말하듯, 그들을 게임으로 내모는 것은 통제감도, 우연성도, 둘 사이의 긴장감도 아니다. 그들의 목표는 이기는 것이 아니라 게임을 계속하는 것이다.'[33] 한 도박꾼은 이렇게 설명한다.

> 대부분의 사람들은 도박을 순수한 우연의 게임으로 정의하면서 그 결과를 전혀 알 수 없다고 생각한다. 하지만 기계로 도박을 할 때 나는 내가 이기거나, 아니면 질 거라는 사실을 안다. 동전을 쓰건, 동전을 받건 아무 상관없다. 새 동전을 넣고 새 카드 다섯 장을 받은 다음 버튼을 누르면 계속할 수 있다는 것이 중요하다.
> 그러니까 실은 전혀 도박이 아닌 것이다. 오히려 내가 무언가에 대해 확신할 수 있는 몇 안 되는 일들 중 하나다. 어느 때든 어느 쪽으로 튈 줄 모르는 우연과 변수의 게임이라고 믿었다면, 무서워서 시도하지도 못했을 것이다. 우리가 기계에 의존할 수 없다면, 인간 세계에 예측 가능성이란 전혀 존재하지 않는 셈이다.[34]

도박장이 항상 유리한 입장에 있다는 사실을, 베테랑 도박꾼들은 수많은 경험을 통해 알고 있다. 결국 도박꾼들은 이기지 못할 뿐더러 이기기 위해 게임을 하는 것도 아니다.[35] 도박꾼들뿐만 아니라 카지노와 도박 기계 제조업자 모두 똑같은 목적을 지니고 있다. 기계 사용 시간을 극대화하는 것이다. 카지노와 도박 기계 제조업자는 도박꾼들이 기계를 떠나지 못하도록 하기 위해 인간 심리에 대한 깊은 지식을 이용한다.

카지노들은 상점, 식당, 화장실, 도박 기계 등이 미로처럼 복잡하게 얽힌 순환 통로를 통해 개인만의 작은 공간을 만들어주는 편이

탁 트인 넓은 공간에 슬롯머신을 쭉 늘어놓는 방식보다 훨씬 더 잘 먹힌다는 사실을 발견했다. 도박 기계는 인체공학적으로 편안하게 설계되어 있다. 조종하기가 쉽고, 좌석은 자동으로 수평이 맞춰지며, 다리를 뻗을 수 있는 공간이 여유롭고, 완전히 몰입할 수 있도록 스크린이 가까이에 있다. 매끄럽고 둥글둥글한 기계에 팔 받침대가 달려 있고, 최소한의 움직임만으로 돈을 집어넣거나 '플레이' 버튼을 누를 수 있다. 음향과 조명은 너무 강하거나 현란하지 않게 설계되어, 게임의 결과에 자연스레 몰입할 수 있게 해준다.

　게다가 기계의 수많은 기능은 도박꾼을 실험 쥐처럼 만들어버린다. 이따금 나오는 먹이를 얻기 위해 계속 레버를 누르게 되는 것이다(기계 중독자들이 스스로를 묘사할 때 사용한 비유이다).[36] 보상(즉 당첨금 지급)의 시간표도 도박꾼들의 유형에 맞춰 세심하게 설계되어 있다. 어떤 이들은 가끔씩 큰 액수를 따기를 원하고, 어떤 이들은 규칙적으로 작은 액수를 따고 싶어 한다. 슬롯머신은 플레이어가 있건 없건 끊임없이 난수亂數*발생기를 돌린다. 플레이어가 '스핀SPIN' 버튼을 누르는 순간, 게임의 결과는 오로지 난수발생기에 의해 결정된다. 구식 슬롯머신의 경우엔 릴들의 기계 작동에 따라 결과가 정해지지만, 디지털 장치에서는 회전하는 릴들이 게임의 결과와 전혀 무관하다. 하지만 어떤 기계에는 '정지' 버튼이 있어서 릴들이 저절로 멈추기 전에 플레이어가 한 개의 릴이나 전부를 멈출 수 있다. 이로써 그들이 게임을 통제하고 있다는 착각을 심어주는 것이다.[37]

---

* 특정한 순서나 규칙을 가지지 않는, 연속적인 임의의 수.

기계 도박을 하는 이들은 '무아지경' 상태를 갈망한다. 온 세상에 기계만 존재하고, 그들의 눈앞에는 스크린밖에 보이지 않는다. 앞서 설명한 모든 프로그래밍과 설계는 플레이어들을 최대한 빠르고 완전히 무아지경 상태로 끌어들이는 것을 목표로 한다. 합성 마약과도 같다. "게임을 하다 보면 스크린이 자석처럼 나를 그 안으로 끌어당긴다. 나는 기계 속에서 걸어 다니며, 카드들 사이를 돌아다닌다."[38] 어느 도박꾼의 말이다. 또 다른 도박꾼은 이렇게 말한다. "누군가가 내 몰입 상태를 깨면 화가 치민다. (……) 도박 기계는 마치 효과가 직방인 진정제 같다."[39] 이들이 원하는 건 자극이나 보상이 아니라 방해 없이 이어지는 흐름, 동화同化, 무아의 상태이다.

신기술은 플레이어들의 욕구에 맞춰 게임의 매개변수를 실시간으로 바꾸어준다. 그래서 플레이어들은 지급금의 비율, 게임의 속도, 복잡도 같은 변수를 제어할 수 있다. 이런 통제감이 있으면 운 같은 건 필요 없어진다. 기계 도박 중독자들은 운이나 우연, 무작위성을 원하지 않는다. 그들이 원하는 건 스릴감이 아니라 게임 말고는 모든 것을 잊고 무아지경에 빠지는 것이다. 아이러니컬하게도 카지노 역시 똑같은 목표를 가지고 있다. 즉 도박꾼들의 주체적 행동을 0으로 줄여, 주머니가 텅텅 빌 때까지 계속 기계에 돈을 집어넣게 만드는 것이다. 카지노들은 이런 상태를 '플레이어 소멸'이라고 부른다.[40] 기계도 하나의 우주와 같다. 우주가 최대의 엔트로피 상태로 열역학적 종말을 맞을 수밖에 없듯이, 도박꾼 역시 자신의 운명이 소멸과 전멸뿐이라는 사실을 알고 있다.

그런 도박꾼들에게 잭팟은 전혀 행운의 사건이 아니다. 도박꾼들의 말을 들어보자. "요즘은 잭팟이 터져도 눈 하나 깜빡하지 않고, 놀라지도 않는다. (……) 한번은 잭팟이 터졌는데 어떤 카드들이었는지도 알 수 없었다."[41] "이겨도 별로 기쁘지 않다. 오히려 바로 끊어버리고 다시 게임으로 돌아간다."[42] "이기면, 특히 게임을 시작하자마자 이겨버리면 실망스럽다." 어떤 도박꾼은 이렇게 설명한다. "승패가 반복되는 적당한 날에는 같은 속도를 유지할 수 있다. 하지만 크게 이기고 나면, 계속 몰입하기가 힘들다."[43] 한 도박꾼은 다음과 같이 말한다. "가끔은 너무 지쳐서 그냥 져버리고 집에 가고 싶어진다. 그런데 질 뻔하다가 다시 이기면 이런 생각이 든다. '좋았어, 끝까지 버텨봐야겠어.'"[44] 가끔 도박을 즐기는 사람에게는 잭팟이 행운으로 느껴진다. 하지만 기계 도박 중독자들에게 잭팟은 행운도 불운도 아니다. 아무런 의미도 없다. 그저 소멸로 향하는 길의 중간 지점일 뿐, 운과는 아무런 상관도 없다. 애초에 운을 지배하기 위한 확률 이론이 개발된 것도 도박 때문이었다. 하지만 가장 순수한 형태의 운이 존재해야 하는 도박의 세계에서조차 운은 도박꾼들의 개성과 관점으로부터 발생한다.

운에 반대한다

운에 대한 반론은 변수가 많고 복잡하기 때문에, 상세히 풀려면 책 한 권의 분량이 필요했다. 내 목적은 최초로 운의 죽음을 선포하고자 하는 것이 아니다. 물론 이 책이 거기에 큰 보탬이 된다면 좋겠지만 말이다. 르네상스 시대부터 현재에 이르기까지 수학자들은 확률 이론으로 운을 전멸시킬 수 있다고 생각했다. 우연은 신의 변덕이 아니라 수학 법칙에 좌우되므로, 운 또한 예측 가능한 법칙과 같다는 걸 증명하려 했다. 하지만 이미 보았듯이, 확률로 미래를 예상할 수 있는 범위는 그리 넓지 않다. 원자 차원의 진정한 무작위성이 존재할 뿐더러, 카오스 이론에 따르면 정확한 미래 예측은 원칙적으로 불가능하기 때문이다. 확률 이론과 컴퓨터의 계산 능력은 우리의 인생이 앞으로 어떻게 펼쳐질지 말해주지 못한다. 온 우주가 힘을 써도 단순한 바둑 게임 하나 풀지 못한다. 그러므로 확률을 아무리 잘 파악하더라도 우리의 삶에서 운의 역할을 없앨 수는 없을 것이다.

그렇다면 확률은 운을 설명하는 이론이 될 수 있을까? 이론으로 받아들여지려면 운을 이해하는 데 도움이 되어야 할 것이다. 이를테면 실력과 운을 구분한다든가. 안타깝게도 확률 이론은 이 숙제를 해결하지 못한다. 우선 누군가가 승산 이상의 성공(혹은 승산을 밑도는 실패)을 거둔다고 해서 그 사람의 실력에 대해 알 수 있는 건 아무것도 없다. 동전 던지기를 하면 앞면이나 뒷면이 연이어 나오기도 한다. 다시 말해 무작위성은 매끄럽지 않고 덩어리로 발생하기 때문에, 그 덩어리(연속 발생)와 진짜 실력을 구분할 수 있는 방법을 찾아야 한다. 고득점 행진 기록을 세우고 있는 농구선수는 비범한 실력을 발휘하고 있을 수도 있고, 아니면 그저 운이 좋아서 평소 이상의 성적을 올리고 있는 건지도 모른다. 통계적 모델로는 판단하기 어렵다. 그 비범한 실력이 일시적인 현상일 수도 있기 때문이다.

준거 집합 문제도 있다. 한 사건의 발생 확률은 계산에 적용되는 배경 조건에 따라 달라진다. 비행기가 안전하게 착륙하는 건 행운의 사건일까? 확률 이론으로 이에 대한 답을 하려면, 비행기가 안전하게 착륙할 가능성이 얼마나 되는지 파악해야 한다. 비행기가 눈보라 치는 보스턴에 착륙하고 있다고 가정해보자. 상업용 여객기가 안전하게 착륙할 가능성은 얼마나 될까? 보스턴에서 비행기가 안전하게 착륙할 가능성은? 눈보라 속에서 비행기가 안전하게 착륙할 가능성은? 스미스 기장이 조종하는 아메리칸 에어라인 3356편 비행기가 안전하게 착륙할 가능성은? 각각의 질문에 대한 답은 서로 다르다. 확률 문제에 당연하거나 유일한 답 같은 건 없다. 이는 곧 어떤 사건이 운인지 아닌지에 대한 일관적인 결과를 낼 수 없다는 의미이다. 조종 실력이 변변찮은 스미스 기장이 눈보라 속에서 비행기를 안전하게 착륙시킨다면 아주 큰 행운이겠지만, 상업용 여객기가 안전하게 착륙한 건 운 좋은 사건이라고 할 수 없다. 같은 비행기인데도 이렇듯 다른 결과가 나와버린다.

확률 이론으로 운을 이야기할 때 부닥치게 되는 또 다른 문제는 통계적 잡음이다. 통계적 분석에 아무리 신중하더라도 예측 불허의 세상에서 벌어지는 일회성의 사건들까지 설명할 수는 없다. 우리 삶에서 일어나는 일은 대부분 일회성이며, 우리의 선택이 뜻밖의 결과로 이어지기도 한다. 대학 진학을 위해 새로운 도시로 이사해서 배우자를 만나거나, 혹은 다른 도시로 가서 다른 배우자를 만난다. 어느 직장을 택하느냐에 따라 앞으로 쌓아나갈 인맥도 달라진다. 어떤 친구들과는 계속 연락을 주고받고 어떤 친구들과는 연락을 끊으며, VHS 대신 베타맥스에, 엔론 대신 애플에 투자한다. 카페인에 취한

다람쥐처럼 우리는 결정이라는 거대한 나무의 가지들 사이로 폴짝 폴짝 뛰어다닌다. 확률 이론은 행위 규칙이 정해져 있어서 쉽게 수량화할 수 있는 데이터에는 효과적이지만, 우리가 도토리를 찾으면 행운이고 못 찾으면 불운인지 정확하게 말해주지 못한다.

게다가 우리가 보통 운에 대해 생각하는 관점에는 규범적인 요소가 있다. 실력으로 이룬 성과는 칭찬받을 만하지만, 운이 좋아서 성공한 사람은 칭찬받을 자격이 없다고 여긴다. 운에 관한 납득할 만한 이론이라면, 성공이나 실패에 대해 당사자는 얼마만큼의 공로와 책임이 있는지, 그리고 그 결과의 어느 정도까지가 운이었는지 말해줄 수 있어야 한다. 이 점에서도 확률 이론은 자격 미달이다. 로저 페더러의 첫 서브 성공률이 62퍼센트라면, 이는 각각의 첫 서브에서 62퍼센트는 실력이고 38퍼센트는 운이라는 의미일까? 아니면 그가 62퍼센트의 첫 서브 성공률을 올리고 있는 것은 100퍼센트 그의 실력 덕분일까? 제2장에서 보았듯이, 양쪽의 입장 모두 문제가 있다. 가능성, 확률, 통계, 이런 것들은 순전히 기술적인 도구일 뿐 가치나 공적, 상벌에 대해서는 아무것도 알려주지 못한다. 게임의 향방을 예측하고 싶어 하는 도박꾼들만 운을 신경 쓰는 것이 아니다. 우리 삶의 현 상황에 우리 자신의 공로는 얼마나 되는지 알고 싶은 것이 인간의 본능이다. 이 문제에 관한 한 수학은 침묵을 지키고 있다.

확률론적 접근의 몰락 속에서도 운은 불확실하고 불안정하다는 개념은 유효하다. 양상 이론에 따르면 운은 양상적 취약함이다. 즉 운이란 상황이 쉽사리 달라질 수도 있었음을 의미한다. 현실 세계에서 작은 변화 하나만 일어났다면, 수부타이의 몽골 전사들이 유럽을 짓밟았을 것이다. 그러니 오고타이 칸의 죽음 때문에 수부타이가 몽골로 돌아간 것은 행운이었다. 작은 변화 하나만 있었더라면 당신의 복권이 당첨되었을 테고, 그러므로 낙첨 확률이 어마어마하게 높더라도 어쨌든 낙첨은 불운이다. 이들은 대안적 현실, 즉 가능 세계이다. 세상이 크게 변해도 어차피 일어날 일들, 양상적으로 견고한 사건들은 운과 무관하다. 양상 이론은 가능 세계들 간의 거리를 본능적으로 측정하여 취약함과 견고함을 파악하는 방식에 의존한다. 트랜스월드 2000 사례에서 보았듯이, '가까운' 가능 세계와 '먼' 가능 세계로 양분하는 것은 문제가 있다. 하지만 이런 양분법 없이는 운과 관련된 사건과 무관한 사건을 아예 구분할 수가 없다.

양상 이론의 또 다른 문제는 필연적인 진리조차 운이 개입된 것처럼 보일 수 있다는 점이다. 우리가 사는 우주의 물리 상수가 생명체의 생존을 허용하는 범위 내에 있는 것은 행운이다. 하지만 우주의 물리 상수는 견고한 사실이다. 가장 근본적인 속성이 바뀌지 않는 한 우주는 달라지지 않는다. 그러므로 양상 이론에 따르면 이는 운의 문제가 될 수 없다. 이렇듯 행운의 필연적 진리는 양상 이론으로 설명할 수 없다.

통제 이론은 확률이나 양상적 취약함에 초점을 맞추지 않고 우리의 통제를 벗어난 사건을 운으로 상정함으로써 이런 난제를 해결하려고 한다. 그러나 '통제의 결여'라는 개념 자체에 문제가 있다. 통제에 대한 우리의 직관은 신뢰할 수 없는 결과를 초래한다. 타이 콥은 자신의 안타를 통제하고 있었을까? 그랬다면 왜 더 높은 타율을 기록하지 못했을까? 통제하지 못했다면 그의 모든 안타는 그저 운 덕분이라는 결론이 나와버린다. 어느 쪽도 괜찮은 대안이 되지 못한다. 윔블던에서 승산이 낮았던 루카스 로솔이 챔피언 라파엘 나달을 이긴 건 운이 좋아서였을까? 최고의 경기를 펼친 건 행운이었지만, 그는 자신의 경기력을 최대치로 통제하고 있었다. 그 시합은 로솔의 통제를 벗어나지 않았다. 그래도 여전히 그의 승리는 행운처럼 보인다.

일반적으로 우리는 어떤 사건에 대한 자신의 통제력을 직관적으로 판단하는 데 서툴다. 고무손 착각 실험의 피실험자들은 고무손을 통제하지 못하면서도 통제하고 있다고 믿었으며, 강령회 참석자들은 직접 테이블을 움직이면서도 테이블에 대한 통제력이 없다고 믿었다. 이런 직관적 판단을 피하고 통제력의 실체를 좀 더 면밀하게 이해하려고 노력하는 순간, 훨씬 더 심각한 문제에 부닥치게 된다. 어떤 결과를 통제한다는 건 그 결과를 초래할 수 있다는 뜻이고, 그렇다면 성공 확률이 높은 경우에만 해당한다. 어떤 결과를 통제한다는 것이 그 일을 시도하면 거의 반드시 성공한다는 의미라면, 성공이 양상적으로 견고할 경우에만 통제라는 말을 적용할 수 있다. 운에 관한 통제 이론은 그 자체로는 새롭거나 흥미로운 이론이 아니다. 오히려 확률 이론이나 양상 이론으로 빠져버린다.[45] 따라서 운이 무엇인가에 관한 견해는 세 가지가 아니라 두 가지인 셈이다. 그 두 가지는 이미 심각한 문제들에 직면했다.

공시적 운과 통시적 운은 세 이론 모두에 골치 아픈 문젯거리이다. 똑같은 사건이라도 연속적인 사건의 흐름 속에서 보면 행운(혹은 불운)이지만, 별개로 떼어놓으면 운과 전혀 무관해 보이는 것이다. 슬롯머신의 세 번째 릴이 레몬에서 멈추는 건 레몬이 연이어 나오는 흐름을 감안하면 아주 운 좋은 사건이다. 앞선 두 릴의 레몬보다 훨씬 더 큰 행운으로 느껴진다. 잭팟을 터뜨리려면 세 개의 레몬이 모두 필요한데도 말이다. 세 번째 레몬 그 자체는 행운도 불운도 아니며, 아무런 의미도 없다. 지금까지 나온 운의 이론으로는 어느 쪽이 옳은지 알 수 없다. 사건 그 자체만 개별적으로 고려하여 운인지 아닌지 평가하는 공시적 관점? 아니면 사건의 시간적 위치나 다른 사건들과의 관계도 가늠해야 하는 통시적 관점? 벌써부터 운은 관점의 문제로 보이기 시작한다.

애초에 우리가 운에 관한 이론을 원했던 이유 중 하나는 특정한 철학적 문제들을 이해하기 위해서였다. 제4장과 제5장에서 보았듯이, 윤리와 인식론의 많은 난제가 결과적 운과 태생적 운으로 설명된다. 우리 행동의 결과에 운이 끼어든다면, 우리는 그 결과에 대해 얼마나 칭찬받거나 비난받아야 할까? 우리 삶의 행로, 우리가 내릴 수 있는 결정의 범위, 도덕적 특권의 개념, 이 모두가 행운과 불운이라는 기반 위에 세워져 있다. 마찬가지로 지식의 가치와 본질은 무엇인가, 혹은 진정한 지식이란 가능한가 하는 문제의 답을 찾을 때, 순전히 운으로 얻은 진리가 위험 요소로 등장한다. 이렇듯 운에 근거한 접근법은 그 뒤에 일관성 있는 이론이 있어야만 유효하게 작동할 수 있다. 그러나 확률 이론이나 양상 이론은 인식적 운에만 제대로 적용될 수 있고, 통제 이론은 도덕적 운의 사례에서나 통한다(통제 이론을 하나의 독자적인 이론으로 인정한다면). 도덕적 운과 인식적 운 모두를 설명할 수 있는 통합된 이론은 없다. 더군다나 이미 보았듯이 '운'이 중의적이라는 주장은 타당성이 없다. 운은 제 할 일을 하지 않으며

하지도 못한다. 도덕적 운과 인식적 운의 난제들이 결국엔 별것 아닌지, 아니면 운에 근거하지 않고 문제들을 제대로 해결해줄 개념적 도구가 있는지는 앞으로의 연구가 판단할 일이다.

마지막으로, 프레이밍 효과와 개인의 낙관적이거나 비관적인 성향이 운에 대한 판단에 영향을 미친다는 사실을 이 장에서 증명해보였다. 타라 쿠퍼가 운이 좋은지 나쁜지, 야마구치 쓰토무가 어느 정도까지 운이 좋은 건지 말해줄 수 있는 그럴듯한 이론만 있다면 아직은 희망이 있다. 하지만 그런 이론은 존재하지 않는다. 도박에서 큰돈을 따는 것조차 당사자의 관점에 따라 행운으로 간주되지 않기도 한다. 운에 관한 모든 이론은 구제 불능일 정도로 심각한 결함을 안고 있다. 반례反例에 답하지 못하고, 실력과 운을 구분하지 못하고, 도덕적 운과 인식적 운에는 무용지물인데다 심리적 편향 앞에서는 맥을 못 춘다. 그 자체로 불합격이다.

개념이란 임의적으로 생기는 것이 아니다. 우리는 세상을 이해하기 위해 개념을 만들어내고, 그것들이 비논리적이거나 더 이상 쓸모없어지면 폐기해버린다. 올림포스 산의 신들과 중세의 마녀들이 바로 그런 운명을 맞았다. 한때 흔했던 개념이 계몽주의 시대 이후로는 무가치한 것으로 판명되었고, 지금은 은유나 공상의 산물로 취급당하고 있다. 마찬가지로 '운'은 기대에 부응하지 못하는 개념들이 애매하게 연결된 채 조잡하게 던져져 있는 잡동사니 서랍이나 마찬가지다. 운을 얘기하는 것으로는 해결하지 못한 까다로운 문제들을 해결해줄 새로운 접근법, 새로운 도구들을 찾아나설 시간이다.

적어도 운에 관한 오류 이론이 우리에게 가까운 듯하다. 행운

(불운)과 다행(불행)은 혼동하기 쉽지만, 동의어가 아니다. 오래전부터 하와이 여행을 계획한 사람이 아름다운 해변의 풍경을 즐기게 된다면 다행한 일이지만, 행운은 아니다. 그가 직접 비행기 표를 샀으니까. 조종사로 일하다가 실직하는 건 불행한 일이지만, 계속 숙취 상태로 출근한 것이 그 이유라면 운이 나쁘다고 불평할 수 없다. 운을 부정하는 것이 곧 다행과 불행을 부정하는 것은 아니지만, 그런 개념들은 부담스러운 이론적 용도보다 일상적이고 비형식적인 반추에 더 잘 어울린다. 일이 잘 풀리고 있거나 안 풀리고 있다고, 혹은 어떤 사건이 우리에게 긍정적이거나 부정적인 영향을 미치고 있다고 느낀 경험은 누구나 있을 것이다. 그러나 그런 느낌은 일관되지 못하고 조작 가능하며, 프레이밍 효과와 개인의 성격에 크게 좌우된다. 마찬가지로 운을 가능성과 같은 것으로 생각하고픈 유혹이 들 수도 있다. 가능성은 수학으로 계산 가능해 보이니 더더욱 그렇다. 우리는 운을 알 수 없거나 예측 불가능한 것과 연결 지어 생각하는 경향이 있다. 운은 통계학에 대한 무지일 뿐이라는 사실을 부인한다고 해서 확률 이론을 거부하는 것은 아니다. 다행(불행)과 가능성은 진짜일지 몰라도, 운은 아니다. 운은 인지적 착각이다.

운은 스스로 만드는 것

니체는 대중의 도덕성에 대해 자신이 아무리 훌륭하고 통렬한 비판을 해봤자 군주에게 화살을 빗맞히는 무정부주의자만큼이나

그림 6-1 테이블 돌리기.(출처 : 위키미디어 커먼스)

쓸모가 없다고 평했다. 그 결과 군주의 왕좌는 더욱 굳건해질 뿐이다.[46] 이 책에서 운을 향해 수많은 화살을 날렸지만, 그럼에도 운에 대한 믿음은 쉽사리 멈추지 않을 것이다. 운이 인지적 착각이라는 사실을 알게 된다고 해서 순식간에 그 느낌이 사라지지는 않는다. 로저 셰퍼드의 멋진 그림 '테이블 돌리기'를 보자('그림 6-1').[47]

왼쪽 테이블의 길이 대 너비 비율은? 오른쪽 테이블은 어떨까? 어찌 됐건 비율이 같을 리 없다. 왼쪽 테이블은 확실히 더 길고 가늘어 보인다. 이제 자로 길이를 재어보자. 착시현상을 의심한 사람들은 제대로 짐작했겠지만, 두 테이블의 길이는 정확히 똑같다. 하지만 그 사실을 알고 나서도 여전히 우리 눈에는 똑같아 보이지 않는다. 차이에 대한 우리의 인식은 자연 발생적이고 무의식적이어서, 두 테이블의 길이가 똑같다는 사실을 알고 나서도 서로 다를 거라는 느낌을 떨쳐버리기가 힘들다. 마찬가지로 운이 환상이라는 걸 인정한 후에도 세상에 운이 존재한다는 느낌은 사라지지 않는다. 지각 있는 사람들조차 운의 유혹에 지고 만다. 예를 들어 대니얼 카너먼은 확고한 운 신봉자로서 그의 대표적인 저서에 다음과 같이 쓴다. '이 책에서 반복되는 주제는, 모든 성공담에서 운이 큰 역할을 한다는 것이다. 작은 변화 하나만 일어났어도 놀라운 업적이 평범한 결과로 바뀌어버렸을 사례들을 쉽게 발견할 수 있다.'[48] 수많은 인지 편향을 발견한 사람이 운 역시 비논리적 추론에 의한 잘못된 판단이라는 사실을 보지 못하다니, 참 아이러니컬하다.

결국 우리가 '운'이라는 단어를 사용하지 못하도록 막을 수 있는 건 아무것도 없다. 우리는 행운이 함께하길 기도하고, 서로에게 행운을 빌어주며, 운이 좋아서 성공했다고 겸손하게 말한다. 그 대부분은 곧이곧대로 들어서는 안 되는 의례적인 말이다. '미신 같은 소리를 하는구나' 하고 그냥 넘어가면 될 일이다. 운의 종말을 진지하게 받아들인다면, 운과 관련된 모든 것을 잘못된 낡은 패러다임의 흔적으로 인지해야 하다. 감정을 드러내지 않는 사람을 점액질형 인간이라고 부르거나(갈레노스의 4체액설*), 모든 천체가 지구 둘레를 돈다고 주장하는(프톨레마이오스의 천동설) 것과 다를 바 없는 행위로 말이다. 이런 이론들은 무해한 유물이 되어 우리 문화에 잔존해 있지만, 세상의 진리로 진지하게 받아들여서는 안 된다.

플라톤이 이야기한 에르의 신화에서, 라케시스는 불운한 인생

---

* 네 가지의 체액으로 질병의 원인을 설명하려 한 이론.

에 대한 책임은 그 삶을 선택한 자에게 있다고 말한다. 제비뽑기로 인간의 출생을 정하고 우리의 삶에 변덕스럽게 끼어들기도 하는 신들이지만, 그들에게는 잘못이 없다. 뜻밖에도 라케시스의 말이 옳다. 어떤 의미에서는 전부 우리의 책임이다. 비디오 포커 게임에서 이기는 건 행운일까 아니면 운과 무관할까, 복권 당첨 번호를 아깝게 놓치는 건 행운일까 불운일까, 끔찍한 사건이 일어났을 때 그래도 우리 삶의 좋은 측면은 무사함을 낙관적으로 생각해야 할까, 아니면 좋은 일에까지 치명적인 해를 끼쳤다고 비관적으로 생각해야 할까. 이에 대한 판단은 우리가 취하는 관점에 따라 달라진다. 운은 객관적인 속성이 아니며, 면밀히 분석해보면 우리가 주변 상황을 바라보는 하나의 관점, 주관적인 평가에 지나지 않는다. 우리가 스스로를 행운아 또는 불운아로 볼 뿐이다. 우리의 행동이나 야망과 큰 상관없이 다행스럽거나 불행한 일이 벌어질지 몰라도, 운은 순전히 우리의 뜻대로 구축된다. 세계관을 쉽게 바꿀 수 있다거나, 의지만 있으면 비관주의자도 낙관주의자가 될 수 있다는 소리가 아니다. 그럼에도 우리의 운은 우리 스스로 만드는 것이다.

| 감사의 말 |

이 책을 집필하기 위해 네이선 밸런타인Nathan Ballantyne, 케빈 펄랜드Kevin Ferland, 스콧 로Scott Lowe, 크리스티 매그 우이디르Christy Mag Uihdir, 덩컨 프리처드Duncan Pritchard, 리 휘팅턴Lee Whittington을 비롯한 수많은 사람들과 운에 관한 이야기를 나누었다. 버크넬 대학, 에딘버러 대학, 라 라구나 대학, 포르투 대학, 스티븐스 공과대학, 토리노 대학, 윌리엄 패터슨 대학에서 내 강연을 들어준 청중은 이 책에 실은 자료를 다듬는 데 도움이 되었다.

「운의 속성과 인지적 편향Luck Attributions and Cognitive Bias」(『메타 철학Metaphilosophy』, 2014년), 「도덕적 운의 문제A Problem for Moral Luck」(『철학 연구Philosophical Studies』, 2015년), 「왜 운에 관한 모든 이론은 틀렸는가Why Every Theory of Luck is Wrong」(『누스Noûs』, 2016년), 「기질적 낙관주의와 운의 속성 : 운에 관한 철학적 이론들에 대한 함의Dispositional Optimism and

Luck Attributions: Implications for Philosophical Theories of Luck」(『철학 심리Philosophical Psychology』, 2018년), 「도덕적 운과 통제Moral Luck and Control」(『미드웨스트 철학 연구Midwest Studies in Philosophy』, 2019년)에 담았던 견해를 이 책에 좀 더 전문적으로 풀어냈다.

초고의 일부 혹은 전체를 읽고 의견을 내준 올리비아 베스트 Olivia Best, 리처드 브룩Richard Brook, 드루 콜스Drue Coles, 제프 딘Jeff Dean, 토비 샤딩Tobey Scharding, 에릭 스투퍼Eric Stouffer, 제사 우드Jessa Wood에게 감사드린다. 제6장에 담긴 내용의 대부분은 내 친구이자 심리학자인 제니퍼 존슨Jennifer Johnson과 협력한 결과물이다. 철학자인 내가 심리학자인 그녀의 기꺼운 도움을 받을 수 있어 기뻤다. 오랜 친구 팀 존슨Tim Johnson은 내 글을 가장 정성스럽게 비평해주어서 항상 변함없이 고마운 마음을 갖고 있다. 내 아내 버네사Vanessa는 전체 원고를 읽고 평을 해주었을 뿐만 아니라 책에 대한 나의 기대와 두려움을 아주 인내심 있게 들어주었다. 마지막으로, 이 프로젝트를 믿어준 블룸스버리의 편집자 콜린 콜터Colleen Coalter에게 감사드린다.

성공은 언제나 중요한 화두이다. 바라는 형태는 다를지언정 거의 모든 이들이 성공을 꿈꾼다. 그래서 성공한 사람들의 습관을 따라 해보기도 하고, 생산적인 하루 루틴을 설파하는 책과 영상에 열광한다. 성실히 내실을 기하고 실력을 쌓다 보면 성공에 더 가까이 다가갈 수 있다는 믿음 때문이다. 다른 한편으로는 행운의 기운이 깃들기를 기도하며 행운을 부르는 주문, 행운을 부르는 인간관계나 대화법 등을 찾는다. 과연 실력만으로 성공할 수 있을까? 어떤 사람은 적절한 때 적절한 곳에서 적절한 기회로 성공을 맛보고, 어떤 사람은 비슷한 실력을 갖추고도 그러지 못한다. 언뜻 보기에 이들 사이의 차이는 '운'밖에 없는 것 같다. 전자에게는 행운이, 후자에게는 불운이 깃든 것이다. 이런 까닭에 사람들은 행운아가 되기 위한 방법을 부질없이 찾아 헤맨다. '운이라는 건 없어, 미신일 뿐이야'라며 아무리 부정하려 애써도 불확실성이 지배하는 삶에서 누구나 한 번쯤은, 아니 자주 운의 존재를 체감한다.

고대 로마인들은 우리네 인생에 자꾸 끼어드는 듯한 운을 일찌 감치 감지하고 포르투나라는 여신으로 의인화했다. 포르투나는 운명의 수레바퀴를 돌리며 우리의 인생사를 가차 없이 주물렀고, 인간들은 그녀에게 굴복하거나 맞서 싸우거나 혹은 그녀를 부정하는 방식으로 대응했다. 반면 근대 이후의 과학자들과 철학자들은 포르투나와의 악연을 끊기 위해 운이라는 미스터리한 개념을 설명하고 그 실체를 파악하게 도와줄 이론을 확립하려 애썼다. 그 결과 우리는 운에 대해 얼마나 이해할 수 있게 되었는가? 운과의 싸움에서 우리는 여전히 고전을 면치 못하고 있는 것 같다. 그러나 이 책의 저자는 애초에 이 모두가 신화 속 괴물 같은 실체 없는 상대와의 전쟁이었다고 말한다. 결국 운이란 인지적 환상, 착각에 불과하다는 것이다. 저자는 운을 설명하는 이론을 하나하나 파헤치고 반례를 통해 그 허점을 드러냄으로써 운이 실재하지 않는 허상이라고 주장한다.

운에 관한 이론은 크게 세 가지인데 확률 이론, 양상 이론, 통제 이론이 그것이다. 과연 이 이론들은 운의 실체를 드러내고, 우리가 이루어낸 성과에서 우리 자신의 실력과 운이 각각 얼마의 비율을 차지하는지 명료하게 설명할 수 있을까?

우선 확률 이론에 따르면, 발생 확률이 낮고 중요성을 띤 사건이 운과 관련되어 있다(즉 행운 혹은 불운이다). 복권 당첨은 발생 확률이 낮은 동시에 긍정적인 의미로 중요성을 띤 일이기에 행운이다. 반면 복권 낙첨은 발생 확률이 높으므로 운과 무관하다.

두 번째 양상 이론에 따르면, 양상적으로 취약한, 즉 아주 작은 변화로도 결과가 바뀔 수 있는 일이라면 운과 관련된 사건이 된다. 복권 당첨은 숫자 하나만 잘못 찍어도 실패할 수 있었으니 행운이고, 복권 낙첨은 잘만 하면 당첨될 수도 있었으니 불운이다. 반면 자연법칙처럼 양상적으로 견고한 사실은 운과 무관하다.

세 번째 통제 이론은 우리가 통제할 수 없는 일이라면 모두 운과 관련되어 있다고 말한다. 이에 따르면, 복권 당첨도 낙첨도 우리가 통제할 수 없는 일이므로 각각 행운과 불운이 된다.

저자는 나름대로 그럴듯해 보이는 이 이론들을 깊이 파고들어 모순점을 발견하고 필연적 진리, 통시적 운, 도덕적 운, 인식론적 운 등의 문제에서 이 이론들이 제 역할을 못한다는 사실을 밝혀낸다. 따라서 차라리 마녀의 사례처럼, 운이 실재하지 않는다는 사실을 이해시켜줄 오류 이론이 더 필요하다는 것이 그의 결론이다.

사실 우리는 같은 사건을 두고도 행운이나 불운으로 다르게 인식할 때가 많다. 이야기를 전하는 방식에 따라, 개인의 낙관적이거나 비관적인 관점에 따라 평가가 완전히 달라지는 것이다. 숫자 하나가 틀려 복권에 당첨되지 못한 것은 행운일까 불운일까. '하나만 틀리고 나머지는 다 맞혔어'라고 말하면 행운처럼 들리고, '하나만 맞혔으면 당첨인데 아깝지 뭐야'라고 말하면 불운처럼 들린다. 벼락을 일곱 번 맞고 살아난 사람은 행운아일까 불운아일까. 낙관적인 사람이라면 벼락을 일곱 번이나 맞았는데도 살아남은 것을 행운으로 여길 테고, 비관적인 사람이라면 한 번 맞기도 어려운 벼락을 일곱 번이나 맞은 것을 불운으로 여길 것이다. 운이 실재하는 것이라면, 한 사건이 행운인 동시에 불운인 것은 논리에 맞지 않는다. 결국 운이란 객관적인 속성이 아니라 우리의 주관적 관점이 만들어낸 허상에 불과하다.

'운'에 관한 책이라 하면 역술서나 '운명은 스스로 만드는 것'이라 외치는 자기계발서를 떠올리기 쉽다. 운을 이토록 이론적으로 철저히 파헤친 책이 또 있었나 싶다. 그 과정에서 수학, 물리학, 스포츠, 정치, 경제, 역사를 넘나드는 다채로운 사례가 우리의 이해를 돕는 동시에 이 책을 더욱 풍성하게 만들어준다. 저자도 인정하듯, 운이 허상에 불과하다는 걸 논리적으로 이해하게 된 후에도 운이 존재한다는 느낌이 단번에 사라지지는 않는다. 다만 우리가 행운아인가 불운아인가를 결정짓는 것은 순전히 우리 자신의 관점이라는 사실을 인지하고 있는 사람과 그렇지 못한 사람 사이에는 분명 큰 차이가 있을 것이다.

1 · 라케시스의 제비뽑기와 운의 역사

1   Annas, 1981년, pp. 349, 353.

2   Pindar, 2007년.

3   Polybius, 1889년, §402.

4   Eidinow, 2011년, p. 49에 인용됨.

5   Plutarch, 1962년, §320.

6   Ferguson 1970년, p. 87.

7   Putzi, 2009년, p. 151.

8   Lawrence, 1898년.

9   Putzi, 2009년, p. 194.

10 Petronius, 1960년, ch. 60.

11 '우리가 작은 은장식으로 만들어 몸에 걸고 다니는 네잎클로버, 돼지, 버섯, 말편
    자, 사다리, 굴뚝 청소부를 연구해봅시다. 네잎클로버는 정말 상징물로 적합한
    세잎클로버를 대신하게 되었습니다. 돼지는 고대에 다산의 상징이었습니다. 버
    섯은 누가 봐도 남근을 상징하고 있는데, 의심의 여지 없이 남근을 닮은 모습 때
    문에 '팔루스 임푸디쿠스(음란한 남근)'라는 학명이 붙은 버섯도 있습니다. 말편
    자는 여성 성기의 구멍과 꼭 닮았습니다. 사다리를 가지고 다니는 굴뚝 청소부
    는 그가 하는 일이 성교와 저속하게 비교되기 때문에 여기에 속하게 된 겁니다.'
    Freud, 1917년, p. 64.

12 Rowling, 2005년.

13 Hesiod, 2006년, §822.

14 Redford, 2001년, "Horoscopes"; Kadish, 2013년.

15 Baroja, 2001년, p. 132.

16 Putzi, 2009년, p. 199.

17   Ogden, 2002년, p. 225.

18   Cohen, 1960년, p. 127.

19   Frazer, 1890년 chs. 57, 58.

20   Seddon, 2005년.

21   Nussbaum, 1994년.

22   Aurelius, 2002년, IV.

23   Seneca, 1917년, IX.

24   Nussbaum, 1994년, ch. 10.

25   Camus, 1955년.

26   Sextus Empiricus, 1998년, §309~310.

27   Kneale and Kneale, 1962년, pp. 118~122를 참고할 것.

28   Boethius, 2008년.

29   Calvin, 1559년, p. 173.

30   Calvin, 1559년, p. 180.

31   Edwards, 1754년.

32   Edwards, 1741년, pp. 11~12.

33   Edwards, 1858년, p. 292.

34   Mazur, 2010년, pp. 5~6.

35   Decker et al., 1996년.

36   Casanova, 1957년, ch. 20.

37   Aquinas, 1963년. Bennett, 1998년, ch. 3도 참고할 것.

38   Cicero, 1923년, Book 2, §41.

39   David, 1962년, p. 14에 인용됨.

40   Mlodinow, 2008년, ch. 3.

41   Galilei, 1962년, p. 192.

42   David, 1962년, ch. 7; Mlodinow, 2008년, ch. 4.

43   Hacking, 1975년, p. 61.

44   David, 1962년, p. 144.

45   de Moivre, 1718년, p. iv.

2 · 운과 실력

1   Boscovich, 1966년, §540.

2   100년 후 랠프 왈도 에머슨이 쓴 글과 비교해보자. '천박한 사람은 운을 믿고, 환경을 믿는다. 이름 때문이라는 둥, 어쩌다 보니 그때 그곳에 있었다는 둥, 그때가 아니라 다른 날이었다면 안 그랬을 거라는 둥. 강인한 사람은 원인과 결과를 믿

는다. 사람은 기질을 타고나며, 그의 아버지는 그의 아버지가 되어 이런 행동을 하도록 태어났다. 자세히 들여다보면, 운이라는 건 전혀 없었으며 전부 산술 문제 혹은 화학 실험이라는 걸 알게 될 것이다.' Emerson, 1904b, p. 220.

3 Gleick, 1987년, p. 43.

4 Laplace(1902년, p. 4), Boscovich(1966년, §385)에 실려 있는 보슈코비치의 아주 비슷한, 하지만 덜 우아한 발언과 비교해보면 좋다. Kožnjak(2015년)에는 이 문제에 관한 보슈코비치와 라플라스의 대조적인 관점이 잘 담겨 있다.

5 Tromp and Farnebäck, 2016년.

6 Dewdney, 1989년.

7 Lloyd, 2002년.

8 Lloyd, 2002년.

9 Smith, 2016년; Mazur, 2010년, p. xvii; Rosenthal, 2006년, ch. 16.

10 Ballantyne(2012년)과 Whittington(2016년)에는 운의 중요성 조건에 대한 훌륭한 논의가 담겨 있다.

11 Rescher, 1995년, p. 32.

12 Rescher, 1995년, p. 211.

13 어떤 작가들은 운의 본질이 자명하다는 가정하에 운의 이론은 전혀 논하지 않으면서 실력과 운을 구분하려 했다. Heesen(2017년)과 Christensen et al.(2016년)이 그 예들이다. 적어도 이 책에서는 운의 성질이 자명하다는 가정을 배제할 것이다.

14 Gladwell, 2008년, pp. 54~55. Mlodinow(2008년, pp. 208~209), Frank(2016년, ch. 2)와 비교해보라.

15 Hanauer, 2014년.

16 Gladwell, 2008년, p. 55.

17 '운은 경제학자들에게 들먹일 만한 것이 못 된다. 그들이 힘들게 일구어낸 사회 사상에 들어맞지 않기 때문이다'(White, 1944년, p. 342)라는 E. B 화이트의 발언에 대한 멋진 논박이다.

18 Frank, 2016년, pp. 3~4.

19 Emerson, 1904a, p. 100.

20 Drucker, 2006년, p. 151.

21 http://en.espn.co.uk/facupstories/sport/player/1139.html. 2020년 3월 24일에 접속함.

22 Bleck, 2014년.

23 Weber, 1946년, p. 271. Frank, 2016년, p. 93과 비교해보라. '운의 역할을 간과하면 최고 수준의 성공을 이룬 자들은 그들이 벌어들인 큰 소득을 누릴 자격이 있다고 더 자부하게 된다.'

24 James Jr., 2008년.

25   Freedberg, 2009년.

26   개인적인 연락.

27   '운은 정보가 부족하여 원인과 결과를 정확히 짚을 수 없을 때 생기는 결과물이다.' Mauboussin, 2012년, p. 190.

28   Kucharski(2016년)는 이 사례들을 심도 있게 다루고 있다.

29   Kahnaman, 2011년, p. 177. 어니스트 소사 역시 이와 비슷한 발언을 했다(Sosa, 2017년, p. 77, p. 122).

30   Mauboussin(2012년), Levitt and Miles(2011년), Croson et al.(2008년) 등이 이 전략을 쓰고 있다.

31   Mauboussin, 2012년, p. 77.

32   키케로는 『신들의 본성에 관하여』에서 '감각은 개연성이 있다. 즉 완전한 자각에는 미치지 못하더라도 일정한 개별성과 명확성을 갖고 있어서 현자에게 행동 지침이 되어줄 수 있다'라고 말한다.

33   http://www.golfdigest.com/story/want-to-know-your-odds-for-a-hole-in-one-well-here-they-are. 2020년 3월 24일에 접속함.

34   Taleb, 2007년.

35   이 개념들의 출처는 McKinnon(2014년)이며, 뒤에 이어지는 귀류법 논증의 대상이 된다.

36   확률에 상관없이 실력을 이야기하는 편이 더 승산이 높다(Stanley and Williamson, 2017년; Pavese, 2016년). 물론 이 책의 중심 논지가 옳다고 가정하면 실력을 이야기하면서 운과 대조하려는 시도는 옳을 수 없다.

37   White, 1944년, p. 342.

3 · 양상 이론과 통제 이론

1   Leibniz, 1768년.

2   지금 우리가 살고 있는 세계에서 무한히 갈라져 나온 가능 세계들의 개념은 Crouch(2016년)에 잘 설명되어 있다.

3   그렇다면 충족 이유의 원리가 진리인 데도 이유가 있다는 뜻일 텐데, 그건 또 다른 이야기이다.

4   Leibniz, 1710년, part 1, §8.

5   Kendrick, 1955년, pp. 137~138에 인용됨.

6   20세기 사회 비평가인 테오도르 아도르노에 따르면 '리스본 대지진은 볼테르에게서 라이프니츠의 신정론이라는 질병을 치유하기에 충분했다'. Adorno, 1973년, p. 361; Voltaire, 1759년.

7   Holland, 1999년.

8 여담이지만, 이런 시나리오가 몇 번 등장한 적이 있다. *The Amazing Spider-Man* 14, 120, 328; *The Amazing Spider-Man king size special 3*; *Peter Parker* 14; *The Incredible Hulk 349*; *Marvel Team-Up* 27, 53, 54; *Web of Spider-Man* 7, 69; *Marvel Treasury Edition* 25, 28. 둘의 싸움에서 헐크가 우위를 보인다. (만화에 관한 거라면 모르는 것이 없는 롭 레드퍼드에게 고마움을 전한다.)

9 Pritchard(2014b)에 그의 관점이 잘 요약되어 있다. 별스럽게도 프리처드는 이렇다 할 설명 없이 유의미성이라는 조건을 거부한다. 하지만 지금 우리가 논하고 있는 문제와는 큰 관계가 없다.

10 Dawkins, 1998년, p. 1.

11 Hales(1999년)에 실린 데릭 파핏(Derek Parfit)의 에세이 「왜 현실은 지금의 모습인가Why Is Reality as It Is?」, 왜 세상은 무無가 아니라 무언가로 채워져 있는지 논하고 있는 Nozick(1981년), 그리고 짐 홀트의 저서(2012년)를 참고하라.

12 Holton, 1978년, p. xii에 인용됨.

13 정답이 3분의 2라는 걸 증명해보자. 당신의 팬케이크는 황금빛/황금빛 아니면 황금빛/검은색이다. 여기서 나올 수 있는 세 개의 황금빛 면 가운데 두 개는 반대쪽 면이 황금빛이다. 다시 말해 팬케이크가 나오기 전에, 앞뒤의 색이 똑같은 팬케이크를 주문할 확률은 3분의 2이다. 따라서 팬케이크가 나왔을 때 검은 면이 보인다면, 다른 면 역시 검은색일 확률은 3분의 2이다. 황금빛 면이 보인다면, 다른 면도 황금빛일 확률 역시 3분의 2이다.

14 Smith, 2012년, chapter 7.

15 Smith, 2012년, p. 71.

16 Coffman(2009년), Mele(2006년, p. 7), Greco(2010년, p. 130), Levy(2011년, p. 36)를 참고하라. '도덕적 운'에 관한 장에서 더 많이 논의할 것이다.

17 Hofstadter, 1985년, p. 353.

18 미국 식민지 시대의 정치가 토머스 페인Thomas Paine이 처음 사용한 표현이다 (Paine, 1792년).

19 Lamont, 2013년, p. 64.

20 패러데이는 「테이블 터닝에 관하여On Table-Turning」와 「움직이는 테이블에 관한 실험적 연구Experimental Investigation of Table-Moving」에 자신의 실험을 설명했다. 두 편 모두 Faraday(1859년, pp. 382~391)에 실려 있다.

21 Carpenter, 1852년. 최근의 훌륭한 논의를 보려면 Hyman(1999년)을 참고하라.

22 Botvinick and Cohen, 1998년.

23 Ramachandran and Blakeslee, 1998년, pp. 59~62.

24 Ramachandran et al., 2011년.

25 Ramachandran et al., 2011년, p. 370.

26 신경학자 올리버 색스Oliver Sacks는 고유 수용성 감각의 손상으로 다리를 자신의 것으로 인식하지 못해 '침대에서 떨어진 남자'와, 고유 수용성 감각을 완전히 잃

어버린 '육신 없는 여인'에 대해 이야기한다. 두 사례 모두 신경학적 결함이 원인이다(Sacks, 1985년).

27 Shepherd(2014년)는 이 점을 옹호한다.

28 http://espn.go.com/tennis/wimbledon12/story/_/id/8106990/wimbledon-2012-rafael-nadal-upset-second-round-lukas-rosol. 2020년 3월 24일에 접속함.

29 철학자 어니스트 소사 역시 이렇게 높은 기준을 거부한다(Sosa, 2011년, p. 53).

30 Johnson, 1795년, p. 219.

31 Gould(1991년, p. 467)와 비교해보라.

32 Whittingham, 1989년, p. 315.

33 Arbesman and Strogatz, 2008년.

34 Arbesman and Strogatz, 2008년, p. 11.

35 Whittingham, 1989년, p. 315.

36 http://www.basketball-reference.com/players/w/willimi02.html, http://www.nba.com/history/records/regular_freethrows.html. 2020년 3월 24일에 접속함.

37 J. B. S. 홀데인J. B. S. Haldane이 든 예시(Dawkins, 2009년, p. 147).

4 · 도덕적 운

1 「뜻대로 하세요」 1막 2장.

2 Martin and Cushman, 2016년, p. 190.

3 Plus Media Solutions, 2013년, http://blogs.seattletimes.com/today/2014/01/teen-sentenced-to-probation-in-oregon-leaf-pile-hit-and-run/, http://www.oregonlive.com/forest-grove/index.ssf/2017/09/decision_overturning_convictio.html. 2020년 3월 24일에 접속함.

4 Nietzsche, 1888년, "What the Germans Lack" §7.

5 Kant, 1784년, chapter 1.

6 「햄릿」 3막 1장에는 이런 대사가 나온다. '어떤 나그네도 돌아오지 못한 미지의 나라, 죽음 후의 그 뭔가가 두려운 나머지 의지가 흐려진 우리는 우리가 모르는 재난으로 달아나기보다는 우리가 가지고 있는 재난을 견디려 한다.'

7 Nelkin(2013년)을 참고하라.

8 Sacks, 2010년, chapter 4. 안면인식장애가 너무 심해서 자신의 아내와 모자를 구별하지 못한 어느 음대 교수의 이야기가 색스의 사례 연구 중 가장 유명하다. Sacks(1985년)에 그 내용이 실려 있다.

9 Garrison, 1999년, chapter 22.

10 Nagel, 1976년, p. 137.

11 Garrison, 1999년, pp. 159~160.

12 해리슨 포드는 자신의 부엌에서 데이비드 블레인의 마술을 경험한 후 경악하며 "내 집에서 꺼져"라고 말한다. https://youtu.be/rB0wzy-xbwM. 2020년 3월 24일에 접속함.

13 Benzoni, 1857년, p. 17. Kant(1790년, book II, "Analytic of the Sublime," §43, fn 1)도 참고할 것. "내가 사는 곳에서는 일반인에게 콜럼버스와 달걀 같은 문제를 내면 이런 답이 돌아온다. '그건 예술이 아니에요, 과학일 뿐이지.' 즉 방법을 알면 할 수 있다. 그리고 저글링 곡예사들의 기술에 대해서도 똑같이 말한다. 반면 줄타기 곡예사에게는 조금의 거리낌도 없이 예술이라는 이름을 붙인다."

14 Roese and Vohs, 2012년.

15 Whitehead and Popenoe, 2001년.

16 미국인들 중 지구가 태양 주위를 돌고 있다고 믿는 사람은 71퍼센트밖에 되지 않는다. 유럽인들의 경우는 훨씬 더 심각해서 고작 66퍼센트가 지구의 자전을 알고 있다. National Science Foundation, *Science and Engineering Indicators 2006*, Appendix Tables 7-10(http://www.nsf.gov/statistics/seind06/append/c7/at07-10.pdf).

17 Munroe(2014년)의 한 장에는 그 정확한 이유가 설명되어 있다.

18 Frank, 2016년, chapter 2.

19 Adams and Alinder, 1985년, p. 382.

20 Driver(2013년)를 참고할 것.

21 Nietzsche, 1887년, essay II, §6.

22 Milgram, 1974년; Zimbardo, 2008년.

23 Martin and Cushman, 2016년.

24 이 쌍둥이 형제에 관한 이야기는 Segal(2005년, chapter 3)에 가장 잘 설명되어 있다. 이 책에 실린 세부 내용은 그의 책에서 빌려온 것이다.

25 Pocock, 1975년, p. 167.

26 Reich, 1989년.

27 Trump and Zanker, 2007년, p. 105.

28 https://en.wikipedia.org/wiki/Richard_Arvine_Overton.

29 Eknoyan, 2006년.

30 Kyle, 2012년, p. 108.

31 운 평등주의/보험에 관한 논의는 Dworkin(2000년, chapter 9)에 담겨 있다.

32 Hurley, 2005년.

33 Bailey, 1998년, p. 111; Monahan, 2014년, p. 73.

34 Gordon, 2004년; Monahan, 2014년.

35 이런 유의 사례들을 보려면 Card(1996년)를 참고하라.

36 스포일러 주의 : 유효하게 작동하지 않는다.

5 · 지식과 우연한 발견

1 Dollar, 1986년.

2 Zagzebski, 2003년.

3 불상의 공식명은 '프라 푸타 마하 수와나 파티마콘Phra Phuttha Maha Suwana
    Patimakon'이다. 지금은 태국 방콕의 왓 트라이밋 사원에 있다.

4 상대주의에 대해 더 알고 싶다면 Hales(2006년), Hales(2011년)를 참고하라.

5 Dreyfus, 1997년, pp. 292~293. 신기루 사례에 대한 논의를 더 보려면
    Krasser(1995년, pp. 251~252)를 참고하라.

6 Boh, 1993년, p. 114.

7 Russell, 1948년, p. 170.

8 Gettier, 1963년.

9 실제로 게티어가 든 사례들은 지루하다. 키스 레러Keith Lehrer가 제시한 사례들은
    게티어의 사례들과 구조적으로 동일하다.

10 Zagzebski, 1994년. Pritchard(2014a)와 비교해볼 것.

11 Unger, 1968년.

12 Pritchard, 2014a, p. 154. 물론 다른 의견도 있다. Turri et al.(2015년, p.386)에는
    '인간의 여느 성취와 마찬가지로, 지식은 대개 능력과 운의 조합에 기인한다'라
    고 적혀 있다. Hetherington(2014년)은 지식과 운이 완전히 양립 가능하다고 주
    장한다. 하지만 이는 소수 의견이다.

13 Plato, 1961년, p. 853.

14 King, 2012년; Maysh, 2016년.

15 Descartes, 1641년, meditation 1.

16 기준의 문제는 Chisholm(1982년)에 가장 잘 논의되어 있다.

17 인식론자들은 일반적으로 '지식과 관련된 환경적 운'이라는 표현을 사용한다.

18 http://www.slate.com/articles/news_and_politics/dispatches/2009/07/
    donkey_business.html.

19 얼룩말 사례는 철학자들이 이야기하는 '헛간 사례'(폭넓게 논의된 바 있는 칼 지넷Carl
    Ginet의 가상적인 사례)와 구조적으로 동일하다. 하지만 현실 속 사례를 이용하는 편
    이 훨씬 더 좋다.

20 오버턴 창문은 가우스 분포로 나타낼 수 있을 것이다. 일정 수치의 표준편차를
    수용 불가능한 견해의 기준으로 정하면 된다. 사회과학자들은 오버턴의 직관적
    인 구별을 실증에 의한 그래프로 옮기는 방법을 찾아냈다.

21 https://www.washingtonpost.com/news/worldviews/wp/2016/06/13/

here-are-the-10-countries-where-homosexuality-may-be-punished-
by-death-2/. 2020년 3월 24일에 접속함.

22   Planck, 1949년, pp. 33~34.

23   덕 인식론으로 게티어 문제, 헛간 사례, 그리고 관련 문제(소사Sosa와 그레코Greco의
      저서를 참고할 것)를 해결할 수 있다고 생각하는 인식론자들과, '운과 관련 없음' 조
      건을 붙여야 한다고 주장하는 인식론자들(예를 들어 프리처드) 사이에 뜨거운 논쟁
      이 벌어지고 있다. 덕 인식론이 맞든 틀리든, '운과 관련 없음' 조항을 포함하는
      것은 무의미하다. 운은 존재하지 않으므로, 그런 조건을 더하는 것은 '0'을 더하
      는 거나 마찬가지다.

24   Medawar, 1968년.

25   Kuhn, 1970년.

26   http://www.telegraph.co.uk/news/2017/05/17/welsh-grown-hottest-
      ever-chilli-line-chelsea-flower-show-prize/. 2020년 3월 24일에 접속함.

27   그 사례들을 보려면 Roberts(1989년), Meyers(2007년), Donald(2017년)를 참고
      하라.

28   Medawar, 1968년.

29   통제 이론은 도덕적 운에 관한 논의에서 기본적으로 취하게 되는 입장이다.
      Hartman(2017년, chapter 2)은 이를 '표준적 견해'라 부른다.

30   Levy, 2011년.

31   이 점에 관하여 솔 크립키는 다음과 같이 말한다. '곤란할 때 중의성을 상정하는
      것은 철학에서 게으른 접근법이다. 우리는 자신이 좋아하는 철학적 논문에 대한
      추정상 반례에 직면하면, 어떤 핵심 용어가 논문에서와는 다른 특수한 의미로 사
      용되고 있다고 항변한다. 그 주장이 맞을 수도 있지만, 용이한 방법인 만큼 주의
      를 기울여야 한다. 꼭 필요한 상황이 아니라면, 그리고 중의성이 실제로 존재한
      다고 가정할 만한 설득력 있는 이론적·직관적 근거가 있지 않다면 중의성을 상
      정해서는 안 된다.' Kripke, 1977년, p. 268.

32   James, 1907년, pp. 43~45.

33   Quine(1960년)에 제일 처음 소개된 후 Sennet(2011년), Dunbar(2001년),
      Gillon(1990년)으로 그 적격성이 보증되었다.

34   Pritchard(2005년, p. 143)에 실린 사례.

6 · 운의 비합리적 편향

1   https://quoteinvestigator.com/2013/10/09/horseshoe-luck/. 2020년 3월
     24일에 접속함.

2   Alpher and Herman, 1948년; Gamow, 1948년. 현대에 계산된 우주배경복사의

온도는 약 2.73K이다. 우주배경복사에 대해 좀 더 상세히 알고 싶다면 Evans(2015년)를 참고하라.

3   Singh, 2010년, pp. 70~71.

4   Espino, 2010년.

5   Kahneman, 2011년, p. 269.

6   Kahneman, 2011년, ch. 34에 실린 사례들.

7   Thaler and Sunstein, 2008년, p. 36; Kahneman, 2011년, p. 364.

8   Hales and Johnson(2014년)에 이 연구들이 처음 발표되었다.

9   Pritchard and Smith, 2004년, p. 24, '실력을 통해 초래된 결과를 운에 의한 결과로 간주해서는 안 된다.' Littlejohn(2014년)과 비교해볼 것.

10 예를 들면, Mauboussin, 2012년, p. 24.

11 Teigen 2005년; Teigen and Jensen 2011년.

12 https://youtu.be/9_VsNZl6LGU.

13 Farwell, 2015년.

14 http://www.todayifoundout.com/index.php/2013/10/man-died-came-back-life-won-lotto-twice-second-time-re-enacting-first-media/.

15 http://nationalpost.com/news/brazilian-construction-worker-survives-after-surgery-for-iron-bar-that-pierced-his-skull.

16 Conradt, 2015년.

17 Scheier et al., 1994년.

18 Carver et al., 2010년; Carver and Scheier, 2014년.

19 Hales and Johnson, 2018년.

20 Parry, 2009년.

21 Nietzsche, 1908년.

22 Norris et al., 2014년.

23 https://www.nps.gov/deva/planyourvisit/the-racetrack.htm.

24 Kramer and Sprenger, 1971년, Part II, Question II, Chapter II.

25 Baroja, 2001년, p. 90.

26 Baroja, 2001년, pp. 90~91.

27 Baroja, 2001년, p. 85.

28 Kramer and Sprenger, 1971년, Part II, Question I, Chapter III.

29 Kramer and Sprenger, 1971년, Part II, Question II, Chapter V.

30 Baroja, 2001년, pp. 107~108.

31 Book II, Part III, Chapter IV.

32 Escohotado, 1999년, ch. 6; Rudgley, 1993년, ch. 6; Schultes and Hofmann, 1979년, pp. 89~90; Baroja, 2001년, pp. 254~256.

33 Schüll, 2012년, p. 12.

34 Schüll, 2012년, p. 12.

35 Schüll, 2012년, p. 75.

36 Schüll, 2012년, pp. 102~105.

37 Langer, 1982년.

38 Schüll, 2012년, p. 174.

39 Schüll, 2012년, p. 193, p. 248.

40 Schüll, 2012년, cf. p. 233.

41 Schüll, 2012년, p. 130, p. 177.

42 Schüll, 2012년, p. 177.

43 Schüll, 2012년, p. 198.

44 Schüll, 2012년, p. 225.

45 이 개념은 Hales(2019년)에 상세히 기술되어 있다.

46 Nietzsche, 1888년, "Maxims and Arrows" §36.

47 Shepard, 1990년, p. 48.

48 Kahneman, 2011년, p. 9.

| 참고문헌 |

Adams, Ansel, and Mary Street Alinder. 1985. *Ansel Adams: An Autobiography*. Boston, MA: Little, Brown and Company.

Adorno, Theodor. 1973. *Negative Dialectics*. New York: Seabury Press.

Alpher, Ralph, and Robert Herman. 1948. "On the Relative Abundance of the Elements." *Physical Review* 74: 1737-42.

Annas, Julia. 1981. *An Introduction to Plato's Republic*. Oxford: Oxford University Press.

Aquinas, Thomas. 1963. *Liber De Sortibus (on Lots)*. Dover, MA: Dominican House of Philosophy.

Arbesman, Samuel, and Steven H. Strogatz. 2008. "A Monte Carlo Approach to Joe Dimaggio and Streaks in Baseball." *arXiv*:0807.5082v2 [physics.pop-ph] 1-14.

Aurelius, Marcus. 2002. *Meditations*. New York: Modern Library.

Bailey, Alison. 1998. "Privilege: Expanding on Marilyn Frye's 'Oppression.'" *Journal of Social Philosophy* 29 (3): 104-19.

Ballantyne, Nathan. 2012. "Luck and Interests." *Synthese* 185 (3): 319-34.

Baroja, Julio Caro. 2001. *The World of the Witches*. London: The Phoenix Press.

Bennett, Deborah J. 1998. *Randomness*. Cambridge, MA: Harvard University Press.

Benzoni, Girolamo. 1857. *History of the New World*. London: Hakluyt Society.

Bleck, Tammy. 2014. "Does Luck Have Anything to Do with Success?" *Huff/Post* 50, March: 30.

Boethius, Anicius Manlius Severinus. 2008. *The Consolation of Philosophy*. Cambridge, MA: Harvard University Press.

Boh, Ivan. 1993. *Epistemic Logic in the Later Middle Ages*. London: Routledge.

Boscovich, Roger. 1966. *A Theory of Natural Philosophy*. Cambridge, MA: MIT Press.

Botvinick, Matthew, and Jonathan Cohen. 1998. "Rubber Hands 'Feel' Touch That Eyes See." *Nature* 391 (6669): 756.

Calvin, John. 1559. *The Institutes of the Christian Religion*. Edinburgh: The Calvin Translation Society.

Camus, Albert. 1955. *The Myth of Sisyphus and Other Essays*. New York: Vintage Books.

Card, Claudia. 1996. *The Unnatural Lottery: Character and Moral Luck*. Philadelphia, PA: Temple University Press.

Carpenter, William Benjamin. 1852. "On the Influence of Suggestion in Modifying and Directing Muscular Movement, Independently of Volition." *Royal Institution of Great Britain* 10: 147–53.

Carver, Charles S., and Michael F. Scheier. 2014. "Dispositional Optimism." *Trends in Cognitive Science* 18 (6): 293–9.

Carver, Charles S., Michael F. Scheier, and Suzanne C. Segerstrom. 2010. "Optimism." *Clinical Psychology Review* 30: 879–89.

Casanova, Giacomo. 1957. *The Memoirs of Jacques Casanova*. New York: Modern Library.

Chisholm, Roderick M. 1982. *The Foundations of Knowing*. Minneapolis: University of Minnesota Press.

Christensen, Clayton M., Taddy Hall, Karen Dillon, and David S. Duncan. 2016. *Competing against Luck: The Story of Innovation and Customer Choice*. New York: HarperCollins.

Cicero, Marcus Tullius. 1923. *On Divination*. Cambridge, MA: Harvard University Press.

Coffman, E. J. 2009. "Does Luck Exclude Control?" *Australasian Journal of Philosophy* 87 (3): 499–504.

Cohen, John. 1960. *Chance, Skill, and Luck: The Psychology of Guessing and Gambling*. Baltimore, MD: Penguin Books.

Conradt, Stacy. 2015. "Meet the Man Struck by Lightning 7 Times." *Mental Floss*, August 6.

Croson, Rachel, Peter Fishman, and Devin G. Pope. 2008. "Poker Superstars: Skill or Luck? Similarities between Golf—Thought to Be a Game of Skill—and Poker." *Chance* 21 (4): 25–8.

Crouch, Blake. 2016. *Dark Matter*. New York: Crown.

David, F. N. 1962. *Games, Gods, and Gambling*. New York: Hafner Publishing.

Dawkins, Richard. 1998. *Unweaving the Rainbow*. New York: Houghton Mifflin.

Dawkins, Richard. 2009. *The Greatest Show on Earth: The Evidence for Evolution*. New York: The Free Press.

de Moivre, Abraham. 1718. *The Doctrine of Chances, or, a Method of Calculating the Probability of Events in Play*. London: W. Pearson for the author.

Decker, Ronald, Thierry Depaulis, and Michael A. E. Dummett. 1996. *A Wicked Pack of Cards: The Origins of the Occult Tarot*. New York: St. Martin's Press.

Descartes, Rene. 1641. *Meditations on First Philosophy*. Indianapolis, IN: Hackett Publishing.

Dewdney, A. K. 1989. "A Tinkertoy Computer That Plays Tic-Tac-Toe." *Scientific American*, October 1: 119-23.

Dollar, John. 1986. "Prisoner of Consciousness." Film.

Donald, Graeme. 2017. *The Accidental Scientist: The Role of Chance and Luck in Scientific Discovery*. London: Michael O'Mara Books Limited.

Dreyfus, Georges B. J. 1997. *Recognizing Reality: Dharmakarti's Philosophy and Its Tibetan Interpretations*. Albany: State University of New York Press.

Driver, Julia. 2013. "Luck and Fortune in Moral Evaluation." In *Contrastivism in Philosophy*, edited by Martin Blaauw, 154-73. London: Routledge.

Drucker, Peter F. 2006. *Managing for Results*. New York: HarperBusiness.

Dunbar, George. 2001. "Towards a Cognitive Analysis of Polysemy, Ambiguity, and Vagueness." *Cognitive Linguistics* 12 (1): 1-14.

Dworkin, Ronald. 2000. *Sovereign Virtue*. Cambridge, MA: Harvard University Press.

Edwards, Jonathan. 1741. *Sinners in the Hands of an Angry God*. Boston, MA: S. Kneeland and T. Green.

Edwards, Jonathan. 1754. *A Careful and Strict Enquiry into the Modern Prevailing Notions of That Freedom of Will, Which Is Supposed to Be Essential to Moral Agency, Virtue and Vice, Reward and Punishment, Praise and Blame*. Boston, MA: S. Kneeland.

Edwards, Jonathan. 1858. "The End of the Wicked Contemplated by the Righteous." In *The Works of President Edwards*, Vol. 4, 287-99. New York: Leavitt and Allen.

Eidinow, Esther. 2011. *Luck, Fate and Fortune: Antiquity and Its Legacy*. Oxford: Oxford University Press.

Eknoyan, Garabed. 2006. "A History of Obesity, or How What Was Good Became Ugly and Then Bad." *Advances in Chronic Kidney Disease* 13 (4): 421-7.

Emerson, Ralph Waldo. 1904a. *The Conduct of Life: Wealth*. New York: Houghton Mifflin.

Emerson, Ralph Waldo. 1904b. *The Conduct of Life: Worship*. New York: Houghton Mifflin.

Escohotado, Antonio. 1999. *A Brief History of Drugs: From the Stone Age to the Stoned Age*. Rochester, VT: Park Street Press.

Espino, Fernando. 2010. "The Six Most Baffling Nobel Prizes Ever Awarded." *Cracked*, https://www.cracked.com/article_18382_the-6-most-baffling-nobel-prizes-ever-awarded.html. Accessed 6 April, 2020.

Evans, Rhodri. 2015. *The Cosmic Microwave Background: How It Changed Our Understanding of the Universe*. New York: Springer.

Faraday, Michael. 1859. *Experimental Researches in Chemistry and Physics*. London: Richard Taylor and William Francis.

Farwell, Matt. 2015. "A True Story about RPGs and the Reality of the Battlefield." *Vanity Fair: Hive, https://www.vanityfair.com/news/2015/02/rpgs-liesbattlefield-afghanistan, Accessed 7 April, 2020*. February 24.

Ferguson, John. 1970. *The Religions of the Roman Empire*. Ithaca, NY: Cornell University Press.

Frank, Robert H. 2016. *Success and Luck: Good Fortune and the Myth of Meritocracy*. Princeton, NJ: Princeton University Press.

Frazer, James George. 1890. *The Golden Bough: A Study of Magic and Religion*. London: Macmillan.

Freedberg, J. 2009. "Appeal from the Order Entered January 14, 2009 in the Court of Common Pleas of Columbia/Montour County Criminal Division At No(s): Cp-19 Cr-0000733-2008 and Cp-19-cr-0000746-2008." Pennsylvania Superior Court 47 167 and 168 MDA 2009 1-16.

Freud, Sigmund. 1917. *Introductory Lectures on Psychoanalysis*. New York: Penguin.

Galilei, Galileo. 1962. "Sopra Le Scoperte Dei Dadi (on a Discovery Concerning Dice)." In *Games, Gods, and Gambling*, edited by F. N. David, 192-5. New York: Hafner Publishing.

Gamow, George. 1948. "The Evolution of the Universe." *Science* 162: 680-2.

Garrison, Webb. 1999. *Friendly Fire in the Civil War*. Nashville, TN: Routledge Hill Press.

Gettier, Edmund. 1963. "Is Justified True Belief Knowledge?" *Analysis* 23: 121-3.

Gillon, Brendan S. 1990. "Ambiguity, Generality, and Indeterminacy: Tests and Definitions." *Synthese* 85 (3): 391-416.

Gladwell, Malcolm. 2008. *Outliers*. New York: Pantheon.

Gleick, James. 1987. *Chaos: Making a New Science*. New York: Viking Penguin.

Gordon, Lewis R. 2004. "Critical Reflections on Three Popular Tropes in the Study of Whiteness." In *What White Looks Like: African-American Philosophers on the Whiteness Question*, edited by George Yancy, 173–93. New York: Routledge.

Gould, Stephen J. 1991. *Bully for Brontosaurus*. New York: W. W. Norton.

Greco, John. 2010. *Achieving Knowledge: A Virtue-Theoretic Account of Epistemic Normativity*. Cambridge: Cambridge University Press.

Hacking, Ian. 1975. *The Emergence of Probability*. Cambridge: Cambridge University Press.

Hales, Steven D. 1999. *Metaphysics: Contemporary Readings*. Belmont, CA: Wadsworth.

Hales, Steven D. 2006. *Relativism and the Foundations of Philosophy*. Cambridge, MA: MIT Press (A Bradford Book).

Hales, Steven D., ed. 2011. *A Companion to Relativism*. Malden, MA: Wiley-Blackwell.

Hales, Steven D. 2019. "Moral Luck and Control," *Midwest Studies in Philosophy* 43: 42–58.

Hales, Steven D., and Jennifer Adrienne Johnson. 2014. "Luck Attributions and Cognitive Bias." *Metaphilosophy* 45 (4–5): 509–28.

Hales, Steven D., and Jennifer Adrienne Johnson. 2018. "Dispositional Optimism and Luck Attributions: Implications for Philosophical Theories of Luck," *Philosophical Psychology* 31 (7): 1027–45.

Hanauer, Nick. 2014. "The Pitchforks Are Coming. For Us Plutocrats." *Politico* July/August.

Hartman, Robert J. 2017. *In Defense of Moral Luck*. New York: Routledge.

Heesen, Remco. 2017. "Academic Superstars: Competent or Lucky?" *Synthese* 194 (11): 4499–518.

Hesiod. 2006. *Works and Days*. Cambridge, MA: Harvard University Press.

Hetherington, Stephen. 2014. "Knowledge Can Be Lucky." In *Contemporary Debates in Epistemology*, edited by Mattias Steup, John Turri, and Ernest Sosa, 164–76. Somerset, MA: Wiley-Blackwell.

Hofstadter, Douglas R. 1985. *Metamagical Themas: Questing for the Essence of Mind and Pattern*. New York: Basic Books.

Holland, Cecelia. 1999. "The Death That Saved Europe." In *What If?: The World's Foremost Military Historians Imagine What Might Have Been*, edited by Robert Cowley, 93–106. New York: G. P. Putnam's Sons.

Holt, Jim. 2012. *Why Does the World Exist? An Existential Detective Story*. New York: W. W. Norton.

Holton, Gerald. 1978. *The Scientific Imagination: Case Studies*. Cambridge: Cambridge University Press.

Hurley, Susan. 2005. *Justice, Luck, and Knowledge*. Cambridge, MA: Harvard University Press.

Hyman, Ray. 1999. "The Mischief-Making of Ideomotor Action." *The Scientific Review of Alternative Medicine* 3 (2): 34–43.

James, William. 1907. *Pragmatism, a New Name for Some Old Ways of Thinking*. New York: Longman, Green, and Co.

James Jr., Thomas A. 2008. "Commonwealth of Pennsylvania V. Diane A. Dent and Walter Watkins." In the Court of Common Pleas for the 26th Judicial District, Columbia County Branch, Pennsylvania Criminal Division cases 733 and 746 of 2008 1–15.

Johnson, Samuel. 1795. *Lives of the English Poets and a Criticism of Their Works*. London: R. Dodsley.

Kadish, Gerald E. 2013. "Calendar of Lucky and Unlucky Days." In *The Encyclopedia of Ancient History*, edited by Roger S. Bagnall, Kai Brodersen, Craige B. Champion, Andrew Erskine, and Sabine R. Huebner, 1265–6. Oxford: Wiley-Blackwell.

Kahneman, Daniel. 2011. *Thinking Fast and Slow*. New York: Ferrar, Straus, and Giroux.

Kant, Immanuel. 1784. *Groundwork for the Metaphysic of Morals*. London: Routledge.

Kant, Immanuel. 1790. *Critique of Judgment*. Oxford: Oxford University Press.

Kendrick, Thomas Downing. 1955. *The Lisbon Earthquake*. Philadelphia, PA: J. B. Lippincott Company.

King, Gilbert. 2012. "The Smoothest Con Man That Ever Lived." *Smithsonian*, August 22.

Kneale, William, and Martha Kneale. 1962. *The Development of Logic*. Oxford: Oxford University Press.

Kožnjak, Boris. 2015. "Who Let the Demon Out? Laplace and Boscovich on Determinism." *Studies in History and Philosophy of Science* 51: 42–52.

Kramer, Heinrich, and James Sprenger. 1971. *Malleus Maleficarum*. New York: Dover Occult.

Krasser, Helmut. 1995. "Dharmottara's Theory of Knowledge in His

Laghuprāmāṇyaparīkṣā." *Journal of Indian Philosophy* 23: 247–71.

Kripke, Saul. 1977. "Speaker's Reference and Semantic Reference." *Midwest Studies in Philosophy* 2 (1): 255–76.

Kucharski, Adam. 2016. *The Perfect Bet: How Math and Science Are Taking the Luck Out of Gambling.* New York: Basic Books.

Kuhn, Thomas S. 1970. *The Structure of Scientific Revolutions.* Chicago, IL: University of Chicago Press.

Kyle, Chris. 2012. *American Sniper.* New York: HarperCollins.

Lamont, Peter. 2013. *Extraordinary Beliefs: A Historical Approach to a Psychological Problem.* Cambridge: Cambridge University Press.

Langer, Ellen J. 1982. "The Illusion of Control." In *Judgment under Uncertainty: Heuristics and Biases,* edited by Daniel Kahneman, Paul Slovic, and Amos Tversky, 231–8. Cambridge: Cambridge University Press.

Laplace, Pierre Simon. 1902. *A Philosophical Essay on Probabilities.* New York: John Wiley and Sons.

Lawrence, Robert Means. 1898. *The Magic of the Horseshoe.* Boston, MA, and New York: Houghton, Mifflin, and Co.

Leibniz, Gottfried Wilhelm. 1710. *Theodicy.* London: Routledge and Kegan Paul.

Leibniz, Gottfried Wilhelm. 1768. *Opera Omnia, Nunc Primum Collecta, in Classes Distributa, Praefationibus & Indicibus Exornata,* Studio Ludovici Dutens. Génève: Frères de Tournes.

Levitt, Steven D., and Thomas J. Miles. 2012. "The Role of Skill versus Luck in Poker: Evidence from the World Series of Poker." *Journal of Sports Economics* 15 (1): 31–44.

Levy, Neil. 2011. *Hard Luck: How Luck Undermines Free Will and Moral Responsibility.* Oxford: Oxford University Press.

Littlejohn, Clayton. 2014. "Fake Barns and False Dilemmas." *Episteme* 11 (4): 369–89.

Lloyd, Seth. 2002. "Computational Capacity of the Universe." *Physical Review Letters* 88 (23): 237901.

Martin, Justin W., and Fiery Cushman. 2016. "The Adaptive Logic of Moral Luck." In *A Companion to Experimental Philosophy,* edited by Justin Sytsma, and Wesley Buckwalter, 190–202. Oxford: Wiley-Blackwell.

Mauboussin, Michael J. 2012. *The Success Equation: Untangling Skill and Luck in Business, Sports, and Investing.* Boston, MA: Harvard Business School Press.

Maysh, Jeff. 2016. *Handsome Devil*. NP: Amazon Digital Services, LLC.

Mazur, Joseph. 2010. *What's Luck Got to Do with It?: The History, Mathematics, and Psychology of the Gambler's Illusion*. Princeton, NJ: Princeton University Press.

McKinnon, Rachel. 2014. "You Make Your Own Luck." *Metaphilosophy* 45 (4-5): 558-77.

Medawar, Peter B. 1968. "Lucky Jim." *The New York Review of Books*, March 28.

Mele, Alfred R. 2006. *Free Will and Luck*. Oxford: Oxford University Press.

Meyers, Morton A. 2007. *Happy Accidents: Serendipity in Modern Medical Breakthroughs*. New York: Arcade Publishing.

Milgram, Stanley. 1974. *Obedience to Authority: An Experimental View*. New York: Harper and Row.

Mlodinow, Leonard. 2008. *The Drunkard's Walk: How Randomness Rules Our Lives*. New York: Pantheon Books.

Monahan, Michael J. 2014. "The Concept of Privilege: A Critical Appraisal." *South African Journal of Philosophy* 33 (1): 73-83.

Munroe, Randall. 2014. *What If?: Serious Scientific Answers to Absurd Hypothetical Questions*. New York: Houghton Mifflin.

Nagel, Thomas. 1976. "Moral Luck." *Proceedings of the Aristotelian Society* 50: 137-51.

Nelkin, Dana K. 2013. "Moral Luck," *The Stanford Encyclopedia of Philosophy* (Summer 2019 Edition), Edward N. Zalta (ed.). https://plato.stanford.edu/archives/sum2019/entries/moral-luck/.

Nietzsche, Friedrich. 1887. *On the Genealogy of Morals*. New York: Vintage Books.

Nietzsche, Friedrich. 1888. *Twilight of the Idols*. London: Penguin Classics.

Nietzsche, Friedrich. 1908. *Ecce Homo*. Leipzig: Insel-Verlag.

Norris, Richard D., James M. Norris, Ralph D. Lorenz, and Brian Jackson. 2014. "Sliding Rocks on Racetrack Playa, Death Valley National Park: First Observation of Rocks in Motion." *PLOS One* 9 (8): e105948.

Nozick, Robert. 1981. *Philosophical Explanations*. Cambridge, MA: Harvard University Press.

Nussbaum, Martha. 1994. *The Therapy of Desire: Theory and Practice in Hellenistic Ethics*. Princeton, NJ: Princeton University Press.

Ogden, Daniel. 2002. *Magic, Witchcraft, and Ghosts in the Greek and Roman Worlds: A Sourcebook*. Oxford: Oxford University Press.

Paine, Thomas. 1792. *The Rights of Man*, Part 2. London: J. S. Jordan.

Parry, Richard Lloyd. 2009. "The Luckiest or Unluckiest Man in the World? Tsutomu Yamaguchi, Double A-Bomb Victim." *The Times of London*, March 25.

Pavese, Carlotta. 2016. "Skill in Epistemology 1: Skill and Knowledge." *Philosophy Compass* 11: 642–9.

Petronius. 1960. *Satyricon*. New York: New American Library.

Pindar. 2007. *The Complete Odes*. Oxford: Oxford University Press.

Planck, Max. 1949. *Scientific Autobiography and Other Papers*. New York: Philosophical Library.

Plato. 1961. "Theaetetus." In *Plato: The Collected Dialogues*, edited by Edith Hamilton, and Huntington Cairns, 845–919. Princeton, NJ: Princeton University Press.

Plus Media Solutions. 2013. 2 Arraigned in Deaths of Young Sisters. *Newswire*.

Plutarch. 1962. *Moralia*. Cambridge, MA: Harvard University Press.

Pocock, J. G. A. 1975. *The Machiavellian Moment: Florentine Political Thought and the Atlantic Republican Tradition*. Princeton, NJ: Princeton University Press.

Polybius. 1889. *The Histories of Polybius*. London: Macmillan.

Pritchard, Duncan. 2005. *Epistemic Luck*. Oxford: Oxford University Press.

Pritchard, Duncan. 2014a. "Knowledge Cannot Be Lucky." In *Contemporary Debates in Epistemology*, edited by Mattias Steup, John Turri, and Ernest Sosa, 152–64. Somerset, MA: Wiley-Blackwell.

Pritchard, Duncan. 2014b. "The Modal Account of Luck." *Metaphilosophy* 45 (4-5): 594–619.

Pritchard, Duncan, and Matthew Smith. 2004. "The Psychology and Philosophy of Luck." *New Ideas in Psychology* 22: 1–28.

Putzi, Sibylla, ed. 2009. *A to Z World Superstitions and Folklore: 175 Countries: Spirit Worship, Curses, Mystical Characters, Folk Tales, Burial and the Dead, Animals, Food, Marriage, Good Luck, Bad Luck, Totems and Amulets and Ancestor Spirits*. Petaluma: World Trade Press.

Quine, W. V. 1960. *Word and Object*. Cambridge, MA: MIT Press.

Ramachandran, V. S., and Sandra Blakeslee. 1998. *Phantoms in the Brain: Probing the Mysteries of the Human Mind*. New York: William Morrow and Company.

Ramachandran, V. S., Beatrix Krause, and Laura C. Case. 2011. "The Phantom Head." *Perception* 40: 367–70.

Redford, Donald B. 2001. *The Oxford Encyclopedia of Ancient Egypt*. Oxford:

Oxford University Press.

Reich, Steve. 1989. *Different Trains*. New York: Elektra Nonesuch. Recording. 79176-2.

Rescher, Nicholas. 1995. *Luck: The Brilliant Randomness of Everyday Life*. New York: Farrar, Straus, Giroux.

Roberts, Royston M. 1989. *Serendipity: Accidental Discoveries in Science*. New York: John Wiley and Sons.

Roese, Neal J., and Kathleen D. Vohs. 2012. "Hindsight Bias." *Perspectives on Psychological Science* 7 (5): 411-26.

Rosenthal, Jeffrey S. 2006. *Struck by Lightning: The Curious World of Probabilities*. Washington, DC: Joseph Henry Press.

Rowling, J. K. 2005. *Harry Potter and the Half-Blood Prince*. London: Bloomsbury.

Rudgley, Richard. 1993. *Essential Substances: A Cultural History of Intoxicants in Society*. New York: Kodansha International.

Russell, Bertrand. 1948. *Human Knowledge: Its Scope and Limits*. London: Allen & Unwin.

Sacks, Oliver. 1985. *The Man Who Mistook His Wife for a Hat*. New York: Summit Books.

Sacks, Oliver. 2010. *The Mind's Eye*. New York: Alfred A. Knopf.

Scheier, Michael F., Charles S. Carver, and M. W. Bridges. 1994. "Distinguishing Optimism from Neuroticism (and Trait Anxiety, Self-Mastery, and Self-Esteem): A Re-Evaluation of the Life Orientation Test." *Journal of Personality and Social Psychology* 67: 1063-78.

Schultes, Richard Evans, and Albert Hofmann. 1979. *Plants of the Gods: Origins of Hallucinogenic Use*. New York: McGraw-Hill Book Company.

Schüll, Natasha Dow. 2012. *Addiction by Design: Machine Gambling in Las Vegas*. Princeton, NJ: Princeton University Press.

Seddon, Keith. 2005. *Epictetus' Handbook and the Tablet of Cebes*. New York: Routledge.

Segal, Nancy L. 2005. *Indivisible by Two: Lives of Extraordinary Twins*. Cambridge, MA: Harvard University Press.

Seneca, Lucius Annaeus. 1917. *Moral Epistles*. Cambridge, MA: Harvard University Press.

Sennet, Adam. 2011. "Ambiguity," *The Stanford Encyclopedia of Philosophy* (Spring 2016 Edition), Edward N. Zalta (ed.). https://plato.stanford.edu/archives/spr2016/entries/ambiguity/.

Sextus Empiricus. 1998. *Against the Grammarians*. Oxford: Oxford University Press.

Shepard, Roger. 1990. *Mind Sights*. New York: W. H. Freeman and Company.

Shepherd, Joshua. 2014. "The Contours of Control." *Philosophical Studies* 170 (3): 395–411.

Singh, Simon. 2010. "Cosmological Serendipity." In *Serendipity*, edited by Mark de Rond, and Iain Morley, 65–72. Cambridge: Cambridge University Press.

Smith, ed. 2012. *Luck: What It Means and Why It Matters*. London: Bloomsbury.

Smith, Gary. 2016. *What the Luck?* New York: The Overlook Press.

Sosa, Ernest. 2011. *Knowing Full Well*. Princeton, NJ: Princeton University Press.

Sosa, Ernest. 2017. *Epistemology*. Princeton, NJ: Princeton University Press.

Stanley, Jason, and Timothy Williamson. 2017. "Skill." *Noûs* 51 (4): 713–26.

Taleb, Nassim Nicholas. 2007. *The Black Swan: The Impact of the Highly Improbable*. New York: Random House.

Teigen, Karl Halvor. 2005. "When a Small Difference Makes a Large Difference: Counterfactual Thinking and Luck." In *The Psychology of Counterfactual Thinking*, edited by David R. Mandel, Denis J. Hilton, and Patrizia Catellani, 129–46. London: Routledge.

Teigen, Karl Halvor, and Tine K. Jensen. 2011. "Unlucky Victims or Lucky Survivors? Spontaneous Counterfactual Thinking by Families Exposed to the Tsunami Disaster." *European Psychologist* 16: 48–57.

Thaler, Richard H., and Cass R. Sunstein. 2008. *Nudge: Improving Decisions about Health, Wealth, and Happiness*. New Haven, CT: Yale University Press.

Tromp, John, and Gunnar Farnebäck. 2016. "Combinatorics of Go." https://tromp.github.io/go/gostate.pdf.

Trump, Donald J. 2016. *Great Again: How to Fix Our Crippled America*. New York: Threshold.

Trump, Donald J., and Bill Zanker. 2007. *Think Big and Kick Ass in Business and Life*. New York: HarperCollins.

Turri, John, Wesley Buckwalter, and Peter Blouw. 2015. "Knowledge and Luck." *Psychonomic Bulletin & Review* 22: 378–90.

Unger, Peter. 1968. "An Analysis of Factual Knowledge." *The Journal of Philosophy* 65 (6): 157–70.

Voltaire. 1759. *Candide: Or, All for the Best*. London: J. Nourse at the Lamb

Opposite Katherine Street in the Strand.

Weber, Max. 1946. "The Social Psychology of the World Religions." In *From Max Weber: Essays in Sociology*, edited by H. H. Gerth, and C. Wright Mills, 267-301. Oxford: Oxford University Press.

White, E. B. 1944. *One Man's Meat*. New York: Harper & Brothers Publishers.

Whitehead, Barbara Dafoe, and David Popenoe. 2001. "Who Wants to Marry a Soul Mate?" In *The State of Our Unions*, New Brunswick, NJ: National Marriage Project.

Whittingham, Richard, ed. 1989. *The Dimaggio Albums: Selections from Public and Private Collections Celebrating the Baseball Career of Joe Dimaggio*. New York: G. P. Putnam's Sons.

Whittington, Lee John. 2016. "Luck, Knowledge, and Value." *Synthese* 193 (6): 1615-33.

Zagzebski, Linda. 1994. "The Inescapability of Gettier Problems." *Philosophical Quarterly* 44 (174): 65-73.

Zagzebski, Linda. 2003. "The Search for the Source of the Epistemic Good." *Metaphilosophy* 34 (1-2): 12-28.

Zimbardo, Philip. 2008. *The Lucifer Effect*. New York: Random House.

운이란 무엇인가

초판 1쇄 인쇄 ｜ 2023년 1월 19일
초판 1쇄 발행 ｜ 2023년 1월 26일

지은이 ｜ 스티븐 D. 헤일스
옮긴이 ｜ 이영아
펴낸이 ｜ 박남숙

펴낸곳 ｜ 소소의책
출판등록 ｜ 2017년 5월 10일 제2017-000117호
주소 ｜ 03961 서울특별시 마포구 방울내로9길 24 301호(망원동)
전화 ｜ 02-324-7488
팩스 ｜ 02-324-7489
이메일 ｜ sosopub@sosokorea.com

ISBN 979-11-88941-91-9 03100
책값은 뒤표지에 있습니다.

• 이 책 내용의 일부 또는 전부를 재사용하려면 반드시 (주)소소의 동의를 얻어야 합니다.
• 잘못 만들어진 책은 구입하신 서점에서 교환해드립니다.